土地供给参与宏观调控的法律制度研究

郑 萍 著

中国财经出版传媒集团
中国财政经济出版社

图书在版编目（CIP）数据

土地供给参与宏观调控的法律制度研究／郑萍著
．--北京：中国财政经济出版社，2022.9
ISBN 978-7-5223-1595-9

Ⅰ.①土… Ⅱ.①郑… Ⅲ.①土地政策-宏观经济调控-法制-研究-中国 Ⅳ.①F321.1②D922.304

中国版本图书馆 CIP 数据核字（2022）第 127211 号

责任编辑：卢关平　　责任印制：张　健
封面设计：孙俪铭

土地供给参与宏观调控的法律制度研究
TUDI GONGJI CANYU HONGGUAN TIAOKONG DE FALU ZHIDU YANJIU

中国财政经济出版社 出版
URL：http：//www.cfeph.cn
E-mail：cfeph@cfeph.cn

社址：北京市海淀区阜成路甲 28 号　邮政编码：100142
营销中心电话：010-88191522
天猫网店：中国财政经济出版社旗舰店
网址：https：//zgczjjcbs.tmall.com
北京财经印刷厂印刷　各地新华书店经销
成品尺寸：170mm×240mm　16 开　14.5 印张　223 000 字
2022 年 9 月第 1 版　2022 年 9 月北京第 1 次印刷
定价：56.00 元
ISBN 978-7-5223-1595-9
（图书出现印装问题，本社负责调换，电话：010-88190548）
本社质量投诉电话：010-88190744
打击盗版举报热线：010-88191661　QQ：2242791300

内容摘要

土地供给参与宏观调控是我国土地公有制条件下的特有制度。自2003年土地供给参与宏观调控以来，土地供给逐渐成为政府调控房地产市场的重要手段。不同于财政、货币、产业政策等传统的调控方式，土地供给以土地利用规划、土地利用计划、土地价格等作为制度调控工具，具有调控手段与调控对象同一性、与传统调控工具协同性、调控的社会关系多样性等特征，有效地弥补了财政、货币、产业政策等传统调控手段对房地产市场调控的不足。

政府以土地供给进行房地产市场调控的行为必须依宏观调控法进行。但是，我国土地供给调控法律制度在运行过程中还存在着以下问题：第一，土地供给参与宏观调控偏离公益目标，表现在公益用地范围的立法界定不清晰、耕地保护功能被削弱、保障性住房用地和生态用地在供给总量和供地结构上都存在着偏差。第二，中央政府与地方政府在土地供给利益取向上的不一致。存在中央政府与地方政府调控权配置不合理、土地资源配置权与地方分权错位、土地利益分配机制不合理。第三，土地供给调控程序规范缺失，表现在宏观调控中信息不对称现象广泛存在、土地利用规划和土地利用计划决策中公众参与程度较低。第四，作为政府调控手段的调控工具配置不符合比例原则。调控工具不能够及时回应市场的制度需求，表现在土地利用规划欠缺刚性约束、土地利用计划欠缺利益调节机制、土地价格规制欠缺常态化等方面。上述问题影响了政府在土地供给参与宏观调控决策过程中的公正性，调控的制度功能得不到有效发挥，调控效果被削弱。

土地供给参与宏观调控涉及多个学科领域。本书综合运用政治学、制度经济学、土地管理学、社会学等多学科的分析工具，以法学分析为核心，梳理国内外关于宏观调控制度、土地管理制度、房地产调控政策等方面的内容。由于土地供给作为宏观调控工具基于我国现行的土地公有制的制度前提，政府对土地供给总量和结构的控制具有显著的制度优势，将土地供给列为宏观调控的工具之一极具本土特色，与我国现阶段处于经济转型时期的特殊社会环境相适应的。但是，土地供给参与宏观调控是新生事物，关于如何在宏观调控法律框架内运行的学术研究还处于初级阶段，学术界更多地关注土地供给在宏观调控中运行的经济绩效，往往忽视法律规范对土地供给运行中政府权力的约束、调控政策公益目标的维护、调控程序正当性规范等制度方面的重要作用。

目前，我国改革开放已进入深水区，国土空间规划理念的提出加速了“土地财政”现象的消除。健全土地供给参与宏观调控制度规范体系应从传统行政主导模式转化为法治主导模式，即推动土地供给参与宏观调控法治化的实现。宏观调控法治化要求政府对土地市场的干预正当且适度，在正当程序下确保政府宏观调控决策以社会公共利益为本位，平衡社会各方利益需求；合理配置中央与地方政府的调控权力；通过合理配置调控工具，最大限度地克服政府的调控失灵，实现宏观调控决策的公平正义。上述内在要求能够为土地供给参与宏观调控设置正当性标准。

本书从调控目标、调控权力、调控程序和调控工具配置四个方面构建土地供给参与宏观调控的法理模型，为土地供给参与宏观调控提供法治化标准：第一，在调控目标设定上，遵循宏观调控基本目标是要实现社会总供给与总需求的平衡，保障社会公共物品的供给，维护公共利益。土地供给参与宏观调控的核心目标就是要维护社会公共利益，首先要保障房地产市场的稳定发展，其次要保护耕地“红线”和粮食安全，再次要保障公民基本居住权，最后要保护生态用地需求。第二，在调控权力合理配置上，要保障调控主体法定和授权法定，要保障调控权力得到法律和行政法规的授权；要保障调控权力在中央政府与地方政府间合理配置，中央与地方政府间调控权的合理划分在土地供给方面体现在规划权的合理分权上。第三，在调控程序上，政府在制定调控决策的过程中要依据宏观调控规范确定程序，并在规划的制定过程中注重利益相关者等多元主体的参与，特别是涉及土地用途、征收方式等土地利用的决策更要听取包括市场主体、利害关系人及生态保护利益相关主体等的意见和诉求，保持中央与地方政府间、政府与市场间等渠道信息畅通，进一步健全信息公开制度，提升政府制定调控决策过程中的信息收集与处理能力。第四，在调控工具配置上，健全和完善调控工具法律制度，使其符合比例原则，遵循国土空间规划立法原则，保障土地利用规划核心地位，加强规划的刚性约束力，并推进土地利用计划科学性、合理性和公开性，注重土地市场的回应，强化土地价格的杠杆作用。

本书考察了代表性国家和地区关于土地参与宏观调控的立法情况，列举了美国、日本、德国、英国等国家和中国香港特别行政区关于宏观调控基本立法及土地参与宏观调控的特色制度，如德国的土地规划制度、日本的地价公示制度、美国和英国的公众参与制度、中国香港的土地计划制度等，分析了各个国家的立法和制度经验，为我国完善土地供给参与宏观调控制度提供借鉴和立法参考。

结合当前我国土地供给参与宏观调控制度发展，本书提出了完善相关法律规范的立法建议：第一，在调控目标层面，应强化土地供给的公益性目标，使中央政府与地方政府在调控目标上保持一致性；第二，在调控权力层面，明确合理配置调控权，确立中央政府的决策者、立法者地位，并给予地方政府在执行调控政策中适当的立法权和在地方性土地利用规划、土地利用计划编制、执行方面的自主权；第三，在调控程序层面，健全土地规划层面政府信息公开制度建设，加快完善政府信息搜集制度，进一步完善规范调控决策制定过程中的公众参与机制；第四，在调控工具配置层面，通过赋予土地利用规划的法律规范地位以及强化土地利用计划的规范作用，严格监控地方政府供给土地的总量与结构，通过完善土地的定价机制、价格公示机制等，发挥土地价格对房地产市场的调控作用。此外，以辽宁省为例，指出存量建设用地盘活再利用过程中存在的问题，并结合辽宁省老工业基地新一轮振兴战略实施，提出提高存量建设用地利用率的对策建议。

关键词：土地供给参与宏观调控　土地利用规划　供给总量　供给结构

目 录

第1章 绪 论

1.1 选题的背景、目的和意义

1.1.1 选题的背景、目的

房地产是我国经济发展的重要产业之一，随着民众对住房需求的不断增加，房地产投资者也随之不断加大投资力度，房地产行业得到了前所未有的发展，逐渐成为国民经济的支柱产业。在高速发展时期，房地产业呈现出一些问题：如市场投资规模过大、房价上涨过快、房地产市场整体存在着供给结构不合理、市场秩序混乱等。面对这些问题，中央出台了一系列关于房地产市场的干预措施进行调控，但是收效甚微。2003年中央开始尝试运用土地供给这一新型调控工具对房地产市场过热的问题展开以行政手段为主的强制干预，取得了一定的成效。随着土地供给调控房地产市场的效果越来越显著，中央也越来越重视土地供给及土地相关配套政策对市场的调控作用，我国的宏观经济调控也随之进入了一个新的阶段。2007

年中央经济工作会议将土地供给与财政政策、货币政策、产业政策等共同列为宏观调控手段，正式确立了土地供给是宏观调控工具的地位。

土地供给对房地产市场以及社会整体经济的调控呈阶段性特点，经历了自2003年介入宏观调控、着重控制供地总量和结构、严格控制地价、遏制房价过快上涨至2014年以稳定房地产市场、增加保障性住房供给、分类调控为指导的政策变革。2015年3月15日，李克强总理在会见采访十二届全国人大三次会议的中外记者并回答记者提问时表示，房地产市场有其自身的规律，中国国土面积辽阔，有特大城市和中小城市、小城镇，情况各异，这要求强化地方政府合理调控房地产市场的责任，因地制宜，分城施策。城镇化进程在加快，房地产市场的需求是刚性的，政府鼓励居民自住性住房和改善性住房需求，保持房地产市场长期平稳健康发展。住房既是经济问题，更是民生问题。政府要做的就是要为低收入住房困难群体提供住房保障。“中国政府有保障群众基本居住条件的责任。”① 在此目标下，土地供给参与宏观调控是以保持房地产市场长期稳定发展为主要目标，相应的土地政策也以此为指导，重点是保障低收入人群住房需求。

随着土地供给参与宏观调控的不断深化，学术界对土地供给政策给予越来越多的关注，西方国家长期以来都是以货币政策与财政政策相组合的方式对宏观经济运行进行调控，由于西方发达国家实行土地私有制，土地的供给和利用受到各项规划、用途管制、公益储备等制度的约束，不具备调控的可行性，并没有将土地供给政策列为与财政政策和货币政策并行的宏观调控工具。当前，我国正处于经济转型期，将土地供给与财政政策和货币政策同样视为调控工具，与惯用的信贷调控手段并列，被形象地称为“严把土地、信贷两个闸门”。可以说，我国开创了世界上运用土地政策进行宏观调控的先河。

土地供给对房地产业的发展起着重要的作用，土地供给直接影响着土地市场，间接影响房地产市场的波动。虽然近十年来政府频繁出台土地供给政策，意在通过土地供给政策调控房地产市场，力求房地产市场的平稳发展，但是，房地产市场仍存在房价过快上涨、住房结构不合理等问题，

---

① 石岩，欧阳开宇．李克强：中国房地产调控须因地制宜、分城施策［EB/OL］．http：//politics. people. com. cn/n/2015/0315.

土地供给调控政策并没有发挥应有的作用。此外，土地供给这一新型调控工具的出现也引起了学术界的质疑，很多学者认为土地供给参与宏观调控缺乏理论基础，质疑“土地”是否能够与主流宏观调控理论所公认的货币一样作为政府调控宏观经济运行的介质，质疑的焦点集中在土地供给参与宏观调控与传统的财政政策、货币政策相比在调控宏观经济运行的过程中有何特殊性、土地供给如何参与到宏观调控中，调控目标、调控方式、调控主体及调控权力配置的问题等如何解决。本书对西方发达国家的土地政策、制度和宏观调控的基础理论等方面加以考察，研究土地政策对宏观经济的影响和调控作用，可以从中借鉴相关经验并得到一些启示。

本书基于对我国现行土地供给调控政策和房地产市场的考察进行研究，分析其中存在着的市场失灵和政府失灵，指出我国土地供给参与宏观调控过程中欠缺相应的法律规范，调控政策以政府的行政命令居多，地方政府垄断土地供给，在缺乏有效法律约束的情况下，失去了公益目标，追求“土地财政”；土地供给制度本身在运行过程中也存在着很多问题，也影响土地供给调控政策的实际效果。因此，本书的研究目的就是尝试以土地供给为视角，对土地供给作为宏观调控工具的可行性、与传统调控工具相比的特殊性进行比较研究，认为土地供给宏观调控应受宏观调控法的规范，并构建土地供给与宏观调控运行的法律框架，为土地供给宏观调控制度的运行提供正当性标准，对土地供给相关制度的完善提出立法建议。

1.1.2 选题的意义

本书研究在理论参考方面具有重要意义。

第一，丰富土地供给政策参与宏观调控的法学理论研究，为政府制定土地供给宏观调控政策提供理论参考。土地供给参与宏观调控是一个复杂的过程，受到诸多因素影响，只有在法律框架下运行，通过正当程序设定来保障调控决策实施，才能确保宏观调控目标的实现。本书研究以土地供给为视角，在宏观调控基本理论基础上，分析政府与市场关系，从而构建土地供给参与宏观调控的法律框架，为土地供给参与宏观调控政策制定和制度运行提供有力支撑。

第二，促进土地制度相关立法的健全和完善。土地供给参与宏观调控涉及土地各项具体制度，如土地价格、土地利用规划、土地利用计划、公益用地保障、公众参与、信息公开等，本书研究对于现行立法及现有制度中不完善之处提出建议，客观上促进了土地制度相关法律完善，增强土地制度特别是土地供给制度的实用性、有效性，有利于土地供给宏观调控政策作用的发挥。

1.2 国内外研究综述

1.2.1 国外研究综述

1.2.1.1 宏观调控法治化

国外并没有“宏观调控”一词，有学者将宏观调控翻译成“macro-economic control”或者“macro - control”，但这一译法在国外文献较为罕见。国外与本书研究相关的文献资源中，也很难找到关于“宏观调控权法律控制”等方面的直接理论资源。因此，只能通过国外经济学等其他学科领域的相关研究成果，间接地作为本书研究的可供借鉴的国外理论依据。

自20世纪30年代凯恩斯主义出现，“宏观调控”便成为政府调控经济的“看得见的手”，市场经济由于其自身的痼疾不能充分发挥调节作用，政府对市场经济进行干预，从经济总量和供求关系入手，平衡社会总需求和社会总供给，保持社会经济总量平衡和结构平衡，调节市场使之保持良好运行。西方发达国家将凯恩斯主义——新古典综合派的学术思想和政治主张视为调控经济的主导思想，将政府调控界定为“相机抉择”，即尊重市场的自身调控，政府尽可能少干预市场。20世纪90年代，新凯恩斯主义转变了对政府干预与市场自身调节的观点，坚决反对“相机抉择”，认为政府不是不能干预经济，而是在一定的规则前提下进行调控，政府的调控行为要受到规则的约束。因此，在宏观调控理论研究中产生了两个学派：“权变派”与“规则派”。“权变派”主张经济运行应该坚持相机抉择和灵活的调控模式，用政策处理经济波动，不能适用法律和规则；“规则派”则主张政府可以干预经济，但要运用规则控制政府对经济的干预。西方国家并没有关于“宏观调控法”法治化的研究，但自第二次世界大战以后，宏观调控理论研究进入一个新阶段，政府干预和调控市场经济的过程中通过制度安排和立法规范将一些宏观调控的做法和经验固定下来，形成了关于政府干预市场的法治成果，如德国的针对宏观调控的基本立法《经济稳定与增长促进法》便是以基本法的形式明确政府调控的基本规范。再如俄罗斯的《紧急银行法》、《金融改革法》、《产业复兴法》等便是以单行法的形式加强政府调控工具运用的规范。

1.2.1.2　土地利用与政府干预

政府干预土地利用的根本原因在于：一是基于城市土地市场的失灵；二是基于城市土地的重要性以及城市土地市场的特殊性。歌德伯戈（Goldberg, M.）、钦洛依（Chhiloy, P.）和道沃（David E. Dowall）认为政府干预土地市场的原因是为了消除市场运行的缺陷，使稀缺资源更好地分配、协调市场的外在因素，使私人和社会费用与收益紧密保持一致；再分配社会稀缺资源，促进社会公平，使条件较差者能有较大机会分享社会成果。伊利（R. T. Ely）和莫尔豪斯（E. W. Morehouse）认为放任一个城市自然发展，会因为盲目追求利润造成经济速度过快的趋势，通过对土地利用的社会控制，能够取得土地最经济的利用，尽量稳定地价的合理发展。克莱尔·兰利与樊尚·勤纳尔将政府干预土地利用的目标归纳为公正性和有效性，国家通过城市规划与购买土地对城市土地利用进行引导利用。克莱尔·兰利与樊尚·勤纳尔认为，政府保留公共土地的目的是为了保证土地利用的公正性和有效性，保障城市发展得到有效的控制，而不是由于市场的自然调节而无序发展甚至失控，政府力求房地产市场得到良性发展，纠正可能导致房地产发展偏差的一切行为①。歌德伯戈、钦洛依和大维·德沃的观点解释了土地市场需要政府干预的理由：政府能够克服市场的缺陷，使土地资源得到有效分配和利用，政府能够协调市场无法调控的因素，使私人和社会的收益保持一致，不会因私人利益的增加而损害社会整体利益和公共利益②。伊利和莫尔豪斯认为，城市的自然发展会因为

---

① Raymond Y. C. Tse. Impact of Comprehensive Development Zoning on Real Estate Development in Hong Kong [J]. *Land Use Policy*, 2001 (18): 23.

② Darid Aclamsa, E. M. Hstings. Urban Renewal in Hong Kong Transition from Development Corporation to Renewal Authority [J]. *Land Use Policy*, 2001 (9): 245 -258.

追求利润的无节制性而使市场主体目光短浅，会因为巨额利润的诱惑而损害公共利益，损害土地资源的有效利用。政府必须通过控制这样的不良后果而利用某些方式对市场和社会进行管制，尽可能稳定土地价格，抑制土地投机①。

1.2.1.3 土地供给能否作为宏观调控工具

西方国家的宏观调控工具主要是指传统意义上的货币、财政、产业等政策，土地政策更多地表现为用途管制、公益用地征收规制等，多用于土地市场的管理，而未广泛应用于社会整体经济，而且，西方国家土地绝大多数都实行私有制，与我国的土地公有制完全不同，因此，西方国家并不存在由政府向市场供给土地的行为，更不涉及由政府控制土地供给总量和结构进而调控市场的行为。因此，在西方国家土地政策并不是宏观调控的工具。

西方国家虽然不运用土地供给政策作为调控宏观经济的工具，但其土地管理的相关制度非常健全，如土地储备制度（有的国家将这种制度称为土地银行）、土地用途管制制度、土地规划管理、公益用地政府征收制度等。这是因为土地是重要的生产和生活资料，是关系国计民生的重要自然资源，政府有责任保证土地资源得到最高效的利用：土地利用的效益最优，土地产出的利益最大化，并保护环境不受个人生产经营活动的破坏，同时，土地作为公共物品，政府需要承担社会公共物品供给的责任。虽然这些土地管理制度中的一些规范内容是具有一定的调控作用的，如土地规划、土地价格等，但土地政策并不是西方国家认可和使用的宏观调控工具。作为我国特有的宏观调控工具，国外的土地管理制度中的一些先进的经验和政策却是可以为我国借鉴并应用到土地供给宏观调控中。

1.2.1.4 土地管理制度

1. 土地储备制度

关于土地储备制度的公共利益目的。国外学术界与政府实践通常都会

---

① Jane Silberstein and Chris Maser. Land - Use Planning for Sustainable Development [M]. Lewis Publisher, 2000: 34 -36.

将土地储备的目的界定为出于公共利益的需求。如美国的 Richard P. Fishman 认为，土地储备制度是政府需要取得未来开发所用的土地，用以控制整个城市的发展规模和方向，以取得或租赁土地的方式使城市避免被不成熟地开发①。英国的 Harold B. Dunkerley 认为，土地储备制度是政府在没有确定需要以前，预先取得一定面积的土地，在需要的时候将其释放，按照相应的计划进行开发，用来确保政府的土地利用计划得到有效执行，这样可以引导城市合理发展的管制措施②。Richard P. Fishman 则主张城市土地的利用应综合考虑全体社会的经济效益和社会效益，要以土地公共效用最大化为基本原则③。

关于土地储备制度的作用。国外多数学者都认为政府进行土地储备是为了促进城市的健康发展、降低住房价格、有效抑制土地的投机并提高城市生态环境质量。在这个层面上，土地储备用于调控经济和社会整体效益的调控性质表现得更为明显，换言之，土地储备制度具有宏观调控工具的性质。Sylvan Kamm 认为，土地储备制度是大规模的土地的取得、管理及向社会以公共利益为目的供给，对城市的发展和土地价格具有实质性影响④。Charles M. Haar 认为，土地储备制度解决的是城市的各种问题，对促进城市有序发展是必要的，并且主张创建独立的土地银行来执行各项土地储备政策，有效实施政府对需储备土地的征收以及公共设施的开发建设。此外，政府还应该对土地市场进行适当的调控和管制⑤。Jack Carr 与 Lawrence B. Smith 分析了土地储备制度对土地价格的影响，认为土地储备制度可以降低地价，因为政府实施的土地储备制度可以抑制土地投机，政府征收土地后用于公共利益的需求，因此付出的土地开发成本和土地储备成本相对较低⑥。E. C. Pasour Jr. 则有不同观点，认为土地储备制度在一

---

① Richard P. Fishman. Public Land Banking: Examination of A Management Technique [J]. *The Urban Institute*, 1975 (2): 13.

② Harold B. Dunkerley. Urban Land Policy [M]. Oxford University Press, 1983: 45.

③ Richard P. Fishman. Public Land Banking: Examination of A Management Technique [J]. *The Urban Institute*, 1975 (2): 26.

④ Sylvan Kamm. The Realities of Large – Scale Public Land Banking [J]. *The Urban Instiute*, 1975 (6): 16.

⑤ Haar M. Charles. Wanted: Two Federal Levers for Urban Land Used – Land Banks Andurban [J]. *NT Rutgers University*, 1974 (4): 23.

⑥ Jack Carr, Lawrence B. Smith. Public Land Banking and the Price of Land [J]. *Land Economics*, 1975 (2): 31.

定意义是一种公共投机行为，如果政府运行不得当，反而会降低土地市场上市场主体自由地对土地进行投机而产生的调节土地市场的积极作用，可能因为政府的不当介入，导致土地市场上因土地投机存在而产生的竞争降低，从而使这种竞争机能自动降低投机收益水平的正面调节功能失效①。Ann L. Strong 认为，有些国家实施土地储备制度以后，有效地促进了城市有序的发展，并且有利于推动住房条件的改善②。Dont T. Jhonson 等认为，政府对土地市场的调控程度降低，反而影响房价的稳定性，因此，土地储备制度是抑制房价、平抑地价的有效方法之一③。

总体而言，土地储备制度是政府对社会公益性用地和保障性用地充分供给而采取的一种保障措施，其作用在于改善调节城市住房、城市开发，同时通过收储土地间接调控土地价格，抑制土地投机，保证土地市场平衡稳定。从维护土地市场稳定发展的角度而言，土地储备制度也可以看作国外政府运用土地政策对房地产市场的调控。

2. 土地管理与利用的目标

Blewett 认为，土地资源的利用重点在于规划和保护措施，而私有土地产权则可能对规划和环境保护制度是不可行的，可能是高成本低效率的，因此，政府应加强规划和保护措施的实施④。Klaus 认为，政府应该利用充分发挥行政管理权力的优势，用于保护土地环境安全、有序开发、缓解土地分配中的不公平、消除有关土地的冲突和消减贫困⑤。Butler 认为，政府需要明确自身的职责，严格约束自身的行为，并通过合法的、透明的和有效的手段对土地利用进行管制，而且不能侵犯在土地市场中具有独立性的、公民的土地产权⑥。

---

① E. C. Pasour Jr. Public Land Banking and the Price of Land Comment [J]. *Land Economics*, 1977 (3): 24.

② Ann L. Strong. Land Banking – European Reality American Prospect [M]. Johns Hopkins University press, 1978: 156.

③ Dont T. Jhonson and Lary B. Cowart. Public Sector Land Banking: A Decision Model for Local-Governments [M]. Public Budgeting & Finance, 1997 (4): 10 – 12.

④ Needham. A Theory of Land Priees When Land Supplied Publiely: the Case of the Lands [M]. Urban Studies, 1992, 29 (5): 669.

⑤ Roger Bernhardt & Real Property. Study of Urban Land Storage System [M]. West Publishing Co, 1981: 77 – 79.

⑥ G. C. Van Karten. Land Resources Economics and Sustainable Development [M]. UBS Press, 1993: 90.

在土地管理与利用目标上，学者的观点大致相同，主要包括：第一，土地利用要坚持公益目标，以保护生态环境、消除贫困为主要目的，坚持土地的合理有效利用；第二，政府通过土地规划等措施进行管理，并严格执行土地规划；第三，政府自身要受到法律规范的约束，实施的措施要合法。

3. 土地价格管理制度

土地自身的特殊性决定了土地市场的复杂结构，影响地价的因素也非常复杂，非理性的土地收益预期和投机行为易造成土地市场经济运行秩序的混乱，进而导致土地市场和地价的失效。因此，许多国家都从多个层面和角度对土地价格作出了严格的规定。如日本和韩国由于土地面积的限制，对土地价格管理相对严格。日本严格监管土地交易过程，制定了《不动产登记法》，通过对土地进行登记确定产权，并将登记材料向社会公开，让公众自由查阅；对土地交易进行严格管理，即在转让土地时，实施土地申报制和土地交易许可制，以此对土地交易具体地块设立土地交易监视区制度，凡是地方政府认为地价上涨过快、影响土地合理利用的地区，即可以设立地价监视区，土地交易按照监视区内的特殊规定而行。此外，日本政府还通过税收、金融等手段调控地价。韩国则颁布了《关于公示地价与土地等级的评价法》和《国土利用管理法》，建立了地价标准公示制度和土地交易申报与限价制度，当申报地价低于基准地价时，可对交易方进行劝告，若不听从，地方政府有优先购买权。

4. 土地规划制度

在西方国家的发展过程中，最初的土地利用规划与城市规划相似，土地利用规划是一种建设性规划，设计是土地利用规划的中心内容，是关于未来发展的蓝图。但随着人口、资源、环境和发展等问题的日益凸显，土地利用规划逐渐从传统的建设性或蓝图规划，发展到以控制土地利用变化和可持续发展为目的且具有广泛民众基础的公共决策。以现代控制论为理念的规划，即以目标、连续的信息、各种有关未来的比较方案的预测和模拟、评价、选择、连续监督为基本模式的规划理论开始被接受。H. N. Vanlier 等认为：建立在可持续发展基础上的土地利用规划是为了正确选择各种土地利用区位，改善农村土地利用的空间条件以及长久保护自然资源而制定的土地利用政策及实施这些政策的操作指南，侧重于农用土地的可持续利用规划[①]。Brinkman 和 Smyth 指出，土地资源评价与土地利用规划的结合是非常必要的，规划包括四个方面：一是规划过程的一般环境；二是规划过程题材；三是规划单元；四是完成规划的形式[②]。

西方国家的土地规划具有完整体系，并具有一套科学的编制方法，土地利用规划目标主要是使本地区的社会经济更好、更稳定地发展，高度重视土地利用保护问题、基础设施建设和城镇发展问题，而且土地利用规划逐步走上制度化和法制化的轨道，很多国家有土地规划体系的专职机构，由土地利用规划法规以保证土地规划的实施及有关政策的贯彻执行，不允许因行政长官的变动而任意修改规划，如由于客观情况必须对规划进行修改和调整时，要按照法定程序执行。

土地规划注重公众参与，如美国、日本、德国、英国等国家在规划制定的各个阶段倡导各方人士参与，使规划保持了较高的透明度和参与度。建立了规范化的规划师执业认证制度，并建立民间性质的规划师协会等组织，如英国皇家规划师协会（RTP）、美国规划师协会（APA）、加拿大规划师协会（CIP）等[③]。

此外，国外的土地规划制度中还强调中央与地方的分权。如德国土地利用规划分为联邦规划和地方规划，联邦规划根据地方发展的需求制定宏观政策发布指导性战略，地方规划则是结合微观现状编制规划的实施方案，分解上级项目规划中提出的各类用地指标并将其具体落实到地块。联邦规划与地方规划在编制和实施过程中各自侧重不同，联邦政府将规划制定权力下放给地方，充分调动地方积极性，同时，也有利于土地规划的实施。

从国外土地管理制度可以看出，国外政府对土地的利用和管理是较为严格的，通过合理有效的规划约束土地开发利用，并通过一系列立法限制行政权对土地利用的过度干预，避免土地引发严重的社会问题。

---

① H. N. Vanlier. The Role of Land Use Planning in Sustainable Rural Systems [J]. *Landscape and Urban Planning*, 1998, 41 (2): 83-91.

② 吴次芳，叶艳妹．20世纪国际土地利用规划的发展及其新世纪展望［J］．中国土地科学，2000，14（1）：15-20.

③ 冯文利．借鉴国外经验建立我国执业土地规划师制度［J］．中国土地科学，2000，14（6）：43-46.

1.2.2 国内研究综述

自2003年土地供给参与宏观调控以来，很多学者研究土地关系与宏观调控法学理论，推出了众多的论文与专著。这些研究，既有经济学、管理学方面的研究，又有法学层面上的研究。

1.2.2.1 宏观调控法基本理论研究

宏观调控是否需要法治化及如何实现法治化在国内学术研究上一直存在着争议。笔者在知网以“宏观调控法治化”为关键词进行检索，截至2019年共检索到国内学术论文108篇，最早的是1995年王先林发表于《法学杂志》的《论宏观调控与法治》，到现在，都有学者对宏观调控是否需要法治化进行探讨，学术界争议从未停止。

关于宏观调控是否需要法治化，有两种观点：

一是有学者主张，宏观调控应通过立法实现制度化规范，即宏观调控需要法治化，依靠法律手段为宏观调控确定调控方式、调控程序的制度设定，也有人将其称之“规则约束”。持这一观点的学者如王先林认为：宏观调控必须要建立在法治的基础之上，由于宏观调控的主体是政府，因此，需要通过立法来明确界定政府调控经济的范围，也就是要明确哪些方面属于需要政府调控的，哪些方面属于不应干预的，以及政府应当通过什么手段和程序去进行调控，使政企关系各自的职责权限程序等问题都能通过法律形式加以明确成为法定的内容，不能任意潜越和违反。计划、金融等调控手段应该在法治前提下实施和发挥作用，而健全宏观调控法治的前提是有法可依①。这是国内学者最早提出宏观调控需法治化的论点。周永坤认为：宏观调控应遵循法治化原则，应从法治的一般原则、宏观调控行为的特征以及市场经济条件下国家权力的定位来介入，确定调控手段和调控行为的合法性，明确调控立法权分配、立法程序和立法内容合理性，宏观调控法治化应遵循弥补市场失灵的辅助性原则、坚持维护社会整体利益取向原则、维护财产权原则、开放原则和人民主权原则，通过完善宏观调控相关立法完成宏观调控法治化②。持此种观点的学者认为，我国当前宏

---

① 王先林．试论宏观调控与法治［J］．法学杂志，1995（5）：7．

② 周永坤．宏观调控法治化论纲［J］．法学论坛，1995（10）：6－8．

观调控领域立法存在着诸多空白，缺少一部基本法统领宏观调控行为法律规范，急需制定一部宏观调控法。王全兴、管斌认为，建立完备的宏观调控法体系用于统一宏观调控的指导思想和基本原则以及不同调控手段之间的配合和矛盾的处理规则①。吴越认为，我国急需制定一部《经济稳定法》（即宏观调控基本法），将政府调控的原则、调控目标、调控手段等通过立法形式予以制度化②。覃忠认为，我国当前宏观调控失职的根本原因是由于缺乏相应的法律程序约束，应通过制定相应的宏观调控程序规范保障宏观调控实现预期效果，因此主张宏观调控实现法治化，且应为程序性立法③。

二是有学者认为宏观经济本身具有波动性，充满不确定性、复杂性和灵活性，政府宏观调控行为本身不能受到法律的约束，应完全顺应经济形势灵活地采取调控政策，通过法律规范进行制度化的约束违背宏观调控本身的特性，因此没有必要进行宏观调控法治化，应遵循经济波动规律由政府“相机抉择”。如学者史际春、肖竹认为，分权制衡与协调是宏观调控主体权力配置的制度核心，分权是制衡与协调的必要基础，制衡与协调是宏观调控科学化民主化及其有效实现的保证，宏观调控的合理和正当是不能用法条来证明的，因此，能够使国家宏观调控行为实现经济上的“合规律性”的制度约束和法律供给，就是对宏观调控关系进行法律调整的任务。由于法律不可能通过对宏观调控具体行为的事先规范来实现宏观调控的“合规律性”和经济稳定与经济增长的最终目标，对宏观调控主体的赋权和宏观调控责任体系的建立是必须的④。郝铁川认为，规则的制定会固化宏观调控的手段和方式，而宏观调控手段和方式的采用都与宏观经济波动相关，宏观调控手段和方式充满了不确定性和不可预测性，如果将宏观调控制度化，那么政府将无法灵活地采用这些调控手段和方式，反而会影响经济运行⑤。

我国关于宏观调控的相关立法可以追溯到计划经济时期，改革开放以

---

① 王全兴，管斌．宏观调控法论纲［J］．首都师范大学学报（社会科学版），2002（3）：26－36.

② 吴越．宏观调控：宜政策化抑或制度化［J］．中国法学，2008（2）：84－93.

③ 覃忠．试论我国宏观调控的法治化［J］．广西政法管理干部学院学报，2011（1）：17－23.

④ 史际春，肖竹．论分权、法治的宏观调控［J］．中国法学，2006（4）：166.

⑤ 郝铁川．宏观调控的不确性与法律、政策调整［J］．南都学坛，2009（2）：11.

后为长期适应市场经济体制的运行，制定了一些宏观调控法律规范，涉及产业、计划、税收、金融、价格、投资等方面。从现行的立法规范来看，一方面，我国现行多数规定属于政策性范畴，富有政策灵活性，缺乏法律稳定性，且相对分散，未形成体系；另一方面，我国还没有一部宏观调控基本法，缺少统一宏观调控的立法指导思想、调控原则和调控方法，无法在立法层次上实现宏观调控体系化。

2000年我国部分学者起草《关于制定〈中华人民共和国宏观调控法〉的建议（讨论稿）》，研讨制定我国宏观调控基本法的相关内容。但直到现在，我国仍未形成一部宏观调控基本法。

当前学术界中主流观点是宏观调控可以而且应当实现法治化，多数学者认为通过制定一部宏观调控基本法实现宏观调控的立法规范，实现宏观调控立法的规范化和体系化。对于宏观调控基本法的名称，学者间有不同的观点；对于宏观调控的指导原则、调控规则还存在着一些争议。

1.2.2.2　土地供给参与宏观调控相关研究

关于土地供给参与宏观调控的必要性和可行性研究。刘维新认为，我国特殊的土地所有权制度给予了政府很大的调控权力，政府可以直接决定土地一级市场的供给，政府垄断了土地一级市场，具有完全的绝对支配权，使土地供给完全在政府的控制之下，成为政府可控的工具，从而使土地供给政策参与到宏观调控中具有了可行性[①]。李建建基于土地供给与市场经济的关系认为，市场经济的基础是社会化大生产和社会分工的精细化决定着经济发展的方向，土地是生产三要素之一，对劳动和资本起到承载作用，不同的土地供给方式对市场会起到抑制或者鼓励作用，因此，政府对市场的有效引导会起到非常重要的作用，我国处在经济转型期，这一时期市场经济自身并不健全也不成熟，离不开政府的有效调控，在房地产业成为经济支柱产业的时候，土地资源就显得尤其重要，因此，政府调控土地资源的配置也就是调控经济，是非常必要的，中国独特的土地所有权制度形成了政府对土地供给的完全掌控，便于政府利用土地供给调节市场，

---

① 方黎明．新型城镇化不能搞成新的房地产化变主角为配角——刘维新谈新型城镇化中的房地产定位［J］．中国地产，2013（3）：28－29.

防止经济过热或者过冷①。申宝刚和汪应宏认为，财政和货币政策在现阶段的宏观调控中并没有起到应有的作用，可以说其调控是失灵的，其认为资金来源的多元化在一定程度上削弱了货币政策的调控能力，而土地供给渠道单一，政府易于掌控，相对货币，更容易对市场调控产生效果②。甘藏春阐述了土地供给参与宏观调控的历史过程和必要性，认为由房地产泡沫所引发的金融风险成为宏观调控的首要目标，土地供给在现阶段参与宏观调控具有特殊的效果③。郭洁分析了土地规划制度、土地用途管制制度、土地宏观调控决策制度等介入土地宏观调控的法律基础④。黄凌翔、陈学会运用丁伯根法则与蒙代尔法则以及地租理论等，分析了土地供给参与宏观调控的一般模式⑤。

学术界对于土地供给参与宏观调控的必要性和可行性是予以认可的，认为现阶段我国处于经济转型期，政府调控经济发展，保证经济稳定是必要的，土地供给参与宏观调控具有时代特色，在制度上具有可行性，在实践中也已经取得了一定的效果，因此，在理论和现实中都予以肯定，并通过分析研究丰富完善关于土地供给参与宏观调控的理论，为土地供给制度运行提供了理论支持。

关于土地供给参与宏观调控的立法目标研究。李善同分析了我国近几年的土地供给调控政策，认为土地供给参与宏观调控最主要的是控制地根和土地价格，如对土地用途、土地供给结构等进行控制，从而调控产业结构，抑制固定资产投机，此外，还要保障耕地和粮食安全⑥。卢为民认为，土地供给参与宏观调控目标即稳定物价和促进经济增长两点⑦。中国土地矿产法律事务中心定位土地供给参与宏观调控的目标为经济增长、产

---

① 李建建．对土地政策参与宏观调控的若干思考［J］．东南学术，2004（S1）：149.

② 申宝刚，汪应宏．对土地政策参与宏观调控的几点认识［J］．国土资源科技管理，2006（6）：31－34.

③ 甘藏春．构建中国特色的土地宏观调控体系［J］．中国土地，2008（1）：32－34.

④ 郭洁．土地关系宏观调控法研究［M］．沈阳：辽宁大学出版社，2004：35－40.

⑤ 黄凌翔，陈学会．土地政策作为宏观调控手段的理论和实践探讨［J］．经济问题，2005（2）：19－21.

⑥ 李善同．“十一五”期间及2020年中国经济增长前景分析［A］．21世纪数量经济学（第6卷）［C］．2005：79－91.

⑦ 卢为民．土地政策促进产业结构调整的路径分析［J］．上海经济研究，2008（3）：45－46.

业结构调控、区域经济发展和房地产调控①。学术界对于土地供给参与宏观调控目标也具有一致性，普遍认为其与宏观调控目标是一致的，都要促进经济的稳定发展，通过控制土地供给总量和供给结构实现该目标。

关于土地供给参与宏观调控的内容和程序问题研究。孟星认为土地供给参与宏观调控的主要内容是控制土地供给方式、供给结构、供给主体、供给数量②。高进田、张换兆认为可以通过扩张性和温和性的土地供给政策控制投资需求③。靳相木认为土地供给参与宏观调控的路径主要有供地数量调控、供地价格调控和基于可转让配额的供地调控三种④。季媛月认为要严格控制土地供给的数量与结构，并健全土地储备制度，通过适当调控土地供给数量，控制房地产价格⑤。孙文盛认为土地供给运用经济、法律、行政手段的综合作用，增加政府的调控能力⑥。范恒山认为土地供给参与宏观调控主要通过调控供地总量、供地结构、市场准入、土地价格等实现对经济的调控⑦。孔凡文等认为土地供给政策应包括土地供给结构、供给总量、价格调控和收益分配等方面⑧。武庆娟认为土地利用规划要以经济、社会、生态等多方面目标协调发展为原则，并提高土地规划的法律效力，增强土地利用规划的权威性，制定土地规划法，对土地规划的制定主体、制定程序、监督、处罚、责任承担等多方面进行详细规定，以法律形式强化土地利用规划的约束力。

结合上述研究，关于土地供给参与宏观调控的内容主要包括供地结构、供地数量，还有学者认为土地收益分配也具有一定的调控作用。调控方式从实践上来看主要依赖经济杠杆，并辅以行政手段。大部分学者认为

① 中国土地矿产法律事务中心编．张婉丽，杨重光主编．土地政策参与宏观调控探索［M］．北京：地质出版社，2007：37.

② 孟星．城市土地政府管制研究［J］．复旦大学学报（社会科学版），2006（5）：106－112.

③ 高进田，孟换兆．土地宏观调控的传导机制分析［J］．开放导报，2006（2）：27.

④ 靳相木．地根经济：一个研究范式及其对土地宏观调控的初步应用［M］．杭州：浙江大学出版社，2007：6.

⑤ 季媛月．我国房地产价格的宏观调控法分析［J］．商业文化，2011（2）：151.

⑥ 孙文盛．统一思想 明确要求 切实做好土地利用总体规划修编前期工作——在全国土地利用总体规划修编前期工作座谈会上的讲话［J］．国土资源通讯，2005（16）：22－25.

⑦ 范恒山．土地政策与宏观调控［M］．北京：经济科学出版社，2010：23－30.

⑧ 孔凡文，洪涤，王钦．论我国土地宏观调控［J］．沈阳建筑大学学报（社会科学版），2007（4）：202－205.

土地利用规划是土地供给参与宏观调控的重要手段，要重视土地利用规划在土地供给调控政策中的作用。

关于土地供给调控政策的效果。伏玉林、李洋分析我国近些年的调控政策，认为地方政府在土地供给政策调控中角色混乱，调控行为缺乏制度约束，调控效果并不理想①。郝书辰、李军杰认为我国近些年的土地供给调控政策注重短期效果，没有根本解决我国土地制度中的根本问题，调控政策不能制止地方政府土地财政的问题②。中国土地矿产法律事务中心分析经济发展数据，认为我国近些年的土地供给调控政策取得了一定的成效，对于固定资产投机有所抑制，但房地产价格方面收效甚微，仍需要进一步加深调控③。卢为民则认为我国土地供给调控政策工具不完善、土地市场自身发展不足，相关法律制度不健全，调控手段单一，与财政、货币等配合不够合理，因此调控的有效性并不充足④。赵大勇等认为土地供给政策主要调控土地供给总量和土地供给结构，因而优化土地供给总量和土地供给结构是重中之重，这样才能促进经济发展，真正实现土地供给政策的调控作用⑤。

不可否认，我国运用土地政策进行宏观调控以来，对抑制房地产行业过热发展有一定的调控效果。土地供给的调控使房地产市场逐渐规范化，土地相关法律制度也在不断完善，如土地供给方式由原来的协议出让的方式改为“招拍挂”出让方式。但土地市场还存在着很多问题，如地价居高不下，地方政府寻租、大搞土地财政等也不容忽视，距离我国土地供给参与宏观调控走向成熟还有很长的路要走。

1.2.2.3 地方政府宏观调控权研究

唐在富认为，中央政府与地方政府在调控目标上存在差异，中央政府

---

① 伏玉林，李洋．对土地政策参与宏观经济调控的思考［J］．建筑经济，2006（6）：64－68.

② 郝书辰，李军杰．土地调控应着力于土地利益分配的再调整［J］．宏观经济管理，2007（3）：21－23.

③ 中国土地矿产法律事务中心编．张婉丽，杨重光主编．土地政策参与宏观调控探索［M］．北京：地质出版社，2007：21－23.

④ 卢为民．土地政策促进产业结构调整的路径分析［J］．上海经济研究，2008（3）：43－46.

⑤ 赵大勇，斯琴，王友军．对土地政策参与宏观调控的探索［J］．西部资源，2008（3）：23－26.

从宏观经济出发调控地根，目标是为了保障土地资源的高效利用和经济的稳定发展，而地方政府追求本地区发展和当地财政收入，多经营土地，制造土地财政[①]。李蓉、杨绍安认为政府运用土地供给政策调控经济应出于公益目的，如土地的公益用途，保证保障房供地、抑制土地投机等[②]。郭洁认为，我国没有宏观调控基本法，土地宏观调控行为欠缺基本的规范指引，现行土地规划制度、土地用途管理制度都有待完善，土地供给调控决策的民主性尚未得到关注和重视，有待加强[③]。杨航光、徐药认为，政府在调控过程中缺乏制度性和规则性约束，调控导致政府行政权力过度扩张，对经济形成过度干预，在一定程度上对土地市场造成负面影响，政府应重视自己在土地供给调控中的定位和应发挥的作用[④]。吴净霖分析了政府在土地供给中垄断者与调控者双重角色的冲突[⑤]。曾永昌认为现阶段政府对土地一级市场形成垄断具有时代特征，地方政府代理行为存在政府失灵，存在着导致土地资源配置中效率与公平双重损失的可能性[⑥]。曹春明分析了政府调控失灵与房价地价增长的关系，认为政府的调控行为需要规则的约束[⑦]。

结合已有研究文献，可以看出，政府在土地供给调控中的作用认识可以一分为二：一方面，土地供给调控了土地供给总量与结构，对房地产市场和宏观经济产生了影响：另一方面，由于政府调控失灵的存在，中央政府制定调控决策时欠缺民主性，地方政府执行调控政策缺少规则约束及对土地财政的追求，调控效果并没有达到理想状态，地方政府对土地一级市场的垄断使得其在土地供给中产生垄断者与调控者双重角色的冲突，缺乏制度和规则的约束，地方政府极容易成为垄断者，操纵土地的供给，追求高额利润，甚至一些政府行为对土地市场产生了不良影响。政府如何在调

① 唐在富．中央政府与地方政府在土地调控中的博弈分析——诠释宏观调控中政府关系协调的一种新尝试［J］．当代经济，2007（8）：24－29.

② 李蓉，杨绍安．重新定位房地产市场中政府的角色［J］．创新，2008（1）：29－32.

③ 郭洁．土地关系宏观调控规范若干问题探讨［J］．政法论坛，2004（2）：108－113.

④ 杨航光，徐药．政府与市场之争——对我国房地产调控的法学思考［J］．重庆科技大学学报（社会科学版），2009（6）：48－49.

⑤ 吴净霖．从宏观调控法角度规范房地产市场中的政府行为［J］．法制与社会，2011（2）：116－117.

⑥ 曾永昌．论土地市场的政府垄断［J］．社会科学研究，2002（4）：32－38.

⑦ 曹春明．房价居高不下的原因［J］．价格理论与实践，2004（12）：45－46.

控中找准自身定位问题已经迫在眉睫。学者普遍认为地方政府的调控行为应该受到法律约束，将地方政府的调控行为纳入法治化势在必行。

1.2.2.4 宏观调控程序法律规范研究

我国传统法律这种“重实体轻程序”的法律文化，使得程序在我国被长期忽视。但是，随着“程序正义”、“程序价值”等法学理念的不断引入，我国经济法学界对法律程序的研究也在日益增多，如张潜伟的《论经济法中的程序法》、刘进的《经济法之程序问题探讨》、单飞跃、罗小勇的《经济法程序理念论》等论文都以程序为视角探讨我国经济法的完善途径；1994 年我国著名法理学家张文显教授发表了《宏观调控及其政策与法律的思考》一文，提出“长期以来，在宏观调控方面的失职、失误、失效及责任缺乏监督和追究的根本原因是我国缺乏有关宏观调控的法律程序”，开启了对我国宏观调控法的程序问题进行研究的新篇章。众多学者陆续发表了一些论述宏观调控基本法的文章，对宏观调控程序亦有所论述，如王曦在其《略论我国宏观调控基本法的定位》中提出，宏观调控立法不是规定每一项调控政策的具体内容和方法，而是要通过法律规范授予或限制宏观调控政策制定和实施的权力，确认或否定其制定政策的效力，规定权力的行使条件、行使方法、行使程序及相应的监督机制。

对于宏观调控程序法律规制的研究，并没有局限于程序本身，学者们从不同的切入点分析程序的制度化与法治化的重要性。张辉从宏观调控的概念入手，区分了宏观调控与中观调控的差异，明确了调控主体、调控行为的界限，从调控权法律控制的角度分析实现调控权的法律控制需要一定的正当程序为保障①。徐澜波从宏观调控宜“政策化”还是宜“法治化”的方向切入，分析了国家的宏观调控活动必须在法律规制下进行，并且阐述了通过法律对调控权进行配置，并论证了宏观调控的可诉性，将调控程序法律规制的范围扩大至司法救济程序的层面②。颜运秋、王力教授从宏观调控程序法治化的角度入手，分析了调控活动需要法律程序的原因以及法律程序在调控规范化中发挥的重要作用和价值，并构建了程序法治化的

---

① 张辉．宏观调控权法律控制研究［M］．北京：法律出版社，2010：109－110.

② 徐澜波．宏观调控法治化问题研究［D］．中南大学博士学位论文，2013：46.

向度、目标和基本框架，较为系统地勾勒了调控程序法治化的轮廓[①]。吴德洪认为，宏观调控主旨在于促进多数社会成员组织和统一起来，运用公共权力选择他们共同追求的目标以及达到这些目标的方法和手段，它强调宏观调控权利层次配置的完善和内部结构的协调，信息公开可以促进公平的实现，使人们在信息资源的获取上实现均等[②]。吴晓晖认为，宏观调控决策制定过程中需要公众参与，这是不可忽视的，也是为国外宏观调控决策所认可采纳的制度，将宏观调控决策参与分为有决策权的参与和无决策权的参与，将公众参与理论和我国宏观调控实践契合[③]。

在理论层面学者从不同的角度分析了宏观调控程序法律规制的相关问题，对于宏观调控程序法律规制问题的研究在逐渐深入，在土地供给参与宏观调控过程中，决策的民主化和信息公开是十分必要的，而且在实践中政府也越来越重视宏观调控程序。虽然实践中还存在着调控程序法律规范不足，政府行政干预不适当等问题，但是通过程序法制化理论框架的构建、相关制度的建立健全，程序法制化逐渐成为宏观调控权有效运行的有力保障。

1.2.2.5 关于土地规划参与宏观调控的理论研究

我国的土地规划概念是从苏联引入的，自20世纪80年代开始至今为止共经历了三轮全国土地利用规划编制，分别是1986—2000年、1997—2010年、2006—2020年三轮。这三次土地利用规划的编制在实现建设用地科学合理利用、耕地保护等方面起到了重要的作用，是我国土地利用的重要制度保障。土地规划是对土地资源在区域、行业、部门之间进行合理配置的重要手段之一[④]，自2003年中央出台土地调控政策以来，土地政策就成为国家调控土地资源配置的一项重要工具，在市场经济建设中发挥着重要的作用。运用土地政策进行宏观调控是我国宏观调控领域的创新，也是我国市场经济建设的一大特色。自2003年至今，对房地产市场和土

① 颜运秋，王力．对宏观调控程序法治化的思考［J］．贵州警官职业学院学报，2004(6)：45.

② 吴德洪．宏观调控视野中的政府信息公开制度［J］．今日湖北，2007(5)：236.

③ 吴晓晖．论我国宏观调控决策的法律调整［D］．华东政法大学博士学位论文，2010：114.

④ 陈丽，曲福田，师学义．土地利用规划中的利益均衡问题［J］．中国土地科学，2006(10)：43.

地资源利用的调控政策持续进行，土地规划是土地调控政策中最重要的手段。

关于土地利用规划性质和编制理念的认识。我国土地利用规划的管理模式源于计划经济时代，承继苏联时期“大政府，小市场”① 的理念，1986 年《中华人民共和国土地管理法》（以下简称《土地管理法》）规定要编制土地利用规划，这时期土地利用规划带有明显的计划经济色彩，对土地利用规划的认识和理解也局限于计划经济时代的认识。随着市场经济发展，土地利用规划编制日益成熟，学术界对土地利用规划的性质和特征的认识也在不断加深。有学者认为土地规划是一种决策，是宏观调控的一个重要工具，传统理念对规划作为一项决策而应具有刚性、约束性、计划性的认识也在发生转变。陈丽等认为：土地利用规划目的是为了最大限度发挥土地资源利用综合效益，其根本目标应当是提高社会整体福利和使社会公共利益最大化，即实现土地利用过程中经济、社会、生态、环境等效益的最佳耦合。但土地利用过程中会产生外部性，其实质是土地利用的私人成本和社会成本、私人收益和社会收益之间的偏离，如果土地资源的市场配置过量倾斜到企业和市场中造成偏离帕累托最优水平，就会造成土地资源的浪费和滥用，而如果土地使用者实施的经济活动为社会福利作出了贡献但没有得到应用的补偿时，土地使用者会缩小经济活动使土地要素供给不足。面对土地利用外部性需要通过土地利用规划进行直接控制来实现和提高土地利用的社会整体福利：一是土地用途管制，即将具有不同用途的土地隔离开来加以管制，以此实现合理配置土地资源，但由于我国现阶段分区管制使得土地发展权失衡使土地收益难以在各利益主体间均衡；二是通过土地利用率的控制，如通过控制城市容积率限制城市不合理扩张，控制农地利用率改善生态环境；三是特殊用途土地的保护制度，如划定基本农田、自然保护区等保护生态价值高的土地实现生态价值和社会价值平衡的目标。正是由于土地利用规划对土地利用的重要作用，土地利用规划在编制过程中更应注重规划目标设置和各利益主体的利益均衡、各级土地利用规划间编制目标的均衡以及各级土地利用规划间在内容、模式、弹性尺度、实施保障体系方面有明显的层次性，中央与地方政府间规划目标既

① 樊裕．新经济条件下“多规合一”的法律规制问题研究［J］．中国市场，2019（1）：13.

有连续性又要有差别，同时，还要注重对个人利益的保护，通过公众参与给予社会主体表达利益诉求的机会①。吴次芳、邵霞珍认为：土地利用规划中存在着理性和非理性、确定和不确定的问题，比如约束缺乏灵活性，信息失灵导致规划编制不科学、不理性、不确定的问题，但这些问题是现实中无法规避的，如果仍然坚持传统规划中理性、确定性和刚性理论，土地规划在事实上不能很好地应对未来现实中的不确定性，特别是市场经济本身拥有一只“看不见的手”。规划本身不仅是一项决策，还是一项对未来土地资源利用的安排和预测，未来是具有不确定性，因此要调整土地利用规划编制理念，将规划中的不确定性、非理性加以研究利用，强化规划对现实问题的关注，增强土地利用规划自身的弹性，强化规划决策动态性，增加各方利益参与规划的机会，实现多方利益调合②。郭洁认为：土地利用规划的确定性应当区分实体的确定性和程序的确定性，实体确定性指土地权利内容的确定性，程序确定性是指土地使用权限制发生变化时人们将有多少发言权的确定性。土地规划正在改变传统的行政权单向性，将制度配置从行政权力转移到利益相关者的规划权利，使整个土地用途管制法律的重心从维系行政权力转向保障个体权利，从而实现管制的权力和权利的多元中心结构③。

党国英、吴文媛认为：土地利用规划是政府或其他公权机构对一定区域内土地利用目的、方式作出的一系列约束性的规定，重新审视土地利用规划的理念使之与当前制度建设相协调，在编制理念上坚持人本主义要求，在尊重个人利益前提下满足公共利益的要求，允许市场主体在经营性领域内拥有必要的财产权④。学者们普遍认为土地利用规划作为一种宏观调控手段和工具目标设定具有复杂性，既要确保公共利益的实现，又要加强对社会私益的保护，规划目标设定要注重各层次规划间的差异性和协调性、注重公益保护、公益与私益的平衡，合法私益、财产权、各个利益主体诉求的表达在土地利用规划编制过程中得到越来越多的关注，如何实现

---

① 陈丽，曲福田，师学义．土地利用规划中的利益均衡问题［J］．中国土地科学，2006（10）：42－47.

② 吴次芳，邵霞珍．土地利用规划的非理性、不确定性和弹性理论［J］．浙江大学学报（人文社会科学版），2005（7）：99－104.

③ 郭洁．土地用途管制模式的立法转变［J］．法学研究，2013（2）：75－76.

④ 党国英，吴文媛．土地规划管理改革：权利调整与法治构建［J］．法学研究，2014（5）：58.

规划社会公正性成为研究的热点。

关于土地规划权性质的研究。规划权一般被认为是公权力，西方国家将规划编制过程等同于立法，规划本身就是法律规范，英美法系国家甚至确认规划具有可诉性。我国将土地规划定位在准立法的层面，具有一定的法律属性的强制性但又并不等同于完全的立法，从土地管理角度，规划权属于国家土地行政管理机关对于土地资源利用的管理行为之一，因此，规划权属于行政权，是公权力，很多学者在研究规划权的时候也多从行政法角度去探讨。但随着土地规划编制理念和目标向人本主义方向的变革，有学者提出规划编制过程中要更多注重多方利益主体的诉求与平衡，因此，规划编制中对私权的关注使得规划权的公权力属性有所削弱。张颖认为：新型城镇化的推进和规划理念的更新，传统规划权力话语体系中的行政支配力已经不能完全地平衡规划编制中存在的多种利益诉求，作为多方利益主体表达诉求的权利话语就应当通过公众参与等方式融入到传统的规划权利话语体系之中，且从应然视角看，权利话语本身也应该是规划编制过程中的主导①。从这一研究视角来看，规划权的公权力属性已经不是传统意义上的绝对的支配性的行政权力，随着“以人为本”理念的加强，土地规划编制将更注重公权益与私权益的协调和平衡。

关于土地规划权力配置的研究。规划权属于宏观调控权的一种，规划权的配置实际也反映着宏观调控权的配置。学术界认为宏观调控中存在着中央与地方政府间的博弈，权力配置不均衡是造成这种现象的一个原因。很多学者分析宏观调控分权的必要性，如史际春认为：中央的宏观调控必须建立在尊重地方自主权、“剩余权力归地方”的基础之上，主张加强中央与地方以及同级政权不同部门之间分权，恰当地赋权定责，明确角色定位及其管辖范围，依靠立法将中央与地方权限做具体界分，实现合理分权基础上的相机抉择②。笔者在央地分权理论研究之上，探讨规划权分立，认为规划权同样面临着中央与地方政府间调控目标和利益平衡的差异，因此也应在中央和地方之间适当分权，即规划权分治。学者们认为传统规划理念注重对土地资源的管理，随着规划理念的转变，规划编制的科学性和合理性增加，需要中央将规划权下放，增加地方对规划的控制力，给予地

① 张颖．城市化规划中的权利话语［J］．行政法研究，2016（2）：88－96.

② 史际春．地方法治与地方宏观调控［J］．广东社会科学，2016（5）：224.

方表达利益诉求的机会。如李永超认为：中央与地方之间对土地利益的追求是不同的，双重利益属性都表现在规划之中，地方政府获得规划分权降低中央与地方政府在规划编制中的博弈，以增强土地规划编制的民主性和科学性和决策主体多元化①。赵力研究美国规划立法认为：美国在土地规划编制过程中地方政府是享有发言权的，因为地方政府的利益必须要得到保护，地方政府规划权是通过立法获得授权的。在美国当前“立法地方自治”的模式下，地方政府具有相当的规划自主权，州与州以下地方的规划权属“共享权力”：州和州以下地方都享有规划权，但州与州以下地方规划权是可能存在冲突的，判断标准依据州的立法是否清晰、明确地授权州政府制定相应规划或者通过相关规划立法排除地方规划权力。在两者发生冲突时，州规划要优于州以下地方规划，但州的规划权并非没有限制，在地方自治的制度框架下，州以下地方政府更了解地方实际情况，更贴近地方公民，州规划权的行使也始终受到地方自治权的制约，要充分保障州以下地方的利益②。

关于规划权下沉的研究。有学者认为民主自治对于土地规划编制具有重要意义，美国土地利用规划权力划分模式就提出了较好的基层民主自治成为土地利用规划权力主体的立法范本，因此，可以效仿美国将规划权下沉到基层自治主体。党国英、吴文媛认为：美国州以下的不归县管的自治体及县以下的自治体是土地规划管理的重心所在，也就是说各类城市是美国土地规划的基础平台，原因就在于企业家的投资行为会尽可能去避开政治的不确定性，而一个城市作为一个最小的基层治理单元其土地规划却涉及一个国家经济总量的主体部分，这种小尺度的空间单元里所产生的土地功能分区规划也不需要高阶位的政府介入，给予了企业家投资者以最大的政治确定性。1924 年美国通过了《州分区规划实施法》，将所有的土地使用法令性责任交给了市政当局，州政府公开对市政当局制定分区规划原则性的要求，因此形成了美国土地规划权力地方自治，即将土地规划管理下沉到小规模的自治体，有利于形成城市多样性，有利于发挥民间对制定土

---

① 沈开举主编，杨俊峰副主编. 中国土地制度改革研究 [M]. 北京：法律出版社，2014：161-172.

② 赵力. 美国规划垂直冲突与解决机制 [J]. 行政法研究，2017 (4)：137-138.

地规划的积极作用①。郭洁在土地所有权一体保护制度构建中提出将城市土地所有权主体定位于省级政府，因为省级政府是基本的行政区划单位和地方主体的表现形式，能够体现激励机制，包括利益激励、减少成本激励、责任承担激励、享有最终决策控制权激励等②。同时，郭洁提出可借鉴美国的社区赋权，源于1992年美国前总统克林顿提出的赋权社区的概念，通过立法赋予社区参与规划制定的权利制度，居民有权以合作模式参与社区土地利用规划决策③。

关于土地规划决策中利益平衡的研究。由于土地规划涉及多方利益，规划编制和执行过程中可能会产生争议，对于这种争议的处理，英美法系与大陆法系国家处理方式并不相同：英美法系国家一般将土地规划列为可诉性立法规范，利害关系主体可以针对规划合宪性、规划利益公正性、规划执行后果向法院提起诉讼；大陆法系国家则将规划编制过程延长为一个各利益主体协商的过程，在这个漫长的协商过程中，各方利益均衡化，无形之中化解利益间的争议，避免日后产生纠纷④。由此土地规划决策中利益均衡可以看作是一个过程，是多方利益主体博弈的过程，这其中不能缺少的是利益表达的程序维护，即表达渠道、表达方式等程序的设定和保障。笔者认为可以通过法治化手段完成利益诉求表达程序的设定。

1.2.2.6 关于空间规划和多规合一的研究

学术界关于“多规合一”的探讨始于2009年，有学者关注“主体功能区规划和土地利用总体规划等其他规划的协调和衔接”⑤ 问题，引发学术界关于现有各类规划与主体功能区规划间的协调、衔接和融合问题的大讨论。我国现有规划形式包括：国民经济和社会发展规划、城乡规划、土地利用规划、城市总体规划、控制性详细规划、生态环境保护规划及各品种资源的专项规划等多种规划。各类规划编制权、执行权等都分属于不同

---

① 党国英，吴文媛．土地规划管理改革：权利调整与法治构建［J］．法学研究，2014（5）：63－65.

② 郭洁．土地所有权一体保护立法研究［M］．北京：知识产权出版社，2011：138－140.

③ 郭洁．土地用途管制模式的立法转变［J］．法学研究，2013（2）：73.

④ 党国英，吴文媛．土地规划管理改革：权利调整与法治构建［J］．法学研究，2014（5）：63－65.

⑤ 冯广京，陈美景，曾爽．2009年国内土地科学重点研究评述及2010年展望［J］．中国土地科学，2010（6）：71.

的行政部门，出于不同部门的目标和原则设定，各类规划间难免存在着矛盾之处，在一个地区范围内存在着一个规划与另一个规划相冲突的情况。学术界针对各类规划间的衔接问题展开了讨论，主要集中在以哪一种规划作为衔接的基准①。随着研究的深入，学术界的认识由以何种规划为基准的各类规划间的衔接转变到各类规划的融合转变②。樊裕认为：我国现行规划立法体系并不完善，当前涉及的主要规划为国民经济和社会发展规划、土地利用总体规划、城乡规划、环境保护规划等，依据《中华人民共和国宪法》（以下简称《宪法》）、《中华人民共和国城乡规划法》（以下简称《城乡规划法》、《中华人民共和国环境保护法》（以下简称《环境保护法》）编制，目前我国尚未形成统一、完善的规划体系，规划立法模糊不清，各个规划间的关系同样难以定位。除国民经济和社会发展规划处于最高的权威性和政策性以外，其他三类规划都无明确法律规定，相互间的关系难以界定，在当前多规合一前提下规划间“相衔接”的问题也难以在实践中操作。应在现行的立法机制下制定《空间规划法》作为统一的空间规划编制实施的基本法律，理顺各类规划之间关系，指导空间规划工作。同时，在当前各地区情况差异较大、区域发展不平衡的情况下各地方可以因地制宜制定相应的空间规划地方性法规和地方政府规章，形成从中央到地方的配套衔接规划体系③。李浩梳理了我国自20世纪50年代空间规划立法探索的开始至当前加强统筹各类规划间的协调这段时间内立法实践，将其划分为：第一，20世纪50年代，借鉴苏联空间规划制度构建我国工业化制度，国民经济计划和城市规划以发展工业和城市为目标，规划涵盖了耕地保护、用地功能区分、环境保护等要求，天然具备“多规合一”的属性，一直持续到70年代末；第二，20世纪80—90年代，我国实行对外开放，开放地区的空间规划开始注重灵活性和弹性，注重区域发展的整体性，注重城市土地的商业价值，立法也在同步推进，规划中计划性减弱，城市规划具有权威和领导性地位；第三，20世纪90年代至现在，我国各地空间规划出现了“裂变”和“分野”的现象，城市规划

① 孟鹏，冯广京，吴大放，张冰松．“多规冲突”根源与“多规融合”原则——基于土地利用冲突与多规融合研讨会的思考［J］．中国土地科学，2015（8）：4－5.

② 同上。

③ 樊裕．新经济条件下“多规合一”的法律规制问题研究［J］．前沿理论，2019（3）：14.

编制出现多元化，这与当时土地有偿使用、分税制等制度实施分不开，各地城市在城市总体规划指导下，进一步编制分区规划和控制详细性规划。2006 年国民经济计划更名为国民经济规划，确定其为对空间规划具有约束功能的总体规划，并提出了“主体功能区规划”的概念，确定“主体功能区规划”由中央和省两级政府制定。2007 年城市规划更名为城乡规划，将城乡统筹写入规划之中，城镇、乡、村庄规划都纳入到城乡规划体系之中，进一步突出城乡规划的公共政策属性。由上述空间规划立法实践可以看出，国民经济规划具有宏观调控作用，需契合经济和社会发展的整体状况；城乡规划需以土地规划为核心、以环保规划为宗旨，将合理用地和环境保护内容涵盖其中；规划的过程是制定和执行公共决策的过程，应该在法律规范的框架内进行①。袁军认为：土地利用规划是以土地用途管制为主线的一类空间规划，城乡规划是以合理安排空间布局的一类空间规划，两类规划的衔接点在于城乡规划用地的确定，而主体功能区规划是为了纠正城市过度开发，从源头上重塑区域开发格局为目标，因此在用地安排和空间管制上还需要与土地利用规划和城乡规划相协调，以主体功能区规划为宏观框架和基础，协调土地利用规划和城乡规划及其他规划②。孟鹏、冯广京、吴大放和张冰松认为：多规冲突的根源在于各个规划制定目标和原则缺少统一性，多规融合的核心是协调各个规划的目标使之统一，多规融合重点就是构建各种规划必须遵守的控制性指标体系，需进一步强化顶层制度设计，构建国土空间规划制度框架，如加强各部门间的联动与协作机制，制定相关规划立法作为统领各类规划的基本法，建立公众参与规划编制的利益表达渠道等③。

关于空间规划的立法现状。早在 2000 年国家发展和改革委员会（以下简称发改委）作了一个关于规划体制改革的意见，提出空间协调与平衡的理念，经过多年研究和多方论证，于 2003 年最终确定基本思路，并在 2006 年“十一五”规划纲要中正式提出“主体功能区规划”的概念，自此，主体功能区规划的制定正式提到议事日程。2011 年国家正式出台

---

① 李浩．我国空间规划发展演化的历史回顾［J］．北京规划建设，2015（5）：163－170.

② 袁军．主体功能区规划与城乡规划、土地利用总体规划相互关系研究［J］．发展与创新，2018（12）：231－232.

③ 孟鹏，冯广京，吴大放，张冰松．“多规冲突”根源与“多规融合”原则——基于土地利用冲突与多规融合研讨会的思考［J］．中国土地科学，2015（8）：6－7.

《全国主体功能区规划》，确定："优化开发区域：国土开发密度已经较高、资源环境承载能力开始减弱的区域；重点开发区域：资源环境承载能力较强、经济和人口集聚条件较好的区域；限制开发区域：资源承载能力较弱、大规模集聚经济和人口条件不够好并关系到全国或较大区域范围生态安全的区域；禁止开发区域：依法设立的各类自然保护区域"的规划模式，明确了未来国土空间开发的主要目标和战略格局①。

立法实践层面。1999年《土地管理法》中规定"城市总体规划、村庄和集镇规划应当与土地利用规划相衔接"；2007年出台《城乡规划法》中规定"城市总体规划、镇总体规划以及乡规划和村庄规划的编制，应当依据国民经济和社会发展规划，并与土地利用总体规划相衔接"；2014年国家出台《国家新型城镇化规划（2014—2020年）》规定"加强城市规划与经济发展，主体功能区建设、国土资源利用、生态环境保护、基础设施建设等规划的相互衔接，推动有条件地区的经济社会发展总体规划、城市规划、土地利用总体规划等'多规合一'"，推动了我国规划改革，构建我国空间规划体系；同年，国家确定了推动"多规合一"，开展市（县）空间规划改革试点工作，首批确定试点市县共28个。2015年，中共中央、国务院印发《生态文明体制改革总体方案》，提出构建以空间治理和空间结构优化为主要内容，全国统一、相互衔接、分级管理的空间规划体系，强调构建以空间规划为基础、以用途管制为主要手段的国土空间开发保护制度；同年，国务院批转发改委《2015年深化经济体制改革重点工作意见》，强调加快划定生态保护红线。加强主体功能区建设，完善土地、农业等相关配套制度，建立国土空间开发保护制度。2016年《中共中央 国务院关于进一步加强城市规划建设管理工作的若干意见》中提出，要创新规划理念，改进规划方法，把以人为本、尊重自然、传承历史、绿色低碳等理念融入城市规划全过程，增强规划的前瞻性、严肃性和连续性，实现一张蓝图干到底。同年，第十二届全国人大第四次会议通过"十三五"规划，提出建立国家空间规划体系，以主体功能区规划为基础统筹各类空间性规划，推进"多规合一"改革的进行。2017年国务院出台《全国国土规划纲要（2016—2030年）》提出，统筹各类空间性规划，

① 百度词条．主体功能区规划．https://baike.baidu.com/item/全国主体功能区规划/4148638?fr=aladdin［EB/OL］．2019-02-01访问．

推进“多规合一”，编制国家级、省级国土规划，并与城乡建设、区域发展、环境保护等规划相协调，推动市县层面经济社会发展、城乡建设、土地利用、生态环境保护等“多规合一”。同年，中共中央办公厅、国务院办公厅发布《省级空间规划试点方案》提出，开展省级空间规划试点，要以主体功能区规划为基础，科学划定城镇、农业、生态空间及生态保护红线、永久基本农田、城镇开发边界，注重开发强度管控和主要控制线落地，统筹各类空间性规划，编制统一的省级空间规划，为实现“多规合一”、建立健全国土空间开发保护制度积累经验、提供示范，并明确我国将在海南、宁夏试点基础上，综合考虑地方现有工作基础和相关条件，将吉林、浙江、福建、江西、河南、广西、贵州7个省份纳入省级空间规划试点范围①。

空间规划的实践现状。我国空间规划体系呈现出多元化状态，目前主要有四类规划：

第一，城乡规划。城乡规划由住房和城乡建设部编制，法律依据是《城乡规划法》、《省域城镇体系规划编制审批办法》、《城市、镇控制性详细规划审批办法》、《城市规划编制办法》等。城乡规划共有五级，分别是全国和省域城镇体系规划、城市规划、镇规划、乡规划和村庄规划，其中城市规划又包含市域城镇体系规划、中心城区总体规划和详细规划三个层级，分别管控城市规模、布局、三区四线、用地性质、用地强度、设施安排等。城乡规划体系通过“一书三证”指标控制建设项目安排。

第二，土地利用总体规划。我国现行的土地利用总体规划的立法依据是《全国土地利用总体规划纲要（2006—2020年）》，由国土资源部（机构调整后为自然资源部）编制，其调控目标是为了保护耕地，限制建设用地扩展规模。土地利用总体规划共有五级：全国、省、地（市）、县、乡镇，采用指标管理手段，通过控制土地利用年度计划、农地转用指标、基本农田保护制度确保耕地红线、农地转用规模和城市建设边界。

第三，主体功能区规划。我国当前并没有实施主体功能区规划。但依据2007年国务院出台的《关于编制全国功能区规划的意见》、2011年

---

① 百度百科．省级空间规划试点方案［EB/OL］．https：//baike.baidu.com/item/省级空间规划试点方案/20137400，2019年4月11日访问。

《全国主体功能区规划》及“十一五”规划，主体功能区规划定位在对政策区划内国土开发强度控制，由发改委编制，形成两级规划体系：即全国主体功能区规划和省级主体功能区规划。目前全国主体功能区规划正在编制中。

第四，生态功能区划。我国的生态功能区划定位于生态调节，编制依据是2000年《全国生态功能区环境保护纲要》、2005年《国务院关于落实科学发展观加强环境保护的决定》、2008年《全国生态功能区划》，共有两级规划层级：全国、省级，三级区划，从生态系统服务功能的角度划定了216个生态功能区，强调保持生态功能的可持续性是生态文明建设的重要手段。

1.2.2.7 关于土地用途管制的研究

土地用途管制，西方称之为“land use control”，是一项古老的土地利用制度，源起于西方，最早起源于1573年西班牙一项关于屠宰场用地的法令，1875年德国柏林政府采用分区方法划分城市，1916年纽约市政府制定土地分区政策并限制建筑密度、容积率和空地率等指标[①]。我国实施土地用途管制时间并不长，自1998年《土地管理法》修订后土地用途管制制度才经由立法正式确定下来。关于土地用途管制的研究，早期学术界研究集中在土地用途管制的基本理论方面，从经济学、管理学、法学等方面界定土地用途管制的定义、确认土地用途管制的内容和分析土地用途管制制度设立的正当性等。如沈守愚、陈利根认为土地用途管制是国家为了保护农地对土地利用实行严格控制的一项具有财产权性质的法律制度[②]。王万茂认为土地用途管制的客体是已确定用途、数量、质量和位置的土地，管制目标是严格限制农用地转用、控制建设用地总量和保护耕地，管制手段是实行划分土地利用区，并以土地利用总体规划为实施依据，实施土地用途管制的目的就是要提高资源配置效率、保护公共利益[③]。杨惠认为：土地所有权社会化的本质使土地资源从“私权神圣”到“社会义务”，

---

① 王万茂．土地用途管制的实施及其效益的理性分析［J］．中国土地科学，1999（4）：9.

② 沈守愚，陈利根．论土地用途管制的法权基础［M］．北京：北京大学出版社，1997：105.

③ 王万茂．土地用途管制的实施及其效益的理性分析［J］．中国土地科学，1999（4）：10－11.

"所有权社会义务"观念下公益优先，土地用途管制就是从有助于社会合作的立场出发，秉持衡平原则通过适当妥协兼顾谋求土地的合理利用[①]。

结合本书研究，笔者梳理了现阶段关于土地用途管制制度运行的理论研究，对土地用途管制涉及的调控手段加以分析。

关于土地利用规划在土地用途管制中作用的研究。现有研究中对土地利用规划与土地用途管制的关系有几种观点：谭纵波认为，土地利用规划与土地用途管制是两种体系[②]；吴次芳、叶艳妹认为，土地利用规划是土地用途管制的手段和工具[③]。杨惠认为，无论是"裁量权导向"管制系统还是"规定导向"管制系统两种立法例都有存在的合理性和必要性，在实践中土地利用规划与土地用途管制的关系是复杂的，对土地利用起到激励和限制作用的往往是基础层级的土地利用规划和详细规划，这也是土地用途管制的根据，因此，土地利用规划和土地用途管制在此范围内是存在重合，规划和用途管制立法中都可以对土地用途分区作出规范[④]。郭洁认为，土地用途管制的立法和执行依据是土地利用规划，规划的行政强制性表现在规划决策的单方性和规划执行的强制性，土地利用规划的行政权力主导特性决定了我国土地用途行政管制的特点[⑤]。笔者认为当前我国土地用途管制内容包括两个方面：一是农地转用的限制，为保护耕地；二是建设用地开发管制，包括土地开发范围、密度、容积等限制。这两个目标的实现都离不开土地利用规划的编制和执行。在谈论土地用途管制制度运行的效果时我们不能回避土地利用规划编制的科学性和合理性、执行的强制性等问题；同样在谈论土地利用规划决策时我们也不能忽视土地用途管制目标的实现。从集约节约利用土地、合理配置土地资源的视角而言，土地用途管制和土地利用规划是殊途同归，两者既有各自的理论体系又有一致的目标，同为政府调控土地资源的方式，应从土地市场的私权和管制权关系格局出发，在统一的目标设定下，实现激励性管制[⑥]的土地供给和管控模式。张先贵认为：土地用途管制是严格限制农用地转为建设用地而设置

---

① 杨惠．土地用途管制法律制度研究［M］．北京：法律出版社，2010：100.

② 谭纵波．《物权法》语境下的城市规划［J］．国际城市规划，2007（6）：127－133.

③ 吴次芳，叶艳妹．20世纪国际土地利用规划的发展及其新世纪展望［J］．中国土地科学，2000（1）：16－20.

④ 杨惠．土地用途管制法律制度研究［M］．北京：法律出版社，2010：27－29.

⑤ 郭洁．土地用途管制模式的立法转变［J］．法学研究，2013（2）：61.

⑥ 郭洁．土地用途管制模式的立法转变［J］．法学研究，2013（2）：72.

的一项实定法权力，本质是对农用地开发给予的限制或剥夺，静态表现为依据土地利用总体规划管制土地用途，动态表现为严格限制农用地转用、对建设用地总量的控制和对耕地的特殊保护。同时，借助规划权（控制性详细规划）对建设用地和其上建筑物、构筑物以及其他附属设施进行一体化管制，更符合当前现实①。

结合上述研究土地利用规划中的控制性详细规划对土地用途管制要求的落实具有十分重要的作用，依现行立法，控制性详细规划规范内容包括：（1）详细规定所规划范围内各类不同使用性质用地的界线，规定各类用地内适建、不适建或者有条件地允许建设的建筑类型；（2）规划各地块建筑高度、建筑密度、容积率、绿地率等控制指标，规定交通出入口方位、停车泊位、建筑后退红线距离、建筑间距等要求；（3）提出各地块的建筑体量、体型、色彩等要求；（4）确定各级支路的红线位置、控制点座标和标高；（5）根据规划容量，确定工程管线的走向、管径和工程设施的用地界线②。前文有学者认为控制性详细规划中各项指标是落实土地用途管制目标的重要载体，因此，对控制性详细规划中的指标研究具有非常重要的意义。

关于容积率指标的研究。容积率指标是控制性详细规划的重要组成部分，是城市特定地块开发强度的标识和要求。容积率奖励起源于美国，是指土地使用权人提供一定的公共空间或公益性设施时，即可获得土地开发管理部门相应的建筑面积奖励，在20世纪70年代被美国政府用于鼓励土地使用权人将所开发项目中一定比例的住房单元以低于市场水平的价格租赁或出售给中低收入家庭。容积率奖励能够有效增加保障性住房的供给，减轻政府财政负担，促进居住融合等。

张先贵认为：容积率指标标示着城市空间利益的分配，推动控制性详细规划弹性立法，加强容积率指标交易（包括容积率指标奖励和容积率指标转移），其法权基础可以界定为土地开发权交易，即土地用途和土地利用集约度能否变更的权利，而土地集约度（或称土地开发度）就是通过容积率指标来表达和管制。当前，我国土地规划权改革要以土地开发权

---

① 张先贵．法教义学视角下我国土地用途管制概念：重释与厘定——基于《土地管理法》修改背景下的审思［J］．河北法学，2019（2）：61－74.

② 百度．控制性详细规划．https：//zhidao. baidu. com/question/147941857. html［EB/OL］. 2019－02－28访问。

为入口，实现土地开发权分配正当来实现土地规划的民主化和法治化[①]。方涧、沈开举认为：土地发展权的客体是土地开发容量，也即容积率，土地发展权的交易就表现为对土地开发容量即容积率交易[②]。石爱华、范钟铭认为：随着经济与人口、环境和资源协调发展的要求，对建设用地规模的调控近期应由传统的“以需定供”向“以供调需”的方向发展，城市转型发展会倒逼建设用地供给模式的转变，新的发展理念下建设用地供给要从“增量扩张”转向“存量挖潜”，以基本生态控制线作为城市未来的增长边界。这也符合当前学术界提出的城市空间规划、“多规合一”的主张[③]。

1.2.2.8 关于土地发展权及空间管制的研究

笔者在知网，以“土地发展权”为主题词进行搜索，共得 885 条结果。最早关于土地发展权的研究出现在 1994 年，至笔者搜索之时，每年都有学者对土地发展权进行研究，且研究方向呈现逐渐细化趋势，已不仅仅是对国外既有制度的介绍，更加注重国外制度本土化的研究，并与我国多年土地规划和指标管理的制度探索紧密结合。当前，我国土地利用研究已由早期的土地利用规划和指标管理向发展空间规划、实现多规划协同的方向发展，土地发展权研究无疑仍是研究生态空间合理利用法制完善的必经之路。

土地发展权是指在土地上进行开发的权利，用于改变土地用途或者提高土地利用程度，以建设许可权为基础，可拓展到用途许可权、强调提高权，是一种可以和土地所有权分割而单独处分的财产权[④]。

土地发展权源于土地空间管制，在西方国家，土地分区管制的开发利用要求与条件是设定土地发展权的法定依据，而政府设定空间管制是对土地发展权在空间上的分配，禁止建设区的土地发展权受到限制，适宜建设区的土地发展权得到体现[⑤]。

---

① 张先贵．容积率指标交易的法律性质及规制［J］．法商研究，2016（1）：65－73.

② 方涧，沈开举．土地发展权的法律属性与本土化权利构造［J］．学习与实践，2019（1）：62.

③ 石爱华，范钟铭．从“增量扩张”转向“存量挖潜”的建设用地规模调控［J］．城市规划，2011（35）：88－90.

④ 李世平．土地发展权浅说［J］．国土资源科技管理，2002（2）：15－17.

⑤ 林坚，许超诣．土地发展权、空间管制与规划协同［J］．城市规划，2014（1）：26－34.

目前世界上土地发展权存在三种模式：

第一种是英国模式，即涨价归公。1947年英国《城乡规划法》规定一切私有土地未来的发展权转移归国家所有。

第二种是美国模式，即涨价归私。美国创立了可转移的土地发展权（TDR），土地发展权归土地所有者。

第三种是法国模式，即公私兼顾。法国1975年颁布《改革土地政策的法律》确定土地干预区制度，即国家制定土地开发容积率上限，限度范围内土地发展权由土地开发者所有，超出容积率上限的土地发展权收归国有，但土地开发者也可能通过买卖方式获得超容积率上限的建设权，是否卖与土地开发者由政府决定①。

当前，学术界认为我国土地发展权虽然在立法中并没有写明，但在事实上是存在土地发展权，其特征表现为：第一，我国的隐性存在于立法之中，如现行土地用途管制制度如建设许可权、用途变更权、强调提高权的管控，再如浙江建设用地指标转移和增减挂钩制度、地票制度等都是基于土地发展权而进行的。第二，我国的土地发展权是国有的，即涨价归公模式，这是由于我国土地的社会主义公有制性质，中央政府是土地发展权的配置和管理最高主体。第三，关于我国土地发展权配置体系，有学者认为是三级体系，即宏观、中观和微观②；还有学者认为是两级体系，即一级土地发展权隐含在上级政府对下级政府区域的建设许可中，借以实现空间规划布局，配置注重宏观调控；二级土地发展权隐含在地方政府将从上级政府所获得的区域建设许可权进一步配置给具体开发者的过程中，如详细性控制规划等，配置注重对公民财产权的保护、平衡各方利益诉求，共享土地增值收益③。

1.2.2.9 关于老工业基地发展研究

传统的老工业基地往往是工业文明占据着主导地位，各类资源的利用、生产要素的投入、城市空间规划等都是依赖工业发展的布局要求，出

---

① 高洁，廖长林．英、美、法土地发展权制度对我国土地管理制度的启示［J］．经济社会体制比较，2011（4）：206－213.

② 张友安，陈莹．土地发展权的配置与流转［J］．中国土地科学，2005（5）：10－14.

③ 林坚，许超诣．土地发展权、空间管制与规划协同［J］．城市规划，2014（1）：26－34.

现粗放型生产、城市功能混杂、土地资源利用效率不高、环境保护不受重视等等问题。当前，伴随着老工业基地振兴战略和新型城镇化建设的推进，老工业基地面临着新的空间整治要求，特别是新型城镇化提出的“以人为本”，面对当前老工业基地出现产业结构性问题、环境污染、发展动力不足、缺少创新机制等不利局面，如何扭转和调整，如何增加老工业基地发展的内生动力成为学术界和全社会的关注点。土地作为产业发展的承载，集约节约利用土地资源成为老工业基地再振兴、优化城市布局和产业结构、合理供给生产要素的重中之重。笔者通过对现在研究成果的梳理，将现阶段对老工业基地再振兴过程中土地资源利用和产业结构优化的内容作以总结。

笔者以“老工业基地”为关键词在知网搜索，共得搜索结果 10594 条文献，其中 2016 年、2017 年、2018 年研究居多，研究方向主要集中在政治、经济学内容，包括产业、税收、决策制定等，在法治层面的研究较少，从经济法视角考察老工业基地土地集约节约利用更为稀少。如尚盼盼认为：各地老工业基地具有共同的以工业产业为中心的特点，可以吸取欧洲老工业基地城市空间治理的经验和方法，以人为本作空间规划设计，构建多元价值体系，加大力度改造工业存量土地，激活休眠土地，同时利用线性要素作为媒介，形成老工业城市更新的骨架结构[①]。

1.3 本书研究思路与方法

1.3.1 研究思路

本书从土地供给行为分析入手，对土地供给行为进行识别和区分，将可通过市场解决的行为剔除，针对可能对经济总量产生影响的行为界定为

① 尚盼盼．哲学视域下的老工业基地新型城镇化思考［J］．共享与品质——2018 中国城市规划年会论文集（02 城市更新），2018：1078 - 1714.

需要宏观调控的行为，先行明确调控对象，并分析了土地供给参与宏观调控行为的法律属性、自身特点和对房地产调控的运行机制；基于宏观调控基本理论，从土地供给参与宏观调控的调控目标设置、调控权力配置、调控程序规范化和调控工具配置四个方面，构建了土地供给参与宏观调控的法理模型，为土地供给参与宏观调控的运行提供可参考的法律框架，并以此为标准考察现行土地供给参与宏观调控运行中存在的问题，然后有针对性地提出完善土地供给参与宏观调控的政策建议。

1.3.2 研究方法

1. 历史分析方法

我国自2003年运用土地供给政策作为调控工具调控房地产市场，通过对近几年政府作出的宏观调控政策的梳理分析，找出我国土地供给参与宏观调控的实然状态，分析现存的问题与不足之处。

2. 比较分析方法

本书介绍了国外关于宏观调控基本立法及有代表性国家和地区的特色制度，从宏观调控和土地管理制度方面进行了考察分析，如土地利用规划、土地价格管制、中央与地方政府调控权力配置等，通过比较分析不同国家的土地调控政策，总结其中可为我国借鉴的内容，为我国土地供给参与宏观调控的完善提供参考。

3. 理论分析与实践相结合的方法

本书分析现行土地供给参与宏观调控状态，基于关于土地供给参与宏观调控法理模型，从实践出发，指出了我国现阶段土地供给参与宏观调控运行中存在的问题和完善建议，并借鉴国外现行的有效经验，使本书理论与实践相结合，结论更具有应用价值。

4. 以经济法学为主，运用法学分析工具，并结合土地管理学、经济学、规划学、政策学等专业内容，完成本书写作

本书研究过程中涉及规划、价格、公众参与等，与土地管理学、土地规划学、公共政策学、经济学等学科紧密相关，在论述过程中涉及相关理论，笔者综合运用上述理论得出本书研究结论。

1.4 本书难点、创新与不足

1.4.1 本书的难点

我国长期以来宏观调控依赖经济手段、行政手段，没有重视法律对宏观调控所起到的规范和匡正的作用，宏观调控法治化也是宏观调控权力运行的发展趋势，法治前提下运行土地供给制度，建立土地供给参与宏观调控法理模型，即法律介入土地供给调控行为，通过对调控目标设定、调控权力配置优化、调控程序规范、调控工具合理配置等问题的研究，最终完善土地供给参与宏观调控。

1. 构建土地供给参与宏观调控的法理模型

这是本书的一大难点。宏观调控是否需要法律规范还存在广泛争论，一部分学者仍认为宏观调控还是要坚持相机抉择，法律无须介入其中，更无须对其进行立法约束。土地供给作为宏观调控工具之一，自参与宏观调控以来，就是以政府行政命令的方式参与调控，法律未曾介入到土地供给过程中。政府调控决策具有行政命令的灵活性，但有时候欠缺法律规范的稳定性和合法性，欠缺正当程序的约束。上述内容给本书研究带来一定困难。

2. 中央与地方政府权力配置与冲突的解决

如何界定地方政府在宏观调控中的地位，并且优化中央政府与地方政府调控的权力配置是另一难点。地方政府在土地供给中起到主导作用，其垄断者与管理者双重身份冲突和与中央政府博弈的化解都是本书需要解决的问题。

1.4.2 本书的创新

1. 创新地将土地供给法律相关法律制度与宏观调控法治化框架构建相结合

本书开拓了经济法研究的新领域，将土地供给参与宏观调控的工具界定为土地利用规划制度、土地利用计划制度和土地价格制度。

2. 构建土地供给参与宏观调控的法理模型

土地供给参与宏观调控制度运行应受到宏观调控法律的规范，因此，本书结合土地供给的特点，从调控目标设置、调控权力配置、调控程序规范化和调控工具合理配置四个方面，论述了土地供给参与宏观调控过程中调控目标的公益性，中央与地方政府调控权力优化配置，调控程序正当并符合比例原则，土地规划、土地价格等调控工具要合理配置，构建了土地供给参与宏观调控的法理模型，为土地供给参与宏观调控的运行提供正当性标准。

1.4.3 本书的不足

本书是以土地供给为研究视角的，但由于各地方调控经验不尽相同，调取各地方调控样本进行统计存在一定困难，因此未作考察。

第2章 土地供给参与宏观调控的基础理论

2.1 土地供给参与宏观调控的基本含义

2.1.1 土地供给的含义

2.1.1.1 土地供给的含义分析

1. 广义的土地供给与狭义的土地供给

广义的土地供给包括土地的自然供给和经济供给。土地的供给按其性质可分为自然供给和经济供给。土地以其具有的自然的属性供给人类使用，从而满足人类社会生产和生活需要称为土地的自然供给，土地的自然属性决定了自然供给中土地数量不会发生变化，并不能受到人类活动和社会发展的影响，因此，土地的自然供给是无弹性的。土地的经济供给是指在自然条件允许范围内的土地，在一定时间和地区内因其用途、利益与价格变化而形成的土地供给方式，其主要运用市场和价格的手段来调节供给。

狭义的土地供给仅指土地的经济供给，即在土地自然供给的基础上投入劳动进行开发后成为人类可直接用于生产生活的土地供给。本书所指的土地供给仅指国有建设用地的经济供给。

2. 存量土地供给与增量土地供给

按照土地的用途划分，城市国有建设用地的供给可分为存量土地供给和增量土地供给两种。

城市存量土地供给，主要是通过提高土地利用效率，或盘活闲置的城市国有存量土地等方式形成的土地供应。由于我国长期实行土地无偿使用制度，不仅城市中存在大量低效利用或闲置的土地，而且几乎所有的城市存量土地均为行政划拨土地。而逐渐深化的土地使用制度改革要求将划拨土地使用权逐步纳入有偿使用的轨道，故存量土地供给就是将原划拨使用性质的土地通过有偿出让的方式引入土地市场进行流通。

城市增量土地供给，是指将农村集体所有的土地依法转变为城市土地的供给途径。随着城市规模的飞速扩张，国家要不断地占用农业用地，满足城市建设的需要。而我国实行土地城市国家所有和农村集体所有，土地所有权不得转让，城镇国有土地使用权可依法转让。但国家可以通过征收手段等以变更集体土地所有权为国有土地所有权的方式获得集体土地。因此，土地的增量供给实质上是国家先行征收集体土地，再向土地使用者让渡国有土地使用权的过程。《中华人民共和国城市房地产管理法》（以下简称《城市房地产管理法》）第 9 条规定："城市规划区内的集体所有的土地，经依法征用转为国有土地后，该幅国有土地使用权可以有偿出让"，该条规定的规划区内被征用的土地即可认定为城市增量土地供给。由于存量建设用地使用权已进入国有土地市场，增量土地供给更具有影响土地市场用地总量和用地结构的效果。现行制度下，可作为宏观调控的工具的土地供给，一般限于增量土地供给。

3. 出让土地供给与划拨土地供给

关于土地使用权出让供给，是指国家将国有土地使用权在一定年限内出让给土地使用者，由土地使用者向国家支付土地使用权出让金的供地行为，适用于经营性用地，主要是建设用地。《中华人民共和国土地管理法》（以下简称《土地管理法》）第 54 条规定："建设单位使用国有土地，应当以出让等有偿使用方式取得……"《土地管理法实施条例》第 17 条第二款规定："国有土地使用方式包括：（一）国有土地使用权出让；

（二）国有土地租赁；（三）国有土地使用权作价出让或者入股”。由此可见，土地使用权有偿出让是最基本的供地方式。

土地使用权出让采用“招拍挂”的方式。《中华人民共和国城市房地产管理法》和《招标拍卖挂牌出让国有土地使用权规定》（国土资源部令第 11 号）中规定了土地使用权出让，可以采取拍卖、招标或者双方协议的方式。商业、旅游、娱乐和豪华住宅用地，有条件的，必须采取拍卖、招标方式；没有条件，不能采取拍卖、招标方式的，可以采取双方协议的方式。采取双方协议方式出让土地使用权的出让金不得低于按国家规定所确定的最低价。相对于招标、拍卖、挂牌出让方式，协议出让方式受具体经办人的主观因素影响较大，缺乏公开性、竞争性，价格形成市场化程度低，因此，一般适用于土地开发难度大、土地用途特殊等情况。自 2001 年国务院在《国务院关于加强国有土地资产管理的通知》中强调大力推行国有土地使用权的招标、拍卖以来，陆续出台多部相关的法律规范，强化以“招拍挂”方式竞价出让土地使用权，如《协议出让国有土地使用权规定》、《关于严格实行经营性土地使用权招标拍卖挂牌出让的通知》、《招标拍卖挂牌出让国有建设用地使用权的规定》（国土资源部令第 39 号）、《招标拍卖挂牌出让国有土地使用权规定》（国土资源部令第 11 号）等法律规定，逐步取替原有的协议出让的方式①。

关于划拨供给方式，依据《城镇国有土地使用权出让和转让暂行条例》第 43 条将其定义为“划拨土地使用权是指土地使用者通过各种方式依法无偿取得的土地使用权”。《土地管理法》第 54 条规定：“建设单位使用国有土地，应当以出让等有偿使用方式取得；但是，下列建设用地，经县级以上人民政府依法批准，可以以划拨方式取得：（一）国家机关用地和军事用地；（二）城市基础设施用地和公益事业用地；（三）国家重点扶持的能源、交通、水利等基础设施用地；（四）法律、行政法规规定

① 所谓“招拍挂”是指招标、拍卖、挂牌三种竞价方式，《招标拍卖挂牌出让国有土地使用权规定》（国土资源部令第 11 号）第 2 条规定：“本规定所称招标出让国有土地使用权，是指市、县人民政府土地行政主管部门（以下简称出让人）发布招标公告，邀请特定或者不特定的公民、法人和其他组织参加国有土地使用权投标，根据投标结果确定土地使用者的行为。本规定所称拍卖出让国有土地使用权，是指出让人发布拍卖公告，由竞买人在指定时间、地点进行公开竞价，根据出价结果确定土地使用者的行为。本规定所称挂牌出让国有土地使用权，是指出让人发布挂牌公告，按公告规定的期限将拟出让宗地的交易条件在指定的土地交易场所挂牌公布，接受竞买人的报价申请并更新挂牌价格，根据挂牌期限截止时的出价结果确定土地使用者的行为。”

的其他用地。”依据我国国土资源部 2001 年制定的《划拨用地目录》的规定，可依法通过划拨方式取得土地使用权的限于以下几类：国家机关用地和军事用地；城市基础设施用地和公益事业用地；国家重点扶持的能源、交通、水利等基础设施用地；法律、行政法规规定的其他用地。由此看来，划拨土地使用权是因公益目的需要而存在，主要保证国民经济和社会发展的用地需求，是一种无偿无限期的政策性供地方式。

2.1.1.2 作为宏观调控工具的土地供给规范形态

制度供给中的制度是指具有外部强制性的行为规则，包括各项法律规范。就我国现行立法而言，包括宪法、法律、行政法规、规章、地方性法规等各项立法，还包括有强制效力的条例、章程、政策等。作出制度供给的规则只能是政府理性考虑后制定的，并且只能由政府提供才能保证其具有强制性。

作为宏观调控的重要方式，土地供给是通过行政主体的行政行为完成的，在制度层面，表现为供地决策的法律化，并形成不同的供地法律规范。就此，学者通常认为，制度层面的土地供给是指土地行政主管部门或地方政府依据国家法律与政策将建设用地提供给建设单位的过程，其实质是特定制度下各类宏观调控为特征的供地政策的总和。如范恒山认为，我国土地供给制度是政府管制和市场配置相结合的双重体制，包括土地利用总体规划及土地利用年度计划、耕地保护、土地使用权制度、土地管理体制等方面，是以各项具体的土地管理在不同地区、行业和部门之间配置为直接目标，以服从和服务于国家宏观经济管理的总体要求，确保国民经济和区域经济持续快速健康发展为间接目标的监管制度①。

1. 以约束新增建设用地总量为目标的土地利用规划制度

我国《城市房地产管理法》第 10 条规定：“土地使用权出让，必须符合土地利用总体规划、城市规划和年度建设用地计划”；第 12 条规定：“土地使用权出让，由市、县人民政府有计划、有步骤地进行。出让的每幅地块、用途、年限和其他条件，由市、县人民政府土地管理部门会同城市规划、建设、房产管理部门共同拟定方案，按照国务院规定，报经有批准权的人民政府批准后，由市、县人民政府土地管理部门实施”。

---

① 范恒山．土地政策与宏观调控［M］．北京：经济科学出版社，2010：128－129.

在市场经济条件下，市场机制是土地资源配置和土地资产流动的主要方式，但土地供给规划是保证土地总供给与总需求基本平衡，明确规定土地用途，确保土地利用结构合理的关键手段。我国城市用地具有很强的计划性，各省、自治区、直辖市和计划单列市通过向国家申报用地的总体规划，从而实现对土地供给总量的控制。

土地利用规划作为我国进行宏观调控的重要手段，直接决定了建设用地总量、新增建设用地和建设占用农用地的数量和分布，并决定了我国现行的建设用地审批制度。土地利用规划将建设用地的管理视为核心任务，国家通过严格制定和审查各类建设用地的土地利用规划，控制新增建设用地规模，控制土地供给的结构和节奏，坚决制止非农建设乱批滥占耕地现象，中央政府强化对新增建设用地的审批管理，对新增建设用地进行从严从紧、有保有压的管理，使得新增建设用地得到有效控制，具体的制度包括建设用地总量指标、建设用地指标计划分配、建设用地空间分配和建设用地审批制度等内容①。

土地利用规划是国家宏观控制土地利用最强有力的措施，其核心是科学、合理地利用土地，在此基础上尽可能地满足国民经济发展的需要。土地利用规划的实质就是科学、合理地安排土地资源的分配与再分配。土地利用规划应包括土地利用总体规划、各类用地规划和地产经营规划。土地利用规划中必须充分考虑土地资源利用过程中的外部效果来进行选址、确定用途和使用密度。进入市场的土地都应有明确的利用和经营规划，而从土地市场上得到土地的使用者也必须按照土地利用规划确定的土地用途对该地块进行开发利用。

2. 以控制建设用地供给时速为目标的土地利用计划制度

土地利用规划确定的各项土地利用指标通过土地利用计划编制落实耕地保护政策，并通过建设用地项目的审批制度实现。通过编订和实施土地利用总体规划和土地利用年度计划，对土地资源利用行为进行安排，实施土地利用计划所借助的工具为指标管理，通过指标的确定、分解下达、执行等来完成对具体土地利用行为的管制。

1999 年 3 月，国土资源部颁布了《土地利用年度计划管理办法》，并

---

① 陈丽．我国转型时期土地利用规划的制度均衡分析［D］．南京农业大学博士学位论文，2007：70.

经 2004 年 10 月和 2006 年 11 月两次修订。该办法第 4 条规定："土地利用年度计划指标包括新增建设用地计划指标（包括新增建设用地总量和新增建设占用农用地及耕地指标）、土地开发整理计划指标（包括土地开发补充耕地指标和土地整理复垦补充耕地指标）"，同时还规定各地可根据实际需要再增设控制指标。2006 年又将新增建设用地计划指标纳入了土地利用年度计划指标，调控目标不仅包括耕地的保护，还包括整个土地市场的宏观调控。新增建设用地指标逐年逐级分解，由下级提出土地利用年度计划建议，再层层上报上一级国土资源部门，全国确定土地利用年度计划之后，从中央到地方逐级分解，从而统筹全国的土地利用行为。现行建设用地指标实行指令性计划管理，未取得新增建设用地指标不得擅自批准用地，未取得新增建设占用农用地指标不得擅自批准农用地转用，建设用地指标必须严格执行，不得突破指标管理。

通过新增建设用地指标的分配中央政府与地方政府以及地方上下级政府之间，可实现对土地利用方式、土地供给时速进行控制，更为重要的是能够实现对新增建设用地、耕地等进行宏观控制。地方政府着眼未来一年建设项目所需土地的预测，向中央政府提出本地区新增建设用地指标数量，中央政府在结合地方实际情况和提出的土地利用年度计划建议，并依据国民经济和社会发展计划、宏观调控的要求、土地利用总体规划、供地政策以及土地利用的实际情况等因素，最终确定各地新增建设用地指标数量。这一行为确定了各地方建设用地指标的数量，并实现了中央政府对地方政府土地利用的管制。地方政府则通过调整建设用地指标的方式，执行中央政府的宏观调控政策、耕地保护等目标。地方政府执行土地利用年度计划的考核结果则作为确定该地区下一年度建设用地指标的考量依据进行增减[①]。

3. 以调控市场主体经济利益为杠杆的土地价格制度

国家作为社会管理者，依据一定时期内国家经济政策和土地市场状况等制定地价管理政策，并通过一定的地价管理制度对土地市场价格进行调控和管理，保持地价水平相对稳定，防止土地投机、地价暴涨，促进土地合理利用，规范交易双方的行为，以确保交易双方和国家等各方面的合法

---

① 吴胜利，蒲杰，张焱. 论建设用地指标交易的法律构造 [J]. 民主与法制，2002 (5)：140 - 143.

权益，维护土地市场健康发展[①]。

马克思认为，土地价格的实质是地租的资本化。土地之所以表现为价格是因为资本主义土地能够自由买卖，因此它与一般商品一样也有价格。但土地的价格并不是它的价值的货币表现，而是由于土地的稀缺性、土地所有权的垄断，垄断者可以凭借土地所有权得到一定的收入——地租。因此，土地价格并不是土地本身的价格，而是土地所能提供地租的购买价格。在西方经济学家看来，土地价格就是土地价值（或效用）在经济上的反映，它是用来购买土地效用或经济收益所付出的代价，当然，他们所认为的价值与马克思的劳动价值论有本质的区别。但在土地成为商品后便具有了价格这一点上却是相同的[②]。市场经济体制框架下，土地的稀缺性和土地的需求刚性使土地的出让价格持续攀升。

国家作为土地所有者和管理者，不能追求地租地价的最大化，而是追求整个国民经济的健康持续发展，使土地所有者和土地使用者的利益都受到法律保护。由于我国土地供给具有垄断性，这就要求国家进行土地价格管制，将土地价格维持在一个适当的地价水平，实行适度的土地价格政策，如果实行低地价政策，人为压低地租地价，不仅会造成土地资产流失，而且容易造成土地投机，不利于节约使用土地资源，造成资源的浪费；如果实行高地价政策，人为地抬高地租地价，使土地开发者、土地使用者的成本增加，这样虽然能一时满足土地所有者追求利益最大化的目的，并能减少开发建设对土地的需求，但同时又会增大投资成本，减少投资，最终将会制约我国经济的发展。可见，维护土地交易双方的利益，必须要实行适度的地价政策[③]。

我国土地使用权出让采用收取土地出让金的方式。土地出让金是土地使用权的交易价格，也可理解为地价，其价格高低取决于土地市场的供求关系。土地出让金已成为地方政府预算外收入的主要来源。对土地出让金的使用范围作出了明确的规定，土地出让收入主要用于征地和拆迁补偿支出、土地开发支出、支农支出和城市建设支出等。土地使用者向政府缴纳土地出让金等有偿使用税费，并按照出让合同约定的时间和方式开发和使

---

① 王文革．土地市场供应法律问题［M］．北京：法律出版社，2005：305－307.

② 王利军，徐东瑞，崔立昌．中国土地价格形成分析［J］．河北师范大学学报（哲学社会科学版），2003（5）：55－58.

③ 王文革．土地市场供应法律问题［M］．北京：法律出版社，2005：305－307.

用土地。《土地管理法》第 55 条规定："以出让等有偿使用方式取得国有土地使用权的建设单位，按照国务院规定的标准和办法，缴纳土地使用权出让金等土地有偿使用费和其他费用后，方可使用土地。自本法施行之日起，新增建设用地的土地有偿使用费，百分之三十上缴中央财政，百分之七十留给有关地方人民政府"；第 56 条规定："建设单位使用国有土地的，应当按照土地使用权出让等有偿使用合同的约定或者土地使用权划拨批准文件的规定使用土地；确需改变该幅土地建设用途的，应当经有关人民政府自然资源主管部门同意，报原批准用地的人民政府批准。其中，在城市规划区内改变土地用途的，在报批前，应当先经有关城市规划行政主管部门同意"。虽然城市土地市场供给的主体是作为土地所有权人国家的代表即政府及土地管理部门，享有管理土地的行政职权，但并不影响政府及土地管理部门作为城市土地供给者身份的民事行为特征。城市土地的市场供给遵循民事法律倡导的主体平等、自愿、等价有偿、权利义务对等、财产行为属性、违约责任的补偿性等特征，是转移土地产权的民事法律行为①。

2.1.2　土地供给参与宏观调控的含义

2.1.2.1　宏观调控的基本含义

国民经济的运行有微观和宏观两个层次，市场机制主要侧重于微观层次，直接支配企业的生产经营活动；宏观调控则侧重于经济的宏观层次，是指调控主体从社会公共利益出发，为了实现宏观变量的基本平衡和经济结构的优化，引导国民经济持续、健康、协调发展，对国民经济所进行的总体调节和控制②。国家通过政府及经济管理机关，以市场为基础，运用计划、财政、金融、税收、价格等法律调节和控制宏观经济活动。宏观经济学认为：宏观经济调控是以中央政府为主，为了防止市场失灵、保障整个国民经济持续、快速、健康、协调地发展，并取得较好的宏观效益，运用一系列间接手段对一定范围内经济总体的运行进行引导、调节和控制的过程。

政府对经济的宏观调控是整个现代市场经济体制中不可缺少的重要组

① 郭洁．城市土地资源保护与民事立法研究［M］．北京：法律出版社，2002：226－229.

② 吕忠梅，陈虹．经济法原论［M］．北京：法律出版社，2007：422－423.

成部分。市场不是万能的，“看不见的手”在调控市场的过程中存在自身难以克服的缺陷，需要借助政府宏观调控的力量弥补市场调节手段的弱点，引导市场经济健康发展。

宏观调控具有如下特点：

1. 以社会总供给和总需求的平衡为调控的宏观目标

宏观调控是对国民经济总体的供求关系进行调节和控制。国民经济总体的供求关系包括社会总供给和社会总需求的关系。社会总供给是指国民经济在一定时期内能够提供给社会的全部商品和劳务总量；社会总需求是指全社会生产需求和消费需求的总和。社会总供给大于总需求时，可能造成资源浪费；当总供给小于总需求时，可能会造成物价上涨，引起生活动荡。社会总供给与总需求是否能够保持平衡，对国民经济的发展具有重要意义。经济总量和结构平衡是影响社会总供给与总需求平衡的两个重要方面，总量平衡，国家调节产业结构的决策才能不受物价波动的干扰而合理和准确；结构平衡，产业结构、产品结构和社会需求相适应，从而使总量平衡得以长期维持。

2. 以间接手段为主要的调控方式

宏观调控并不直接规定市场主体的权利和义务，而是由政府运用经济手段，通过市场机制引导市场主体的经济活动，使其符合整个宏观经济发展目标。在社会主义市场经济条件下，政府主要通过经济计划、财政政策、货币政策、产业政策、区域政策、收入分配政策等对市场主体活动进行调控。

3. 以对经济利益的引导为实现调控的主要手段

在市场经济中，追求经济利益是微观经济主体生产经营活动的直接动力，这就决定了国家要实现宏观经济调控的目的就必须利用各经济主体的利益欲望，通过改变经济利益关系激励各经济主体的行为基本符合国家宏观调控的要求。只有这样，才能达到宏观经济调控的目的①。

2.1.2.2 土地供给参与宏观调控的含义

土地供给参与宏观调控是国家以土地供给作为调控经济运行的措施和政策，对经济运行状态和经济关系进行干预和调整，把微观经济活动纳入

---

① 李昌麒．经济法学［M］．北京：法律出版社，2010：395.

国民经济宏观发展轨道，及时纠正经济运行中的偏离宏观目标的倾向，以保证国民经济又好又快地持续协调发展[①]。

土地供给参与宏观调控表现在两个方面：一方面就是调控建设用地的供给总量；另一方面控制建设用地的供给结构。

1. 调控建设用地的供给总量

在一定程度上决定和影响着经济发展速度和效益，及时掌握情况，适时、适度地控制建设用地供应总量，是土地调控经济运行的重要手段。通过控制建设用地投放规模、节奏、数量等来实现重点加强土地利用总体规划和年度计划的实施管理，严格控制新增建设用地供应总量。

土地供给参与国家宏观调控的直接着力点是对进入经济体系中的新增建设用地规模、速度和结构进行控制和引导，具体包括两个方面：第一，控制建设用地供应总量。在规模控制方面，为调控房地产市场，合理控制开发用地规模，增加住房用地有效供应，国土资源部和国家发展和改革委员会共同发布了《限制用地项目目录》（2012 年版）和《禁止用地项目目录》（2012 年版）。第二，在住房用地及保障性住房用地实际供应时，出台控制单宗土地规模政策，即：商品住宅用地的宗地出让面，小城市（镇）不超过 7 公顷，中等城市不超过 14 公顷，大城市不能超过 20 公顷，以缩短开发建设周期，原则上每宗地的开发建设时间不能超过三年，确保土地供出后能够在较短时间内尽快形成住房供应。成片土地开发项目，应实行统一规划、统一基础设施配套、按“净地”分块供应，以增加土地供应的宗数，防止开发企业“圈占”土地。

2. 控制建设用地的供给结构

通过制定和实施供地目录等政策对建设用地供应结构进行引导和调整来实现通过实施土地用途管制加强土地规划计划执行，调整不同用途土地的供应，促进产业结构调整和产业优化升级。按照国家产业政策要求，适时调整供地政策，对禁止性项目，停止供地；对限制性项目，提高供地标准和条件；国家重点建设项目和重大基础设施建设项目，保障用地。

第一，形成了以市场配置为主、行政划拨为铺的供地方式。目前，国有建设用地有两种供地方式：一种行政划拨方式；二是有偿使用方式。有偿使用方式包括：出让、租赁、作价出资（入股）。土地使用权出让又包

① 甘藏春．土地宏观调控创新理论与实践［M］．北京：中国财政经济出版社，2009：1.

括协议出让和招标、拍卖、挂牌出让等方式。依据《招标拍卖挂牌出让国有建设用地使用权的规定》，商业、旅游、娱乐、商品住房和工业用地，以及有两个或两个以上用地者的，应当通过招拍挂等公开竞争方式择优确定用地者。土地有偿使用的推进提升了经济社会发展效率，发挥了市场在资源配置中的基础性作用。

第二，有效参与房地产市场调控。首先，在用地限制方面，早在2003年，国土资源部就下发了《关于加强土地供应管理促进房地产市场持续健康发展的通知》（国土资发［2003］356号）规定“凡高档商品住房、写字楼等商业性用房积压较多的地区，要严格限制土地供应量，或暂停供应土地。停止别墅类用地的土地供应”。其后，国土资源部又下发《关于当前进一步从严土地管理紧急通知》（国土资电发［2006］17号）规定“严格限制低密度、大套型住房的土地供应。坚决执行停止别墅类房地产开发项目土地供应的规定”，文件下发后，各地对别墅类房地产项目进行了全面清理。其次，在结构调整方面，2006年，国务院办公厅《关于转发建设部等部门关于调整住房供应结构稳定住房价格意见的通知》（国办发［2006］37号）规定“要优先保证中低价格、中小套型普通商品住房（含经济适用住房）和廉租住房的土地供应，其年度供应量不得低于居住用地供应总量的70%”。

第三，有效保障低收入群住房用地需求。为贯彻落实党中央、国务院有关保稳定、促发展、惠民生的重大决策，加大对保障性住房用地政策的支持力度，国土资源部先后出台了《关于认真贯彻〈国务院关于解决城市低收入家庭住房困难的若干意见〉进一步加强土地供应调控的通知》（国土资发［2007］236号）、《关于为扩大内需促进经济增长做好保障和服务的通知》（国土资发［2008］237号）、《关于切实落实保障性安居工程用地的通知》（国土资发［2009］58号）等文件，明确了保障性住房建设用地政策，规范了保障性住房用地供应与管理的具体措施，特别强调对纳入计划的保障性住房用地要应保尽保，切实保障用地。具体表现：严格落实保障性住房土地供应政策。2009年5月，国土资源部下发《关于切实落实保障性安居工程用地的通知》（国土资发［2009］58号），要求各地切实落实保障性安居工程用地。保障性住房建设用地，必须以划拨方式供应。但对其中配套建设的商业、服务业等经营性设施用地，应当以招标、拍卖、挂牌出让等有偿方式供地。对于普通商品住房项目中配建保障性住房的，要在土地出让文件中明确约定配建保障性住房的总面积、套数、大型面积标准以及政府收回、回购的条件和交房时间等，以确保配建落实。对在城镇规划区外单独选址建设的保障性住房用地，不得征收新增建设用地有偿使用费。

2.1.3　土地供给参与宏观调控的法律属性

2.1.3.1　具有行政行为属性

国家宏观调控从经济运行的全局出发，运用各种宏观经济手段，对国民经济总体的供求关系进行调节和控制①。一般认为宏观调控的手段包括法律手段、经济手段和行政手段，其中法律手段和经济手段是最重要、最基本、在宏观调控中最为普遍运用的手段。行政手段相对而言处于次要地位，但它是最为有效的宏观调控手段。在市场经济条件下，行政干预是必要的，其在某些特殊情况下可以起到其他经济手段起不到的作用。有学者认为宏观调控行为是国家行为，因宏观调控行为涉及国家重大利益，并具有很强的政治性②。也有学者认为，宏观调控行为具有不同的法律属性，不能简单地归结为国家行为③。

宏观调控“国家行为说”是从宏观调控决策这一角度来探讨宏观调控行为的性质而将其归结为国家行为的，而宏观调控决策行为并不能简单地一概归于国家行为。严格意义上的国家行为，指的则是涉及国家根本制度的维护和国家主权的运用，由国家承担法律后果的政治行为。包括那些因具有高度政治性，关系到国家生死存亡，而被排除在法院的合法性、合宪性审查之外的行为，一般包括国家安全、国家主权、国家外交与军事机密，由最高行政机关和最高权力机关作出的属于“政治保留”范畴的行为，具有高度的政治性或统治性。而宏观调控行为显然并不具备上述这些国家行为的特征，是一种明显的经济性行为，其价值在于政府通过一系列的调控手段，使宏观经济活动通过市场中介与市场主体的微观经济活动有机结合起来，保持总供求的基本平衡，强调全社会的公共利益至上，是国

---

① 李昌麒．经济法学［M］．北京：法律出版社．2002：395.

② 邢会强．宏观调控权运行的法律问题［M］．北京：北京大学出版社，2004：12－13.

③ 屠世超．论宏观调控行为的法律性质［J］．中州学刊，2009（1）：105－107.

家职能在经济生活中的运用，理应受到司法审查的监督①。宏观调控行为不是单纯的决策行为，而是包含决策行为与执行行为共同行使国家经济管辖权的统一的综合体。仅有决策，缺乏实施机制、责任机制，没有具体措施与明确分工的执行，根本无法实现对失灵的市场进行干预，进而实现国民经济发展总量平衡和产业结构的协调这一宏观调控的宗旨。因此，政府作出的宏观调控行为在很多情况下本质上是一种行政行为。

土地供给是国家通过转型期土地政策参与宏观调控问题研究制定和实施土地政策，运用经济、法律及行政手段调整土地资源供求的总量和结构，以及土地收益分配，实现土地总供求的动态平衡，以此引导经济发展速度、规模，并形成合理的产业结构，实现国家对经济发展的规模、速度和国民经济结构以及区域经济协调发展的调节和控制，促进国民经济健康协调、持续快速发展。究其本质，土地供给是作为一种宏观调控工具参与到宏观经济调控之中。政府出台的一系列土地供给的决策都是为了调控土地市场和市场经济整体而制定的，与国家运用财政、货币、金融、税收等其他宏观调控工具作用宏观经济是一致的，都是国家在宏观层面调控社会经济，因此，土地供给参与宏观调控同样表现出行政行为的法律属性。

2.3.1.2 具有宏观调控法律行为属性

经济法学中，宏观调控是与市场规制相对应的，调控主体从社会公共利益出发，为了实现宏观变量的基本平衡和经济结构的优化，引导国民经济持续、健康、协调发展，对国民经济所进行的总体调节和控制是整个现代市场经济体制中不可缺少的重要组成部分，是对市场自身弱点和缺陷的弥补。

中央政府提出的土地供给参与宏观调控无疑是我国宏观调控领域的一次大胆的尝试和创新，中央政府期望在财政政策和货币政策的基础上，将土地作为货币之外的第二种政府对宏观经济运行实施调控的介质，通过土地供给相关政策调节经济建设中土地供给的数量、土地供给价格、土地供给结构、土地供给区域以及调整各利益相关主体之间的土地收益分配以影响宏观经济总量的增长速度、优化产业结构、协调区域发展，调控宏观经

① 黄挽澜．宏观调控法治化的反思与重构［J］．南通大学学报（社会科学版），2010（2）：50－56.

济运行中的局部“过热”和局部“过冷”的结构失衡。

土地所特有的稀缺性、不可或缺性和不可再生性使土地供给政策的细微变化都会对宏观经济运行产生影响。土地供给调控行为既是宏观调控的调控对象，也是宏观调控的工具，供地政策的变化必然引起土地供给增量的变化，进而对城市发展、城市化进程和经济增长的速度、投资的规模与方向、产业结构等方面都产生重大影响，调控土地市场与调控宏观经济在某种意义上说是一致的。土地是经济社会一切生产和生活活动的重要载体。土地资源具有有限性和不可再生性，运用土地政策参与国民经济宏观调控是社会主义土地制度的独特优势。我国实行的是土地国家所有，作为国家最重要、可调控的资源——土地在调节经济增长总量、速度、结构等方面有着重要的意义。一方面，土地具备调控经济的作用，土地资源是区域性经济、产业布局等在空间上的具体落实，通过土地资源配置达到对产业布局的控制，通过控制土地的供应达到抑制低水平重复建设的目的。随着社会经济的高速发展和人口的不断增长，对资源的需求和资源供给严重不足的矛盾将更加突出，无论哪个行业，上项目、开工建设都离不开土地。没有土地，厂房无处建筑，生产规模无法扩大。土地供应量的多少直接关系着生产规模。通过调节土地供应的总量或者结构，也必然影响到国民经济的增长。另一方面，我国实行土地公有，形成了地方政府垄断土地供给，土地供给成为了政府宏观调控的工具，在保证土地供给结构、供给数量的目标下，各个调控政策之间具有有效的传递性。土地供给政策具有其他宏观调控手段不具备的特点，即其调控作用相对直接，见效快。财政政策和货币政策是间接调控手段，其运用存在时间滞后问题，相比较而言，土地调控权在政府手里，政府调节土地的供求对宏观经济运行的作用会更明显、能够获得较高的调控效率。

2.1.4 土地供给参与宏观调控的法律特征

2.1.4.1 调控手段与调控对象的同一性

土地供给参与宏观调控是将土地政策作为宏观调控的工具，从土地的总供给和总需求入手，运用经济、法律、行政和技术手段等，与产业政策、货币政策、财政政策等传统意义上的宏观经济调控政策一起，为国民经济和社会的发展提供资源保障，促进宏观经济的总体发展规模、速度和结构等各方面的优化，平抑经济发展的短期波动，推动国民经济长期稳定增长。

在土地供给参与宏观调控政策中，土地供给既是一种调控工具，也是调控的对象之一，作为调控对象土地供给可分为两个层次：一是通过土地政策调控土地资源的配置、土地市场、土地利用等，达到调控宏观经济中有关土地经济部分的目的；二是通过土地政策来调控固定资产投资、粮食供求关系、产业结构、部分行业盲目投资和低水平重复建设等与土地相关方面的宏观经济的目的①。

作为调控手段是土地供给参与国家宏观调控的首要角色。土地作为经济活动最基本、最为稀缺的生产要素也是生产和生活的基本载体。土地利用状况反映着国民经济运行状况，在国家掌握土地资源配置权力的情况下，土地可以成为调控国民经济发展态势的直接物质力量，通过控制和约束土地供求可实现对投资需求的调控。在土地资源配置过程中市场机制和行政审批相结合，通过控制土地供给总量可以约束固定资产投资总量扩张；通过调整土地资源在各产业乃至各行业之间的配置，可促进产业结构的调整优化；通过在建设用地项目的预审及审查报批等环节设立合理的用地“门槛”，将其作为项目可行性研究的重要内容，既实现了对投资总量和产业结构的调控，促进国民经济健康协调、平稳快速发展，同时也实现了土地资源的合理配置，提高土地利用效益，促进土地资源的集约与节约利用。

土地供给作为宏观调控对象是加强土地管理保障经济社会可持续发展的必然要求。就土地市场自身而言，土地利用活动的高度外部性容易导致土地市场机制失灵，土地资源的稀缺性及需求的广泛性易导致土地供求失衡，而土地位置的固定性、土地交易的契约性则容易导致土地投机问题，我国土地市场不完善，更为土地投资创造了外在条件。土地投机不仅导致土地供求失衡，还将扰乱市场秩序，影响国民经济健康发展，甚至可能引发金融风险，给经济发展带来沉重打击。土地市场作为社会主义市场体系的重要组成部分，其运行状况也必然对劳动力市场、资本市场、产品市场等有着重要影响，因此必须及时调控土地供求，确保土地市场健康运行。

由此可见，土地供给既是当前我国经济转型时期实施宏观经济调控的

---

① 谢戈力．土地参与宏观经济调控的理论与实践［D］．武汉理工大学博士学位论文，2011：23.

主要手段，通过对土地供求的调控可实现对投资需求的有效调控，推动国民经济良性发展，同时，又是重要的调控对象，通过对土地供求的调控，要先行确保土地市场健康运行，进而促进经济社会可持续发展①。

2.1.4.2　调控工具多样性

土地供给参与宏观调控的调控工具是多样性的。

由于国家掌握着土地一级市场的供给，通过各项土地供给调控工具，在宏观上可以协调区域发展，调整和优化产业结构布局，调控资源供给总量和供给结构，有效保护和合理利用土地资源，保障经济协调、平衡、较快发展②。

土地供给的调控工具主要有：

（1）土地利用规划制度，带有较强的计划性和强制性，在一定时间和空间内根据土地资源的总体情况、适宜性以及经济和社会发展的需求，对土地的开发、利用、治理和保护进行总体或专项规划，并对土地用途的改变实行严格的控制，实现土地资源在产业和空间的合理配置。

（2）土地利用计划制度，本质上是对用地结构作出时间上的安排，根据宏观经济形势的变化和宏观调控政策的要求，适时适度地调整国家、省、市、县各级政府国民经济发展速度和社会发展计划合理审批建设用地总量，适时适度调控供地总量，并切实加强对出让土地的用途的计划管理，抑制地方农地转用的冲动，有效保护耕地。

（3）土地储备制度，地方政府委托相关机构通过征用、收购、置换、转制或到期回收的方式将市场中分散在土地使用者手中的土地集中起来，并由相关机构进行土地一级开发、储备，并根据市场需要投放市场。土地储备制度增加了政府对土地市场存量土地的调控能力，防止土地收益流失，规范土地市场秩序。

（4）土地价格管理制度，地价是土地市场核心的部分，地价的高低直接影响到土地市场的稳定程度。土地价格实行指导性价格，规定最高限价、最低限价和基准地价。以价格杠杆保证土地市场稳定，可以防止政府

① 王成艳．转型期土地政策参与宏观调控问题研究［D］．山东农业大学博士学位论文，2007：34.

② 卢为民．土地政策与宏观调控［M］．北京：经济科学出版社，2008：70－72.

低价出让土地、扩大投资规模，也可以防止因地价过高引起房地产市场波动。通过上述调控工具，在宏观上协调区域经济发展，调控房地产市场，调整产业结构布局，实现以土地为依托的社会资源优化配置。

2.1.4.3 与传统调控工具的协同性

传统调控工具的利益调节机制运行对市场主体产生影响具有间接性，与土地供给的调控作用协同进行。如土地税收政策，通过土地税收可以实现社会总供给与总需求的平衡，调节社会生产比例和社会收入分配；土地金融政策，通过将土地视为资产作为信用工具使用，土地资源实现资本化、货币化；土地收益分配制度可以协调和平衡土地收益在中央政府、地方政府、农民间的比例，保持收益在个人、企业和社会间实现均衡。

土地供给作为新型的调控手段，又被称为“地根”。作为宏观调控的政策工具之一，土地供给不能够完全取代其他的宏观调控政策，因为土地供给调控具有一定的局限性，只是针对土地单一的市场，而财政、货币、产业政策等都是着眼于整体市场经济，其政策的效果会及于各个行业，当然也会及于土地市场，但土地供给的政策效果却难以及于土地市场以外的其他行业和市场。我国现阶段的国情使得土地供给的调控作用更为突出。房地产行业突飞猛进将土地供给推上时代潮流的顶峰，而在市场经济更为成熟、房地产行业稳定发展的其他国家无须运用土地供给政策对土地市场进行过多的干预，政府只需运用土地相关的法律制度如用途管制、规划等，管理土地市场保持理性，保护生态环境，保持资源有效利用，保障公共物品及时提供就可以，过多的政府干预会破坏市场机制自我调节作用。而我国房地产行业波动剧烈，对整体经济的运行有着重要影响，政府运用强有效的土地供给调控也具有鲜明的时代特征。因此，土地供给参与宏观调控并不是宏观调控的常态，其作用当然无法取代财政、货币、产业政策的调控作用。

土地供给必须与产业政策、货币政策、财政政策等调控工具进行配合，形成完整的宏观调控体系，共同发挥作用才能使政策调控达到最优效果。一方面制定土地供给政策时，要充分考虑不同调控手段的特点。当国民经济过热时，配合紧缩性的货币或财政政策，土地供给政策就得严格土地的供给；当国民经济处于萧条时，土地供给政策就得相应地支持一些产业关联性强的项目的供地。不过由于土地供给政策有较长的时滞，因此制定政策需要进行良好的预测，而且政策变化不能太频繁。另一方面，在制定其他调控手段相关政策前，应该充分考虑土地供给政策的情况。土地供给与产业政策相结合，可以配合产业发展政策调整土地供给规模、结构，达到土地合理利用、产业结构合理布局的效果；土地供给与财政政策结合，通过调整土地供给规模、供给方式，调整财政支出规模，达到减少财政赤字、合理分配收入的效果；土地供给与货币政策结合，通过信贷规模调整，减少土地浪费和闲置，最终达到经济增长、充分就业、物价稳定和国际收支平衡的调控目标①。

2.1.4.4　调控社会关系的多样性

从横向上来看，一方面，土地供给调控政府间的行政关系。中央政府作为调控政策的制定者，而地方政府是调控政策的执行者，中央政府与地方政府间是行政从属的关系，土地供给政策的执行依靠中央政府的决策和地方政府的执行，因此，土地供给调控会影响到中央政府与地方政府间的行政关系，央地政府会围绕土地供给政策产生一致性的行动、分歧冲突、甚至出现博弈现象。另一方面，土地实行公有制，中央政府是土地所有权的代表，地方政府是土地所有权在地方的代理人，也是土地的实际管理者，两者之间形成了一种“委托—代理”的关系，土地供给的决策由中央政府制定，由地方政府执行，两者间即是土地管理的“委托—代理”关系。

从纵向上看，土地供给政策调控政府与土地使用者间管理与被管理的关系。土地供给最直接的调控对象是土地市场，土地供给政策也受土地法律规范，政府通过制定行政法规干预土地关系，如实行土地用途和价格的管制，对土地使用者产生直接的影响，其管理的目的是为了实现公共利益目标，这种关系是基于土地行政管理机关与土地使用者之间存在的依土地行政法发生的管理与被管理的行政法律关系，同样也是土地供给政策所涉及和调控的社会关系。同时，土地供给也调控着市场主体间的围绕土地使用的民事经济关系，主要表现在土地在二级市场的流转过程中政府不干预

---

① 甘藏春．构建中国特色的土地政策参与宏观调控体系［J］．中国土地，2008（1）：32－34.

土地使用权在土地二级市场的转让、租赁、抵押等民事经济行为，但政府的调控政策会影响到土地二级市场，因此，二级市场上存在的各种经济关系也属于土地供给政策调控的范围。

此外，在土地供给决策的制定过程，离不开社会公众广泛参与，如利害关系人参与土地调控决策的制定，也是土地供给调控又触及的规划立法的立法程序关系。

2.2 土地供给参与宏观调控的依据

2.2.1 理论依据

2.2.1.1 生产要素理论

从生产发展的要素构成看，资本、土地资源、劳动力都是基本的生产要素。土地资源是三大基本生产要素之一，因此，生产要素理论也就成为土地政策参与宏观调控的主要理论依据之一。根据边际收益递增递减规律，资源的有效配置重要条件之一是要素配置的比例合理。在均衡的条件下，各种生产要素在部门间和部门内均存在最优的配置比例。因此，在经济增长过程中多种生产要素的流动方向具有一致性。土地资源又是劳动与资本运作的空间载体，如果通过土地宏观调控政策调控好土地资源供给，就能引导和调控好劳动、资本、资金和其他各种资源的投入量、投入方向，从而调控经济的运行。按照生产要素理论，对土地资源要素加以调节和控制，不仅是调节土地资源在各部门间的分配与利用，还会对生产或扩大再生产以及促进经济的持续稳定发展产生重要的影响作用①。通过各种土地政策对土地资源这一生产要素的供给与需求进行合理调配，将能影响到与土地资源利用相关的各种产业的发展，从而能对宏观经济的发展发挥

---

① 黄凌翔，陈学会．土地政策作为宏观调控手段的理论和实践探讨［J］．经济问题，2005（2）：17－19.

应有的调控作用。特别是在我们国家，土地所有制是社会主义公有制，国家对城市土地利用有着强有力的控制力，这为国家运用生产要素理论来制定各种土地政策并积极参与到宏观经济调控中提供了良好的基础[①]。

2.2.1.2　供需均衡理论

土地是人类赖以生存的根本，人类生产生活资料的交换、文化知识的传授交流等各项活动都离不开土地，没有土地就没有人类。土地是最为稀缺的、不可再生的资源，是城市居民赖以生存的基本条件之一。在城市有限的空间里，凝集着极其庞大复杂的经济活动，其支撑着国民经济的发展，保证人们的物质生活及精神生活的需要，因此城市土地资源及其供求关系直接影响城市建设与发展。

1. 土地需求

所谓土地需求，即人类为了生存和发展利用土地进行各种生产和消费活动的需求。城市是政治、经济、文化的中心，其主要特征就是密集，包括人口密集、居住密集、生产、商业和消费密集、文化娱乐设施、教育科学研究机构密集、道路交通建筑密集。城市的主要产业是商业、工业和服务业，这些产业的发展以及发展的程度、结构，决定了城市土地的需求结构，这也是与农村土地需求存在巨大差异之处。非农用地需求会随着社会生产力水平的提高而增加。这不仅由于社会生产力水平提高后，人们用于生产基本生活必需品的劳动所占比重减少从而对农业用地需求减少，对发展、奢侈、娱乐、教育需求的比重增加从而对非农用地的需求增加，更是由于伴随着现代化的进程和经济的发展，城市化成为必然的趋势，导致城市人口增加、城市规模扩大、城市土地需求急剧增加。

土地的需求是具有弹性。所谓弹性需求是指土地的实际销售价格增减值与由价格上涨或者降低导致实际土地供需量变化值比值，也有人定义为“反应程度”。

在同一土地价格曲线上，土地需求量会因其他因素的变动而产生位移，也就是土地需求曲线发生平行移动。现实表明，除价格因素外，导致土地供需量变化的因素还包括：

第一，地产开发商对土地的投资。如果投资持续增加，土地的需要量

---

① 王文革. 城市土地市场供应法律问题研究 [M]. 北京：法律出版社，2005：7.

也会增加，导致土地的需求曲线向右移动。反之，向左移动。

第二，房屋建筑的成本。当房屋建筑成本增加后，土地的价格就会相应下调，房屋建设有可能占用更多的土地；相反，当建造房屋成本较低时，土地的价格就会上涨，为了提高土地使用效率，房屋就会向高层发展。

第三，人口的数量。稳定的地价前提下，人口的数量会导致更多的土地使用者，从而引起土地需求量的增加；相反，人口减少，土地需求量也会减少。

第四，消费者实际可支配收入。如果消费者的可支配收入提高，消费者的消费模式发生改变。按照恩格尔系数的基本定律，用在生活消费等方面的支出趋于稳定，而投入闲暇娱乐活动、购买房产、投资教育等方面的消费会显著提高①。

2. 土地供给

土地供需均衡是土地资源优化配置的必然要求。土地的经济供给是动态的、具有弹性的，不同用途的土地其所具有的经济供给的弹性不尽相同；而土地的自然供给是静态的、无弹性的。土地资源的经济供给和自然供给关系是：以自然供给总量为基础和最大范围，并在此范围内进行浮动。一般而言，土地供给都是指其经济供给，包括建设用地供给和农用地供给。在社会主义市场经济条件下，由于存在市场参与主体对经济利益的追求，在一定时间内土地的经济供给与其价格存在着极为密切的联系，通常是地价升高，则会引起土地的经济供给增加，地价下降，则会引起土地经济供给减少。由于受土地自然供给总量和土地用途管制的影响，建设用地的经济供给不会随着地价增长而无限地增加，但可以通过土地价格机制与供求机制的引导，实现土地供给在各部门间的合理分配。

3. 土地供需平衡

均衡是指一个局部市场的均衡，即某一市场上供给和需求相一致。广义的“均衡”是指构成某一经济系统的相互作用的变量，它们的值经过调整使该系统不再存在继续变动的趋势，经济处于稳定状态。

从城市发展角度出发，土地供求均衡是指城市发展的合理需求能够得到有效的保障。土地需求指的是城市发展客观所需的土地数量。西方土地

---

① 黄绿筠．中国城市土地供给管理研究［D］．华中农业大学博士学位论文，2005：33.

经济学认为，社会对土地需求的结构变动与量的扩张（收缩）都是与国民收入、社会消费水平与结构演进相联系的。后者的变化引起前者的跟进和响应，在数量与内在联系上客观成为后者的函数。

从供需均衡角度看土地需求，首先，应处理好消费需求与市场需求、一般需求与有效需求、总量需求与结构需求的关系。一般认为，一种市场结构若能使消费需求等于市场需求，一般需求等于有效需求，总量需求与结构需求高度协调，则这一市场结构即为有效的市场结构。对土地的需求而言，在满足需求者所必需的土地效用或功能外，还暗含着对土地财产需求。土地是一种资源，同时它也是一种商品或资产，其保值、增值功能对土地需求者的诱惑力更强，它是形成土地需求膨胀的直接诱因。其次，土地功能、效用的需求与土地资产价值的需求依附于土地之中的多重经济属性，使土地需求结构表现出多样性。土地需求者在开发利用意义上是对土地的功能、效用的需求；从对土地产权的拥有、占有并以此占有关系而获得土地收益看，它又是对土地资产的价值需求。土地资源作为存量土地是既定的，土地资产作为市场对象可以通过开发不断补充市场增量需求，并调节其市场需求结构。需求形式不同直接影响着土地市场需求规律，进而影响土地市场的均衡状态。

土地的供需矛盾最终不能单纯地通过扩大供给来解决，更多地应从控制需求上入手，其关键是收取地租或其变形——土地使用费。此外，还要控制人口、引导消费，因地制宜地确定最优土地利用方式、最适度经营规模并加强集约度，发展其他产业，理顺土地产品价格，强化土地利用的社会控制。

在西方大多数国家，虽然政府通过规划管理和用途管制实行总量控制的政府供应土地方式，但在土地供需调控方面，均采用市场化形式，土地供应量及需求量主要由土地市场交易价格决定。土地作为一种特殊商品，与普通商品相比，在许多方面都表现出特殊性，例如，位置固定不变，经济供给弹性也是有限的，买卖双方不能自行决定土地的位置和用途，土地价格受当时社会和政治局势稳定与否及经济的繁荣与衰退等因素的影响极大。所以，城市用地有时又表现出特殊的供求关系。

目前，我国城市土地供给调控主要通过城市土地的供需平衡情况来确定增量土地的供给。城市土地需求是一种引致需求，是因为人们对城市土地产品——已开发土地产生需求才产生了对城市土地的需求。所以，城市土地需求是通过对已开发土地需求来表现的。城市土地供需平衡包括一级市场供需平衡和二级市场供需平衡。由于城市土地具有用途的多样性，城市土地供需平衡又是通过各类用地供需平衡来实现的。

可见，在市场机制作用下的上地供给与需求，需要政府政策调控机制的调节，土地供需均衡最终才能得以实现。由此可见，农村集体建设用地的流转必须遵循土地供求均衡条件，按照市场规律与政府调控相结合的原则，合理调节流转土地的数量与结构，实现土地资源优化配置。土地政策要参与到宏观调控中必须充分发挥其市场机制对土地资源的基础配置作用。因而，土地供需均衡理论是土地政策参与宏观调控的重要基础理论之一。

2.2.2.3 资源依赖理论

资源依赖理论认为，企业必须要与它所处的环境进行交换而获取它需要的资源。获取资源的需要就导致了企业与其外部各种组织（实体）之间的相互依赖性，这种外部组织可以是供应商，也可以是政府部门。企业和各种组织，特别是土地资源依赖型企业，由于其对资源的依赖性，导致了对政府特别是土地资源管理部门的强烈依赖性，即政府资源供应政策的变化将极大影响企业和各种组织的发展。也就是说，政府可以通过资源政策的变化来宏观调控并引导企业发展。

土地资源的稀缺性和我国现行的土地所有制度突现出土地的重要性。资源依赖理论指出，企业和各种组织特别是土地资源依赖型企业，由于它们对资源的依赖而导致对政府（特别是土地资源管理部门）的强烈依赖性。也就是说，政府土地资源政策的变化将极大影响企业和各种组织的发展。而根据产业链理论，土地是产业链条上的一个重要环节，集聚了产业链内部最激烈的竞争，企业要得到发展就需要得到土地资源、打破土地瓶颈制约，这意味着政府可以通过控制土地供应来影响企业发展，形成一种政府—企业—中介的垂直利益分配关系，由此，政府就因掌握产业链的上游端而获取了更多的话语权和利益分配权。

2.2.2.4 政府干预理论

理论界对政府干预概念的界定莫衷一是，或可说百家争鸣。有的学者认为“从最广泛的意义上，政府干预包含了政府对契约自由的一切干预，亦即政府干预在很大程度上等同于为重新分配利益和好处而修正法律法规的调节政策”[①]。有的学者认为“政府干预是指政府以管理者的身份，通过一定的措施，对经济生活进行干预，以使经济的运行和发展符合政府预定的目标”[②]。还有的学者从更为具体的操作层面给出了详细解释，如干预的方式、手段等。尽管对政府干预的表述不尽相同，但所表达的实质都殊途同归，即政府机关依法对市场经济活动进行直接或间接的调节和控制。这是对政府干预最基础的理解，从权力运行层面看，政府干预是政府对其经济管理职能的履行；从组织行为层面看，政府干预是政府的一种经济行为，会产生不同价值的行为结果。

西方经济学一般认为，政府干预是现代市场经济不可缺少的制度安排，是政府直接干预经济主体活动的一种行为方式，是对市场机制的替代，其存在是为了解决市场机制的无效率、减弱市场运作风险、影响市场结构和市场绩效，实现社会公平正义和福利最大化。政府职能是弥补市场失灵。其中，政府的再分配可以弥补收入差距；现有的资源配置可通过提供公共物品弥补私人不愿投资的领域；政府的调控职能分为两种，微观调控是政府通过制订反垄断法或放松管制之类的游戏规则，规范市场经济运行，宏观调控是政府通过财政、货币等经济政策熨平经济波动。政府失灵是指政府行动不能增进效率或政府把收入再分配给那些不应当获得这种收入的人。

政府干预的作用表现在解决经济问题、促进经济发展、提高社会经济效益，而干预的重点在于有效。在经济学中，有效干预表现为效率，效率指的是一种资源配置的最优状态，由意大利经济社会学家帕累托最先研究和提出，故称为“帕累托效率”或“帕累托最优”。“帕累托效率”是一种福利最大化的状态，在不减少其他人效用和福利的情况下，如果任何生产和分配的重新安排与组合都不能增加另外一些人的效用和福利，则这种资源配置为帕累托最优，即最大效率化[③]。尽管这样的经济效率仅存在于纯理论范畴，但无效率的资源配置却在市场中屡见不鲜，而政府干预正是要弥补这种无效率的配置，使其尽可能地接近最优状态。所以，政府有效

① 马奎．论西方政府干预经济理论的演变［J］．经济评论，2001（3）：44.
② 曹培霖．政府与市场［M］．杭州：浙江人民出版社，1998：397－398.
③ 朱华政．论政府干预的效率机制［J］．企业经济，2005（11）：11.

干预实质上是为了协助市场实现社会资源的最优配置，达到效率最大化，无论何种形式的政府干预都无法掩盖这一内核，也只有做到了“帕累托改进”的政府干预才是有效的。

而在法学中，有效干预表现为政府干预合法化。政府干预合法化从行政法学的角度上要体现为法治主义，并提出对政府权力运行的要求。在大陆法系国家，强调行政权的行使必须有法律根据，由此确立了机械法治主义。而以英美国家为中心发展起来的法的支配原理，具有以下三个方面内容：第一，法的支配，即法至上，是指相对于患意的权力，普通法具有绝对优越的地位；第二，法的支配，即法律面前人人平等，包括政府在内的一切人，都必须服从国家的同一法律和同一法院，即接受普通司法法院的审判；第三，法的支配，不仅意味着法和行政之间的形式上的关系，而且意味着对法内容的规制。也就是说，不得以行政权对人民的权利和自由加以限制和侵害，否则，可以从法院获得救济。在现代国家里，一般都确立实质上的法治主义，通过作为人民总体意思表达的法律，积极地赋予行政以任务及实现该任务的手段。为了在促进行政活动的同时，保证行政活动的公正，确保其程序的适当与正确，对行政活动实行一系列的规制，使其服从于民主的统制。从宪法和行政法上确立真正的法治主义原理，这是现代国家的一个重要标志。在我国行政法学术界一直存在的“控权”与“授权”之辩，归根结底，须统一于“政府权力的运行应以法之明确规定为根据”的前提之下。

经济法对政府干预的分析趋同于行政法学中的法治，政府干预的有效性注重“控权”与“授权”，进而加强对政府权力运行程序。

对经济法视野下政府干预边界的厘定，仅有经济宪政是不够的。经济宪政只是为政府干预边界的厘定提供了一个基本的框架。而要判定诸多的具体的政府干预行为的合法性或正当性，还必须要诉诸经济宪政之下的商谈性的程序民主机制来进行。因为，在经济法视野下，政府干预的对象都是涉及社会整体利益的公共性事务，尽管社会整体利益并不是一个公共性的神话，但社会整体利益在很多情况下的确具有模糊性。鉴于此，对诸多事务，政府是否应当干预以及如何干预都不是某个人或某些人能够决定的。因而，从某种意义上说，对社会整体利益模糊性的尽量澄清只能诉诸程序性的民主协商机制，通过更多的利益相关人来参与决策才是相对最好的选择。同时，诉诸程序民主的方式来决定政府干预，也使得政府干预不是以一种“本质主义”的思维去追求一个绝对正确的结果，而是更多地把对这种绝对真理的追求转化为一种对合理程序的追求，从而由程序正义而达致实体正义。而且，这样做的目的也正是现代法治的要求。从某种意义上说，法治的民主化与民主的法治化正是现代法治发展的关键，正是现代法治对多元化的公民社会日益成长与发展的应对。因为，这在根本上体现了以人为本，而以人为本某种意义上就体现为民主，即在私域里，个人的事由个人做主，在公域里，公共的事由大家做主。也就是所谓的“己域要自由，群域要民主”。公域里的民主某种程度上还决定着在私域里能否获得更多的实质自由。典型的如公共产品和服务的匮乏肯定会制约个体扩展自身自由的能力，而民主则意味着可以通过大众的压力要求政府提供更多更好的公共产品和服务。在经济法视野下，我们把政府干预诉诸程序性的民主机制，不仅能够尽量澄清诸多涉及社会整体利益的公共事务的模糊性，更能够由此对政府干预作出合法性判断，使政府干预获得正当性，从而厘定政府干预的边界①。

2.2.2　现实依据

2.2.2.1　土地市场失灵

在市场经济国家，城市土地作为一项重要资源应该由市场机制来配置。在市场机制下，土地被分配给利润最大化的使用方向，在土地利用的空间结构上，商业集中于租金最高的区域，工业次之，住宅位于城市边缘。但是，在配置土地这种用途无限但供给有限的资源时，单纯依靠市场机制是有局限性的。因为，市场机制本质上是一种着重提高经济效率的机制，市场机制的充分发挥虽然可以使既有土地生产出可以用货币衡量的最大的净产出，但很可能由此导致在社会和环境上的效用损失，这些损失是难以用货币衡量的。市场机制有其无法克服的缺陷。一方面，随着市场经济发展到一定阶段，垄断势力开始出现和发展起来，阻碍了竞争过程的充分展开和竞争机制有效作用。由于缺乏公平高效的市场环境导致失灵，价格机制与竞争机制难以在市场发挥作用。另一方面，城市土地市场本身具有难以克服的缺陷，如城市土地的外部性和其公共利益属性。

① 李永成．政府干预经济的中国经济法思考［J］．经济法论坛，2008（2）：113－128.

1. 土地市场化程度低

一方面，土地供应方式呈现多轨制。按照我国的规定，经营性城市土地的出让应该采取挂牌、招标和拍卖方式。但是，我国还有一定比例城市土地出让是按照非竞争方式，同时，在实行竞争方式的出让中，存在假挂牌、假招标和假拍卖的现象，政府的不当介入和低效的干预阻碍了土地市场的正常运作。另一方面，隐形市场的存在严重影响了市场的公平竞争性。土地隐形市场主要有两种类型：存量行政划拨用的无偿入市和增量集体土地非征用入市。由于政府与农村集体之间利益分配的不公平，引发集体土地私自进入市场流转。许多地方的城乡接合部的集体用地被用来进行房地产开发或投资办厂。由于地价比正常市场价低，不仅使得以正常途径获得土地的开发商面临不公平的竞争，而且成为土地使用者谋取个体利益和寻租行为滋生的温床，造成国有资产的巨大损失，制约着土地市场的正常发育，也使国家的耕地保护政策面临严峻的挑战。

2. 土地市场供需矛盾明显

这主要体现在供需数量的矛盾和供需结构的矛盾上，土地市场上，土地的供方可能要比土地的需方更了解土地权利的状况，若需求一方购买了并不属于供方所有权的土地，就会发生权属纠纷，并耗费大量的成本。在严重信息不对称的情况下，将不会有任何土地交易的发生。由于上述的市场失灵的现象，城市土地供应量上，一方面，市场上充斥着供地不足的呼声；另一方面，大量城市土地闲置。城市土地供应结构上，工业用地占的比例较大，而生产效率却低于其他行业。同时，居住用地供应不足，刺激城市不断占用农地向外扩张。市场供需的矛盾反映市场对供需调节的失灵。

3. 土地市场价格脱离价值规律

系统的市场机制包括供求机制、价格机制和竞争机制三个基本方面。这些市场机制是有机相互联系、相互作用的。市场机制对资源的配置与再配置是通过市场价格信号的变动实现的。价格信号反映了供求关系，是供求机制作用的结果。它通过价格机制的运动而启动了竞争机制，竞争关系的展开形成了资源配置过程，并反过来调节供求关系。

4. 土地市场具有一定的外部性

土地利用存在着一定的外部性。外部性是指一个生产者或消费者的生产或消费活动可能对其他的生产者或者消费者附带产生成本或效益的情况，包括正外部性和负外部性，正外部性是指一个生产者或者消费者的生产活动可能使其他的社会成员无须付出成本而得到利益，负外部性则指一个生产者或者消费者的生产活动可能会使其他社会成员遭受损失而不能得到补偿[①]。土地自身的特性是产生土地利用外部效果的本质原因。由于土地提供的空间具有不可毁灭性、不可增加性和不可移动性，使得土地上的经济活动与用地息息相关，也使得土地无论作何种用途，都存在着外部效果的必然性。任何一块土地利用产权边界的变动，必然涉及其他的相关部分，以致整个土地利用结构发生相应变化，从而产生外部效果。土地的外部性是指土地利用者在利用土地的过程中所消耗的成本中的一部分由其他人承担，即负外部性；而土地利用者利用土地的过程使其他人部分受益就是正外部性。土地利用过程中的外部性可以分为以下几类：第一，土地使用权确实的即时外部性，如土地使用权被确定，其用途也被确定，排斥了其他用途的可能；第二，土地开发过程中的外部性，开发过程中的不经济性，如产生环境公害等；第三，土地使用过程中的外部性，如建筑物高低对采光、通风等影响[②]。

5. 土地市场的信息不对称

信息不对称是信息不完全的一种情况，信息不完全是相对于信息完全来说的。信息完全是指新古典经济学完全竞争模型假定市场参与者具有关于所交易商品和价格的完全的信息，缺乏完全信息的情况则称为不完全信息，即一些人比另一些人具有更多、更及时的有关信息，处于信息优势地位，而另一方则处于信息劣势地位。信息不对称也属于信息失灵的一种情形。信息失灵是指经济主体具备达到最优状态的信息条件，即完全信息。但现实经济主体很难达到完全信息，市场机制无法充分发挥作用[③]。不对称的信息会导致市场失灵，产生逆向选择与道德风险问题。逆向选择与道德风险的存在使得市场的运作低效率。

在土地市场中存在着信息不对称的问题，如耕地保护政策过程中地方政府在执行相关政策时在信息上处于优势地位，由于信息不对称，中央对地方政府缺乏有效的监督，地方政府为了实现自身利益最大化，极有可能

---

① 单胜道，吴次芒．外部地价论［J］．浙江大学学报，2000（3）：156－160.

② 王文革．土地市场供应法律问题研究［M］．北京：法律出版社，2005：204－205.

③ 胡元聪．信息不对称视野下外部性克服的经济法分析［J］．现代经济探讨，2008（4）：81－85.

不按照市场规律来配置土地资源，从而过多干涉土地市场；再如地方政府对于产业政策方面信息的控制。由于政府手中握着公共权力，这使其在制定产业政策方面作为最大公共信息资源的控制者，为了实现自身利益或者社会总福利的最大化，政府可适时制定有利于宏观调控的政策措施，以调整产业发展。这时的房地产开发商显然处于信息劣势地位，他们仅是信息的被动接受者，且必须依据政府的产业政策指导调整自身的企业发展方向。一旦脱离了宏观政策指导或者跟不上形势发展需要，将会使企业发展陷入困境。另一种情况是，政府利用自身的信息优势地位垄断信息的传播，或利用在大众传播媒介方面无可比拟的优势直接或间接地通过各种新闻媒介进行过量的宣传，对开发商的决策造成重大影响。

2.2.2.2 传统调控手段调控效果的局限

政府对国民经济的宏观调控一般采取货币、财政、产业等政策手段，调节积累和消费之间的比例关系，控制货币发行量，制止通货膨胀，实现社会总供给和社会总需求的平衡。货币政策、产业政策、财政政策等作为传统的宏观调控工具，调节宏观经济的总量，但很难落实到具体项目，宏观调控决策的执行可能会在总体产生效果，但对于单一市场，调控决策中的调节力度难以把握，调控力度过大会导致经济波动出现，调控力度不足又难以达到预期目的。土地市场具有一定的特殊性，不同于其他市场，因而，财政政策、货币政策力有不逮。

货币政策是国家宏观调控的重要手段之一，旨在通过采取影响金融变量等措施对货币供应量和利率进行调节，进而实现宏观经济目标。宏观调控政策的运用虽然缩小了我国与国际发达国家之间的差距，却没能阻止我国区域间经济发展差距的拉大。以货币政策为例，“一刀切”式的传统宏观调控手段并非与所有地区经济发展相适应。由于区域间金融发展的显著差异，当货币政策通过各种异质空间的金融媒介一步步传导至微观主体时，调控政策发挥的效应就很有可能不尽相同。货币政策对区域经济具有非对称性影响，统一的货币政策很难适应不平衡的区域经济发展。现实经济中，造成我国货币政策区域效应差异普遍存在的原因有很多。从企业规模层面来看，由于中小企业抵押资产不足，银行会承担更多的交易成本和贷款风险，因此中小企业进行银行融资往往十分困难，而紧缩的货币政策更会加重中小企业的融资难题。

从产业分布层面来看，不同产业对货币政策特别是利率变动的敏感程度存在明显差异。一次产业主要生产初级产品及其加工副产品，受自然条件影响较大，资金依赖性不及二次、三次产业，因此受货币政策影响较小。二次产业属资本密集型产业，工业生产部门从原材料采购到加工、生产、销售都需要源源不断的资本投入，建筑业领域更是如此，对银行贷款的依赖性导致二次产业对利率的敏感程度较高，因此受货币政策影响较大。三次产业中服务型行业如金融业、保险业、房地产业等都与资本有着密切联系，货币政策直接影响三次产业的融资成本，货币政策对三次产业的影响同样不容小觑。

财政政策是又一重要的宏观调控手段，是指国家为缓解经济波动、增加就业、实现经济增长，根据一定时期国家发展任务而制定的财政指导政策，主要分为收入型政策工具和支出型政策工具，税收是典型的收入型政策工具，而支出型政策工具分为购买性支出和转移性支出。政府购买的增减变化能够影响国民收入和总需求，增加政府购买会对经济产生正向刺激作用，反之则产生抑制作用。税收具有经济收缩功能，增加政府税收会对经济产生负面影响，减少税收则会增加总需求、提高国民收入。政府转移支付是对区域经济的补贴，与地区经济增长正向相关。财政政策能够在短期内对经济产生影响，然而由于区域经济空间属性大不相同，财政政策产生的区域效应也因地而异。

我国分税制财政体制的实施也产生了不同的区域经济效应，财政分权进一步巩固了区域经济不平衡的发展状态。与发达地区相比，落后地区的社会保障问题更加严重，教育、住房、贫困救济等社会保障款项由地方政府承担，这对落后地区来讲无疑是一笔巨大的开支，财力不足状况更加恶化。与此同时，在财政分权的体制下，中央和地方政府对公共服务的责任划分并不明晰，容易造成责任下移。不同地方政府的财力差距较大，贫困地区要集中力量搞经济建设，也就无法提供全面而完善的社会保障，由此更加拉大了区域间公共服务差距，扩大了区域间贫富差距。

土地供给参与宏观调控主要目标是弥补市场机制缺陷、解决土地市场独有的市场失灵现象，保证货币政策、产业政策、财政政策作用得到有效发挥。而土地供给参与到宏观调控中，针对土地市场的独特现象进行独特且有效的调控，能够达到一般的货币政策、产业政策、财政政策所不能达到的调控效果，从而对整体社会经济产生良好影响，这样既可以起到调节宏观经济总量的作用，又能在微观上落实土地市场的具体调控。正因为如此，土地供给解决了财政、货币、产业等调控手段难以介入的问题，通过紧缩地根把持住投资和经济建设的“闸门”[①]。

2.2.2.3 土地供给具有独特的资源调控优势

一种政策工具能否成为宏观调控的手段，最基本的要求就是这种政策工具为政府所控制，而且能对宏观经济的目标产生影响，能够产生平抑经济波动、实现经济的稳定与发展的调控效果[②]。土地供给作为宏观调控工具，能够对土地要素的供给和需求起重要调配作用，从而会影响到土地上各种产业的发展，对宏观经济的走势发挥调控作用。其参与宏观调控途径及影响宏观，具体而言，作为宏观调控手段，土地供给具备如下功能：

1. 具备调控功效性

土地供给通过引导和限制不同产业或不同地区的投资、人口聚集程度、改善城市功能和结构，提高城市土地集约利用效益，可以对城市经济发展产生重要影响。可以通过规范和调节土地利用，引导产业结构调整，促进产业结构优化升级。第一，通过对不同用途土地的供给，促进产业结构调整和产业优化升级，如对于高新技术产业，可以在土地供给上给予特殊的政策优惠以支持和鼓励其发展；按照国家产业政策，适时调整供地政策，对于禁止性项目，停止供地；对于限制性项目，提高供地标准和条件，对一些由于投资过度以及其他原因不适宜发展的产业，在土地供应上进行必要的控制，以限制其发展。需要特别指出的是，在我国城乡二元社会条件下，经济社会的结构性矛盾集中表现在工农关系和城乡关系上，土地政策中对农地转用进行的用途管制直接影响到农业的可持续发展、国家粮食安全和工业化、城镇化进程，影响到“三农”问题的有效解决，影响到城乡二元社会结构的有序改造和经济社会的全面发展。第二，通过不同区域不同的供地政策，引导产业区域合理布局和协调发展，促进产业的梯度转移。市场经济条件下，产业布局一般按照资本和工具的运用，都要

---

① 张安录．紧缩地根下政府的职能和行为规范——兼论土地政策在国民经济宏观调控中的运作［J］．理论月刊，2007（4）：5－9.

② 朱玉明，黄然．土地出让金管理与土地调控政策［M］．北京：经济科学出版社，2006：190－191.

依托一定的调控体制，在不同的调控体制中调控手段和工具的可操作程度是有差别的。土地政策功能的实现，要借助于经济、行政和法律的政策手段。不同的经济体制对政策手段的偏好有所不同。通常，在计划经济体制下，行政政策手段得到更多的应用，而在市场经济体制下，经济与法律的政策手段得到较多的应用，土地政策只有与现实的经济制度环境相适应才能有效发挥它的功能[①]。

2. 具备可操作性

我国政府在土地供给上具有强大的控制权，政府垄断一级市场，进而对二级市场进行有效调节。与财政政策、货币政策的调控相比，土地调控比较明显地表现为政府的行政属性。在土地一级市场上，土地供应的规模、速度和方向是由政府决定，政府可以直接操控和影响市场。财政政策和货币政策是间接调控手段，其运行效果存在时间滞后问题。相比较而言，政府对土地供给的调节基本上不存在过多的时间滞后问题。土地一般是新项目上马的最后一道关口，无论其资金来自何方、是否早已筹措就位，或者项目手续是否已完成，如果政府下令停止供地，投资项目可能会出现停滞。土地是项目的最终载体，易于调控，也更迅速地产生调控效果。

3. 具备调控效率性

土地供给调控是一种全方位的综合性调控。运用土地供给政策进行宏观调控是综合运用了计划、经济、法律、行政手段的综合性调节，也是一种集直接、间接、宏观、微观、长期、短期调节于一身的综合性调节。政府对土地一级市场的垄断性调控可以说是对市场的直接调节，对二级市场的调节则可以认为是间接调控。调控措施有的可在短时间内见效，有的则可长期地发挥功效：既可直接影响单个市场经济主体的经济行为进行微观调节，又能对关系整个国计民生的重大比例问题进行宏观上的调节。与其他财政政策、货币政策等调控手段相比，土地调控更加广泛，因为它不是单一的经济手段，而是一种综合性手段。

与财政政策、货币政策等传统的宏观调控手段相比，土地供给具有以下优势：

---

① 孙习稳．土地政策参与宏观调控理论研究［D］．北京地质大学博士学位论文，2007：30.

(1) 强制性。参与宏观调控与传统的调控手段最大的不同就是不再将货币作为政府干预宏观经济运行的“介质”，而是将土地视为政府干预宏观经济运行的“介质”，将土地供给作为其调控的中介目标。一方面由于中国所特有的土地所有制度与土地使用制度，能够保证土地供给政策与土地供给数量调控之间的传递有效性，即能保证政府在任何情况下都可以通过土地供给政策有效地控制宏观经济运行过程中土地供给的数量，即用之则有效；而另一方面则由于土地供给所特有的稀缺性与不可或缺性，使得土地供给政策的变化必然对宏观经济运行产生影响，简单地说，土地供给政策的变化必然引起土地供给增量的变化，而土地供给增量的变化从载体的角度来看，必然会对城市化进程、经济增长的速度以及投资的规模与方向等方面产生影响，换句话说，土地是经济社会一切生产生活的重要载体，如果没有了增量的土地供给，增量的一切就都失去了相应的载体。政府对土地使用权出让的垄断给予了土地供给成为宏观调控介质的可行性，这是世界上其他国家或地区所不具备的，我国现阶段的国情使得土地供给一跃登上经济舞台，发挥前所未有的作用，也是其他国家所没有经历的。政府对土地供给的控制力与传统的宏观调控手段相比是“最强硬”的政策手段，政府直接调控了作为生产要素之一的土地，学者称之为“釜底抽薪”，可以表明土地供给政策的强效有力①。

(2) 调控空间的扩张。在传导机制上，土地供给政策比货币政策和财政政策有着更大的调节空间，一方面，通过调整土地资源的结构，影响劳动力、资本等要素组合和流通速度来对国民经济产生影响；另一方面，通过影响土地价格和收益分配，影响劳动力、资本等要素配置比例和流动速度，进而影响国民经济。此外，还可以对土地要素的生产组织形式和产品内容进行直接干预，从而影响国民经济发展。

(3) 实物和价值的双重调控载体。土地供给政策参与宏观调控的基础是将土地资源作为一种生产要素，使其在经济运行中发挥独特的生产功能、承载功能和社会分配功能。土地市场供需所表现的仅仅是外在形式，而让土地参与到经济运行的过程中，才是市场运行和调控的本质。土地参与经济运行从表面来看，是以一种要素或载体的方式来进行的，但实质

---

① 李俊丽．城市土地出让中的地方政府经济行为研究［D］．西南财经大学博士学位论文，2011：37－47.

上，则更多表现为一种价值运动的载体和空间，而这种价值依托土地并依附货币在社会经济系统中进行，渗透到生产—收益—分配—交换—再生产—再分配等各个环节。正是因为土地资源具有实物和价值双重载体作用，且土地价值通过产权运动具有可分割性、运动性，使土地在经济运行中产生了其他资本（如货币）所不能比拟的系统优势。运用土地政策干预市场实现宏观调控目标，实际上是通过干预土地物质投入和价值运作来实现的。由于土地属性的多样化，土地参与社会经济系统也就具有多种形式。因此，干预土地市场形式和内容是多种多样的，但就其本质来说，主要是通过干预土地生产、收益和分配来实现的。

2.2.2.4　土地供给确立了宏观调控的新目标

随着我国市场经济的发展，宏观调控目标在发生变化，不仅为货币政策和财政政策提出了调控要求，也为土地供给政策带来了调控方向：稳定经济增长势必需要充足的土地供给，这将为土地资源规划带来新的挑战；保就业需要各行业吸纳足够的劳动力，利用土地政策调节产业布局才能增加就业；促进经济改革意味着土地制度改革的进一步深化，要使农村土地改革和城镇土地改革更加有利于城乡统筹，保障粮食安全和农民利益，促进城镇化发展；经济结构调整必然涉及产业结构，产业配置紧密联系的土地利用结构也要做出相应调整，亟须改变目前不合理的用地结构，如建设用地和耕地比重调整，减少闲置土地，提高土地利用率等；惠泽民生就必须解决城乡居民共同面对的征地、拆迁等与土地直接关联的民生问题。不仅如此，城乡发展不平衡、城乡居民收入差距和公共服务差距过大等现象也无不透露出土地资源配置和收益分配等方面存在某些问题；防范风险要求保障社会、经济、政治和环境的稳定运行，而土地作为重要的生产资料和经济活动空间载体，在保障我国粮食安全、生态系统稳定等方面都扮演着重要角色，必须强化国土空间用途管制，执行严格的农业和生态保障机制。土地调控过程中既要注重总量调控，又要加强结构调控；既要注重房地产市场和固定资产投资等短期波动的调控，又要注重促进产业结构调整、经济发展方式转变、城乡区域协调发展等长期经济增长的调控。

2.2.3 制度依据

2.2.3.1 城市土地国家所有为土地集中供给提供了制度保障

我国《土地管理法》在总则第2条中规定："中华人民共和国实行土地的社会主义公有制，即全民所有制和劳动群众集体所有制。全民所有即国家所有土地所有权由国务院代表国家行使。任何单位和个人不得侵占、买卖或者以其他形式非法转让土地"。其第二章第9条规定："城市市区的土地属于国家所有。农村和城市郊区的土地，除由法律规定属于国家所有的以外，属于农民集体所有；宅基地和自留地、自留山，属于农民集体所有"。法律明确规定城市土地的所有权在国家，城市土地也必须由政府高度垄断，由政府进行统一规划、统一征收、统一开发、统一管理和统一供给，根据不同土地的不同用途，实行不同的供给方式，实行不同的地价政策。政府对土地实行有偿限期使用权的原则，即任何个人或者组织都只能拥有一定年限的土地使用权，土地使用者只能在限期内转让土地，超过使用期限，政府应无偿收回土地。政府对土地用途实行管制，在供给土地时，政府明确规定土地用途、使用范围和年限，土地使用者在使用期限不得进行改变，并且，对土地以下的各类自然资源也不得擅自进行开采利用。在需要更改既有规划的情势下，政府可以提前收回土地，并对土地使用者给予一定的补偿。由此可见，城市土地所有权在政府手中，政府可以最大限度地利用土地供给实现对土地市场的调控而不受其他主体的干预，这也是其他国家所不具备的制度条件，是我国能够运用土地供给参与宏观调控的最重要的制度依据。

2.2.3.2 通过土地利用规划和计划制度实现总量和结构的调控

土地利用规划制度和土地利用计划制度是控制土地供给结构和调控土地供给总量最重要和有效的制度。所谓土地利用规划，是指在土地上合理地进行土地利用的一项综合性的措施，由政府进行土地规划编制。土地利用规划可分为土地利用总体规划、土地利用详细规划、土地利用控制规划、土地利用专项规划等几类。土地利用规划是基于不同的层次、不同的角度对土地利用进行规范，目的是调控土地供给的总体结构。各个规划间是相辅相成、连贯统一的关系。土地使用者在利用土地的过程中，要严格依据土地利用规划利用土地，不能随意违背和变更土地利用规划，也不得改变既定土地规划所确定的土地用途。土地利用总体规划具有全面性和刚性，编制的目的是力求每一寸土地都在规划范围内并得到合理的计划使用。

土地利用计划是以土地的利用为目标而制定的，这是政府对未发生的土地资源利用所制定的部署和安排。市场经济中，每个土地利用计划都以政策工具的形式参与到宏观调控中。土地利用计划能够调节土地资源的利用总量，并调控土地资源的配置方式。其中，土地利用年度计划是对农用地转用为建设用地的指标、土地开发整理指标、耕地保有量指标、新增建设用地指标和未经利用土地的开发利用指标的全面安排和考核。土地供给计划综合考虑了土地供给的方案以及政府进行管理的机制和决策，为政府起到控制土地市场的阀门作用，而土地储备计划则是对实施储备土地而进行的总体安排，为土地储备制定方针政策并采取具体保障措施。

土地利用规划和土地利用计划会对经济产生如下调控作用：从整体和全局上对土地市场进行规划、布局，通过土地规划部署土地市场的发展战略，确定供地结构，再通过土地计划的实施，为土地市场提供计划数量的成熟土地，通过相关的土地制度指导土地利用，规范土地市场主体的行为，通过信息的发布，弥补市场信息的不对称，引导市场有序运行①。

2.2.3.3　通过土地用途管制制度能优化土地的空间利用格局

我国《土地管理法》第 4 条规定："国家实行土地用途管制制度。严格限制农用地转为建设用地，控制建设用地总量，对耕地实行特殊保护"。土地用途管制制度是世界范围内重要的土地制度，各国都在执行关于土地用途的管制政策和法律，基于土地是重要的自然资源和生产资料，需要政府通过控制土地用途促进土地资源的合理利用，保证经济、社会和环境的协调发展。管制方式之一就是依据土地规划，在一定区域范围内确定土地用途的分区，并确定土地用途的限制内容，对土地用途的变更实行行政许可制。在我国土地用途管制包含两个层次：一方面，各类土地的利用都必须依据已经审批的土地利用总体规划所确定的方案执行，不得随意变更，其中既包括对建设用地总量的控制，也包括对农用地转为建设用地

① 曲波．中国城市化和市场化进程中的土地计划管理研究［M］．北京：经济管理出版社，2011：16－39.

的严格限制、对耕地实行特殊保护，目的是为了实现耕地总量动态平衡；另一方面，对于已确定用途土地的利用方式进行必要的管理监督，通过国家对已批准的土地利用规划作出土地利用上的限制及对土地用途转变的许可、限制或不许可的规定来实现。土地用途管制的实施者是地方政府。土地用途管制制度设计的目的是确保城市土地和农村土地都得到有效的利用和管理，保证土地资源得到合理利用；也为土地供给参与宏观调控开创了有效途径。

2.2.3.4 通过土地储备制度保障调控的可持续性

土地储备制度在国外被称为土地银行，是指需要被盘活的城市土地使用权由政府依法采用收回、收购方式，或者对农村土地以征收方式收归国有，并进行前期开发并储存，在市场需要的时候向市场出让土地使用权的制度。国外广泛应用土地储备制度来调控土地市场，一般都由专业机构完成土地收储工作；在我国也有专门的收储机构承担这项工作，由政府设立，其目的是为了实现土地资产的保值和增值，并合理配置土地资源，以达到土地资源的高效利用。依据《国务院关于加强国有土地资产管理的通知》的规定，为增强政府对土地市场的调控能力，有条件的地方要对建设用地试行收购储备制度。市、县人民政府可划出部分土地收益用于收购土地，金融机构要依法提供信贷支持，为土地储备制度的实施建立法律依据。我国实现了城市土地只有经过政府储备才能进行土地使用权出让的土地市场程序规范。土地储备制度的实行结束了我国多年以来的土地多头供给的局面，同时，也实现了土地供给的规范化运作。土地储备制度确保了地方政府垄断土地一级市场并成为唯一的城市土地供给者，强化了政府运用土地供给政策调控土地市场和房地产市场的能力，在制度上提供了便利。

2.2.3.5 通过土地价格机制能间接地调控房地产市场

市场机制的核心是价格机制，包括价格的形成机制、价格的运行机制和价格的管理机制。在市场经济条件下，土地作为一种商品必须要进入市场，土地价格在土地进入市场流通后自然形成。但是，土地又与普通的商品不同，具有特殊性，其作为一种资源，在数量上具有有限性或者说是稀缺性、差异性；作为一种资产，城市土地还具有政府垄断性、供给的刚性等，这些因素都会对土地价格产生重大的影响，决定了土地的价格会随着社会需求的增长而呈不断上涨的趋势。

土地价格的形成主要依据市场需求，在这一点上与普通商品生产成本加上平均利润的价格形成方式是不同的。预期的土地纯收益是土地价格的基础，而在形成交易价格以前，又会受到地租、利息率、土地供给量、土地使用权期限、土地用途、土地市场供求状况、政府调控等多方面因素的影响，因此，土地价格往往受到政策干预过多，市场并不能完全决定。也正是基于这一点，政府可以利用土地价格机制对房地产市场进行调控。

在房地产市场中，土地是房产的基础，是处于主导地位的，土地可以脱离房产独立存在，具有独立的价值，而房产离开土地，只可以评估其建筑成本，其依附土地所产生的可居住性等使用价值不再存在。因此，土地价格是房价最重要的组成部分。从可影响房价的众多因素中分析，土地价格对房地产市场的影响最为显著，最重要的就是土地价格制约着房地产的价格，甚至可以说是决定性因素。土地价格与房地产市场价格走向一致，呈成正比的关系，简单说，就是土地价格的增加会造成建房成本的增加，房价也会水涨船高跟着上涨，相反如果土地价格降低，那么建房成本也会降低，房价也会有所改善。此外，土地供求关系与房产价格相关，土地供给充足，土地价格较低，那么土地价格在房产价格中所占的比例也相对较低；如果土地供给不足，土地价格较高，那么土地价格在房产价格中所占的比例也会相应增高。地方政府在控制土地价格方面可以有很多作为，通过对土地价格的控制可以间接地调控房地产市场，使房地产市场价格趋于平稳，政府可以采取提高容积率、提高建筑密度、增加保障性住房开发供地等方式，控制房地产市场①。如地方政府通过不同的供地方式影响土地价格：以无偿划拨方式供应的土地不具有市场价格内涵；以协议方式出让的土地价格是协定价格，受主观因素影响较大；招标、拍卖、挂牌等供地方式竞争性较强，以这些方式出让的土地价格具备市场价格的特征。地方政府通过地价管理制度制定土地价格的限定标准，可以控制房地产商品的供地政策对房地产价格的影响，抑制盲目开发农用地的用地行为，通过成本提升刺激售价上涨并影响房地产商品的价格竞争力②。

---

① 邬丽萍．城市土地价格机制研究［M］．北京：经济科学出版社，2007：73－77.

② 刘晓英．供地政策对房地产价格的影响分析［J］．中国物价，2005（8）：61－63.

2.3 土地供给调控房地产市场的运行机理

土地供给参与宏观调控的过程中，土地供给既是一种调控工具，又是宏观调控的对象，通过土地供给来调控土地资源的配置、土地市场和土地利用等问题，同时也通过土地供给来调控固定资产投资、粮食安全、产业结构、部分行业盲目投资和低水平重复建设等宏观经济问题。

土地调控工具是国家土地供给意志的集中体现，它表明了国家对土地供给问题的基本立场和态度。国家通常借助对土地出让市场的宏观调控实现供地政策，而房地产市场作为地产市场体系的二级市场，对一级市场的各项变动十分敏感，因此，供地政策对房地产市场的信息传导主要是通过影响一级市场间接作用于房地产市场的。在房地产市场高涨、开发投资规模过大时，采取紧缩供地政策，减少投入一级市场的土地供应量，控制房地产的开发规模；在房地产处于低谷时期，采取扩大供地政策，增加对一级市场的土地供给，进而激活房地产市场。

2.3.1 供地总量对房地产市场的影响

土地供给总量的调控是土地供给参与宏观调控的重要内容，也是政府进行宏观调控的主要目标。我国实行的是土地公有制，政府垄断了土地一级市场的所有供给，并成为了土地市场唯一的供地来源，因此，政府对土地市场供给量的调节就显得尤为重要，其行为直接影响着土地市场供给量的多少。政府以供求机制和价格机制为工具调节土地市场：如在经济过热时，政府可以通过减少供地量或者提高地价的方式，抑制土地市场的需求，迟滞土地投资的实现，有效减缓经济的增长速度；但当遭遇经济过冷，土地供给政策就会与财政、货币、产业政策等配合，共同调控，增加土地供给数量或降低土地价格，用以推动土地市场活跃。

土地供给总量控制重要的是坚持严控建设用地的增量供给，要以积极盘活存量土地为主，把节约、集约利用土地放在首位，加强对存量土地供给，减少增量土地，这样才能实现土地最高效利用。

土地供给总量调控对房地产市场产生重要的影响，这是由于土地供给的数量决定了房地产价格，影响房地产市场的发展规模。一方面，土地供给总量影响房地产市场产品的增加，土地供给量与房地产市场的增量成正比例关系，房地产市场的增量也是建立在土地供给总量的基础上的；另一方面，土地供给总量影响房地产市场的生产情况和预算结果，因为房地产产品价格受土地价格影响最大。据此，通过调整土地供给的总量，可以实现对住房供给总量的调节。如果土地供给数量增加，那么住房供给的数量就会增多，这样就有利于降低房价；如果土地供给数量减少，那么住房供给数量就会减少，房价就可能上涨，引起房地产市场波动。

土地最重要的稀缺性和不可再生性以及位置不能移动的特性决定了土地资源不能实现无限的供给，这就形成了土地供给的刚性约束，因此，土地利用计划显得十分重要，严格的土地供给计划会合理配置有限的土地资源，达到土地供给与房地产行业发展的平衡稳定。

2.3.2　供地结构对房地产市场的影响

我国通过调整土地供给结构进而调控产业的发展，使得国家产业按照预定的发展方向发展。地方政府对于应用于工业、商业、服务业等不同用途的土地出台不同的政策，对于国家鼓励发展的产业，地方政府会采用相对宽松的政策和管制；对于不符合国家产业发展规划的产业，地方政府会以各种手段和方式限制该产业的用地，如提高其用地标准、减少供地量、实行严格用途管制等，约束该产业的发展。此外，地方政府还可以运用土地用途管制、土地利用规划和土地利用计划的执行，调整不同用途土地的供给量，促进产业结构调整、产业优化升级，使之符合我国的产业政策要求，对禁止性项目，停止供地；对限制性项目，提高供地标准、条件；对国家重点建设项目和重大的基础设施建设项目等，则要优先保障其用地。

在房地产市场中，土地供给结构决定了房地产各种商品房的构成和比例。土地供给空间布局决定了城市的区域经济发展状况和发展趋势，即在重点发展的领域内多供地、优先供地、保障供地量。供地量会影响房地产市场的产品结构，如向高档住房供给的土地较多，住房结构中高档住房就会成为主导，向中低档的住房供给倾斜，住房结构中的中低档住房比例就占优势。因此，在土地供给总量有限的前提下，需要政府合理控制土地供给结构，这对房地产市场非常重要①。

以保障性住房为例。地方政府一直倡导增加廉租房、经济适用房和中低价商品房的供给，这些住房都具有保障性质，是地方政府为保障社会底层居民居住权而推行的保障政策，相对于一般的商品房，这些住房的盈利是很低微的。地方政府大力推行这些具有社会保障性的住房，在经济效益最大化的角度看可能会不利于居民消费，影响房地产市场的发展，但从公平角度而言，这类保障性住房不可或缺，地方政府要维护社会整体的公平，这些保障性住房在整体商品房市场中必须占有适当比例。为确保保障性住房的建设，保障性住房所需的土地供给就必须首先满足，地方政府在保障性住房用地供给上就会给予开发商一定的优惠和政策倾斜，鼓励开发商建设廉租房、经济适用房和中低价商品房，这样就会改变房地产市场商品房一统天下的局面，房地产市场的产品结构也受到一定影响。

① 王晓东．土地供应政策对房地产市场的影响探析［J］．商，2013（6）：243－244.

第 3 章

土地供给参与宏观调控的正当性标准

2014 年 10 月 20 日，党的十八届四中全会通过《中共中央关于全面推进依法治国若干重大问题的决定》，提出全面推进依法治国，总目标是建设中国特色社会主义法治体系，建设社会主义法治国家，重大决策必须坚持立法先行，坚持改革于法有据，使改革和经济社会发展始终在法治轨道上进行。

党的十八届四中全会要求“拓宽公民有序参与立法途径”。拓宽公民有序参与立法途径，是民主立法的一个要求和具体体现。在立法领域扩大公民有序政治参与，公众有序参与立法，把实践证明正确、成熟的政策、主张通过法定程序转化为国家的意志，在坚持人民代表大会的政治制度的前提下，积极探索各种形式的公民有序参与立法的方式，根据《中华人民共和国宪法》（以下简称《宪法》）参与立法，并依据实体法程序法对公民参与的方式进行细化和落实。

宏观调控是政府管理经济的职能，同时也是一种国家权力运行的体现，因此，必须依法定程序进行。程序是国家权力在运行的过程中所必须遵循的规范、流程和程式，能够起到对国家权力运用的防范、制约和纠偏，可以有效地控制国家权力的滥用。调控主体的行政干预变得合法化、程序化、责任化，杜绝了行政权力无节制化、行政权力滥用和行政手段的随意性。法律的适当介入，能够适当地克服调控主体的有限理性。法律可以为行政行为提供范本，使得调控市场经济的调控行为逐渐去除计划体制下行政权力不受限制的思想，完成调控主体干预经济职能由行政化向法治化过渡①。

3.1
土地供给参与宏观调控的法理模型

3.1.1 以维护公共利益为目标

3.1.1.1 宏观调控法中的公共利益目标

宏观调控法律规范并不直接干预市场主体的“私权”，从每个宏观调控决策的表面分析似乎与市场主体的关系不大，但其所实现的价值目标却可以使每一个市场主体获益。宏观调控决策是借由国家公权力对社会总体性利益进行协调，具有鲜明的公共性②。正因为宏观调控是宏观性、整体性的调控，所以，要求宏观调控决策的形成、调控措施的实施都必须从国民经济全局出发，重视社会整体的、公共性利益的协调③，实现以下目标：

1. 社会总需求与总供给的平衡

宏观调控的目标是要达到经济总量平衡和结构平衡，即以社会的总需求和总供给实现平衡为目标。只有达到经济总量平衡，政府对产业结构的调控达到合理化，才会避免物价波动的干扰，合理而准确地发挥作用；只有经济结构平衡，才能使产业结构、产品结构和社会需求相适应，从而使总量平衡能够长期维持④。

2. 保障公共物品的供给

所谓公共物品是指那些同时供许多人享用的物品，并且供给的成本与

---

① 吴晓晖．论宏观调控决策的法律调整［D］．华东政法大学博士学位论文，2010：24.
② 薛磊．论宏观调控法的地位和基本原则［J］．法制与社会，2006（8）.
③ 杨三正．宏观调控权论［M］．厦门：厦门大学出版社，2007：13.
④ 吕忠梅，陈虹．经济法原论［M］．北京：法律出版社，2007：423.

享用它的效果并不随着享用它的人数规模的变化而变化。公共物品自身的特性决定了其不能由私人供给和市场机制调节：第一，公共物品具有不可分性，其消费只能在保持其完整性的前提下由众多消费者共同享受，而不能分割为可以计价的单位供市场销售，这种情况下公共物品的价格就无法计算。第二，非竞争性。面对任一给定的公共物品，增加额外一个消费者的消费都不会引起该物品成本的任何增加，因此，公共物品无法进入市场进行以价值补偿为目的的交换。第三，非排他性。只要某一社会存在公共物品，就不能排斥该社会上任何未为此付费的人对该物品的消费，即无法排除“免费搭车者”，这就导致要采取收费的方式限制消费是非常困难的。非排他性的存在导致私人不愿意生产公共物品，如果由私人供给公共物品的话，市场供给的公共物品通常都低于最优数量，即市场机制分配给公共物品生产的资源常常会不足，甚至为零，进而导致市场失灵。基于上述原因，政府通过宏观调控保障公共物品的供给、满足大众对公共物品的需要就显得十分重要。

3. 消除调控外部性

市场经济活动都存在着一定的外部性，宏观调控中也存在。以投资行为为例，在投资过热时，投资行为会产生外部性。而在消费不足时，消费行为会产生外部性。而政府采取的宏观调控行为也会产生一定的外部性，如果调控不当，则会产生严重后果。因为宏观调控是调控社会经济整体，也是政府管理经济职能的体现，其产生的外部性可能会影响其平衡社会整体与局部利益关系，甚至还可能会影响到市场主体的合法私人权益。因此，保障宏观调控行为的合理性、保护公共利益、尽可能消除其外部性也是宏观调控目标之一。

4. 维护社会整体利益

宏观调控应遵循保护公共利益原则，这是确立宏观调控利益取向的基本原则。国家在行使宏观调控权时，要基于社会公共利益，追求宏观经济的平衡和社会分配的公正合理。一方面，调控主体要讲求诚信，确保公众对国家的信赖；另一方面，要尽量排除个体或群体私利的影响，真诚务实地向社会提供公共物品和服务，维护宏观经济秩序和社会整体利益。所以，这一原则要求确定宏观调控目标时，不能从调控主体自身利益或某个集团的利益出发，而是应该从社会整体利益出发。调控主体无论是对物价、就业进行调控，还是对经济增长速度、国际收支进行调控，都要服从社会公共利益这一最高原则，以最终实现物价稳定、就业充分、经济平稳增长、国际收支平衡。

3.1.1.2 土地供给调控目标的具体体现

作为宏观调控的重要手段，土地供给参与宏观调控的目标就是要与国民经济宏观调控的目标相一致，即：充分就业、物价稳定、经济持续均衡增长和国际收支平衡。从自身特点和能力出发，土地供给具备参与这四大目标实现的能力，但是，在具体调控过程中还应当根据土地调控的自身特点准确定位，确定更为合理的、层次更加分明的调控目标。土地供给参与宏观调控的目标是保障房地产市场稳定发展和维护公共利益：

1. 稳定房地产市场发展，平衡各方利益关系

房地产市场的平稳发展是土地供给参与宏观调控最直接、最根本的目标。2003 年最初尝试运用土地政策调控经济就是为了调控日益升温的房地产市场，通过加大供地量和平抑地价来带动房价下跌，迟滞房地产市场的发展。因此，稳定土地供给量、稳定地价最终的目标就是要保持房地产市场的稳定。当前，我国存在着地区间经济发展的不平衡，城乡发展差距在逐渐拉大，农民征地权益得不到有效保障，中低收入阶层住房保障等问题都成为影响我国社会和谐发展的重要障碍。土地是民生发展之基础，应当承担发展和谐社会的目标重任。政府运用土地供给政策调控宏观经济，必须要把对社会各方利益的平衡放在首位，要保障落后地区和农村在土地征收、土地开发、整理和土地收益分配方面的权益，保障中低收入阶层住房需求，加大对廉租房、经济适用房的土地供应量，保障社会各方利益平衡，保障社会的公平和稳定。

2. 实现土地资源的社会本位目标

土地作为一种特殊的自然资源，在现代社会，其公共物品属性更为突出。首先，生态一体化要求土地与其他自然资源应融为一体，最大限度地为人类提供环境与生态利益，环境与生态是免费享有的物品，土地自然也就具备公共物品的性质。其次，自然资源是全体国民共享的社会财富，国家对其拥有永久的所有权，政府对市场利用资源的行为进行管制，主要目的是防止不当垄断资源的行为。再次，土地的利用涉及许多物化的公共物品环境。土地周边的公共设施为土地服务个体利益和整体效益方面创造了成为公共物品条件，土地开发过程中所形成的不动产更可以直接转化为公

共服务性建筑、公益设施等公共物品，具备这样功能的土地自然也成为公共物品。土地作为公共物品，承载很多维护公共利益的功能，政府对土地市场进行调控，必须保证土地作为公共物品的属性，并保证在此前提下土地向社会提供公共物品功能的实现，因此，土地市场的宏观调控离不开公共利益目标的设定。

第一，优化城乡土地资源配置。土地资源的配置实现最有效配置，最重要的就是将有限的资源合理分配。政府配置土地资源时，要从全国角度和地方利益双重角度入手，并要兼顾土地资源有效配置和可能给环境带来的不良影响。目前，城乡土地制度存在土地资源浪费、土地收益分配不公平等问题，政府应本着节约土地资源、优化土地配置、提高土地效益和促进经济发展的原则，调控城乡土地供给制度，严格划分城市的公益性用地和经营性用地，使城乡空间结构趋于合理。

第二，保护耕地和粮食安全。保障基础耕地，维护粮食安全。经济的发展和城市化进程的加剧，耕地面积正在逐渐减少，粮食播种面积也在不断下降，粮食总产量和人均粮食占有量也在连续减少。民以食为天，粮食安全是我国经济发展最为基础性的保障，也是最重要的问题。土地供给调控不能忽视粮食安全。我国是农业大国，农业人口占大多数，粮食不能单纯依赖国外进口，国际合作存在易变性，国际关系也存在着诸多不可控的变化。短期内可以通过少量进口来缓解粮食紧缺，但长期看全国和大面积的粮食问题最终解决还是要依靠国内的耕地，一定要保持一定数量的耕地，土地供给调控的首要问题就是要处理好土地资源的关系，坚持耕地保有量不能动摇，必须珍视、珍惜土地资源尤其是耕地资源。

第三，保护资源安全与维护生态环境利益。土地使用过程中的外部性尤其是负外部性是土地使用过程中的重要难题。其中对于生态环境的破坏即是土地资源利用的负外部性的集中表现。任何一种土地利用措施如果超过了环境承受的极限就会遭到大自然的报复，出现各种不可预期的自然灾害。环境损害本身不可估量，而且损害的潜伏期较长，单纯用私法救济方式不能确实保护当事人的合法权益。所以，政府应以事前介入的方法防止损害的发生，以保证生态环境目标的实现。政府事前介入势必对公民个人土地财产权产生影响，对于这种影响应该通过补偿制度补偿其所遭受的损失。将资源安全与生态环境保护纳入土地使用管制的目标主要包括以下两个方面：一方面，依据环境影响评价法律制度对规划与建筑项目进行评价，以事先预防的方式评估各种土地使用行为的外部性，界定环境污染的成本，并通过法律经济手段限制环境污染。另一方面，因国家保护生态环境而对土地使用权人所施加的过度限制应给予合理补偿。如果这种限制是针对全体土地使用人的一种限制，则属于土地使用人必须承担财产义务；如果针对个别的土地使用人的行为所施加的过重的限制，则这种限制超越了比例原则，使土地财产权人承受了特别牺牲，国家应该确立生态补偿政策，使土地财产权人所受的损害得到补偿。

第四，保障基本居住权。基本居住权属于人权的范畴，所以，保障基本居住权的实现应作为政府土地使用管制的目标之一。所谓基本居住权是指国家的每个国民都应该“居者有其屋”，而不论这种房屋产权是属于使用人自己或者属于他人。在农村，集体建设用地使用权中的宅基地，保障广大农民享有居住权；在城市中，通过福利性住宅形式保障城市居民居住权的实现。城市住房供应体系包括：一是以中高收入者为对象的市场商品房供应体系，由住房开发经营企业以市场价格供应商品房。由于房地产开发企业的营利性，商品房的用地通常采取出让用地的方式确立。二是以中低收入为对象的社会保障住房供应体系，应采用划拨用地的方式设立。由开发单位按照政府有关政策法规实施，并以成本价供应住房，范围应当包括国有企事业单位的房改房、政府建设的经济适用住房、安居工程住房等。基本居住权是一种社会保障性的权利，并不排除其他公民通过商品房购买来实现其居住权。如对于经济适用住房，国家严格管制经济适用住房的销售对象、成本、利润率，以使经济适用住房能够真正体现保障公民基本居住权的目的。如廉租房建设主要体现对中低收入阶层倾斜的因素，使中低收入家庭能够居者有其屋①。

3.1.2 宏观调控权合理配置

3.1.2.1 宏观调控主体法定

宏观调控主体法定，主要是指宏观调控中决策主体运用宏观调控决策权制定宏观决策时必须依据相关法律规范的授权，只有有法律的授权，才有权制定平衡社会经济总量的决策措施。也有学者视宏观调控主体合法的

① 郜永昌．中国土地使用管制法律制度研究［D］．重庆大学博士学位论文，2007：36.

问题与宏观调控权配置问题是同一个问题①，认为宏观调控权是一种重要的、稀缺的资源，配置的明确得当与否，直接关系着调控效果，直接影响着国家利益和公共利益。

全国人民代表大会及其常务委员会是我国的最高权力机关，拥有立法权和决策权，负责制定法律和作出重大宏观决策。国务院及其职能部门具有制定和发布经济法规的权力，并具有参与决策重大经济问题的权力。可见，我国的宏观调控主体应该是全国人民代表大会及其常委会和国务院。其中，全国人民代表大会及其常务委员会是最高权力机关，拥有立法权和决策权；国务院具有制定和发布经济法规及参与重大经济问题的决策的权力；此外，还包括土地供给政策制定、执行相关的各职能部门，如国土资源部等。从历年房地产调控的情况看，发布房地产调控政策的主要是国务院，涉及土地管理和调控的政策主要由国务院、国土资源部发布，可见事实上，土地供给宏观调控的决策职能主要由国务院和国土资源部承担。

土地供给是一项特殊的调控方式，各省、市、地区的城市土地情况不尽相同，中央政府难以制定统一的调控政策，具体调控政策的制定和执行要与各地城市土地状况紧密结合，才能真正起到调控效果，因此，各省级政府在调控中起到极其重要的作用，绝不容忽视，因此，省级政府在城市土地供给宏观调控中也应具有一定的决策权，也应视为调控决策主体。

中央政府与地方政府间的关系也应由相关法律规范来理顺。第一，要明确政府调控权力范围和权力运作的界限，防止越权、滥用城市土地供给宏观调控权等现象的发生；第二，要防止地方政府因考虑本地区的利益，而在有利于本地区时争权、寻租，在不利于本地区利益时又弃中央政府的决策不顾；第三，权责法定，权力界限分明，也可以有效防止各级政府及相关部门间博弈和掣肘，尽可能提高城市土地供给宏观调控政策的运作效率，避免因为调控权力配置不当，权责不明，导致城市土地供给宏观调控的相关决策未能得到有效实施，最终损害了国民经济和社会的公共利益。

3.1.2.2　调控权在中央与地方政府间合理分治

1. 调控权力来源合法

调控权力配置法定是指任何形式的宏观调控权力都应当由法律加以规

① 吕忠梅，陈虹．经济法原论［M］．北京：法律出版社，2007：429.

定，并由法律授予。调控权力在法律上的最终表征必然是调控权限的法定化。宏观调控权作为国家经济调节权，是一种对社会经济结构和经济运行方式进行调控用以解决市场调节的被动性和滞后性，同时，作为社会经济利益分配权，也是一种对社会主体的经济利益进行再分配。宏观调控权的合法性就是要求宏观调控权力的来源与配置达到以法律为主要根据和基本根据的状态。我国宏观调控决策权来源于宪法、法律的授权。立法权是能够在决定性意义上对社会经济结构以及社会经济利益最终分配格局产生深远影响的国家经济权力，我国《宪法》第 15 条规定："国家实行社会主义市场经济。国家加强经济立法，完善宏观调控"，即为国家行使宏观调控的权力的立法来源。

2. 央地政府调控权力合理分治

宏观调控权作为一种权力，必须对其进行有效配置，使各类宏观调控主体的权力明晰，职责明确，这样才能更好地解决集权与分权的宏观调控权力配置问题，才能有效地实施宏观调控决策。

宏观调控权力的配置，既不能由中央政府随心所欲地实行集权，也不应该由地方政府无端地要求，如何配置宏观调控权力，还应该取决于客观的现实经济条件①。宏观调控实行集权，由中央政府统一行使，可以有效地提供全国性公共物品和服务，有利于实现宏观调控的目标和实现社会公平；宏观调控实行分权，其目的在于调控地方政府的积极性，对于解决宏观调控决策信息失灵、宏观调控决策民主、提高宏观调控决策的执行力则具有积极的作用。

中央政府享有调控决策权，包括制定全国土地利用总体规划、土地利用年度计划、基本农田保护等全国范围适用的土地调控政策，并结合各地土地具体情况，确定各地方政府所享有的部分土地供给宏观调控决策权的权限范围，该权限范围也应由法律规范作出相应规定。地方政府享有部分决策权和执行权。地方政府的调控决策权自然不同于中央政府的决策权：首先，地方政府的决策范围仅限于本辖区，结合本辖区内土地具体情况制定相应的土地调控政策；其次，地方政府所享有的决策权并不是全部决策权，而是在中央政府通过法律规范所划定的范围内，不能突破该法定权限范围；最后，地方政府结合本辖区土地具体情况制定的调控决策不能与中

① 杨三正．宏观调控权论［M］．厦门：厦门大学出版社，2007：79－80.

央政府制定的土地调控决策相违背。

3.1.3 调控程序正当

宏观调控程序法治化保障了宏观调控依法进行，弥合宏观调控在法律稳定性和经济社会发展多变性之间的裂痕。由于程序所具有的限制恣意、专断和过度裁量的价值取向①，调控程序对于规制自由裁量颇大、不确定性较强的宏观调控行为就更有意义。

3.1.3.1 保障政府宏观调控信息公开

土地关系到社会生产生活与长远生计，信息公开不足会造成信息不对称，会影响土地供给政策的制定，最终影响土地市场的调控。

土地市场信息具有以下特点：第一，具有客观性。土地市场的信息是不依赖主体为转移的，信息的事实就是它的中心价值，客观事实性就是它的第一基本性质。第二，具有利益共享性。土地市场信息的利益共享性表现在它可以被共同占有，共同享用，即信息在利用的过程中被消耗，可以在同一时间或不同时间广泛地传播扩散，为众多用户加以利用。第三，具有时效性。人们获取土地市场信息在于利用，而信息的效用和产生利用之间有着密切的关系，它的时效性表现在及时性和透明性上。第四，具备可加工性和开发性。在对土地市场信息的利用过程中，人们一般不是简单地使用它，而是对所获取的信息进行分析、比较、综合，从而产生出新的信息。第五，具有传递性。土地市场信息的传递性表现在它可以在时间上和空间上多方式地进行传递，这些传递渠道包括政府部门、房地产行业和中介组织②。

土地开发和利用的过程中，信息不对称的情形常常出现，信息失灵的现象是非常普遍的。就市场主体而言作为土地使用者，从自身利益最大化角度出发，通过市场对土地利用表示出自身的偏好，会导致土地盲目投资的概率增加，投资风险增大；土地使用者对未来预期不准确，也会影响土地资源的优化配置。就政府决策而言，土地信息的准确与否影响着土地调

---

① 季卫东．法律程序的意义［M］．北京：中国法制出版社，2004（8）：20－37.

② 汪传雷，陈瑞．房地产市场信息失真问题及其对策研究［J］．安徽工业大学学报（社会科学版），2012（3）：50－52.

控政策是否科学合理有效。政府介入经济干预经济的原因之一就是市场自身存在着缺陷，信息不对称就是其中之一。政府要降低信息的不确定性，克服信息失灵，就要加强信息的搜集。

政府在制定决策的过程中也会存在信息的不完全和不真实。当政府处理市场失灵时，可能会因为信息的不完全而导致政府调控失灵。调控决策是政府的主观活动，只有政府获取完备的信息才能使管制方案达成满意的状态。由于土地市场的信息失灵，土地供给调控难以实现土地资源配置调控的理想效果。客观上，土地市场本身具有垄断性，且瞬息万变，使政府不能准确、及时地获取土地需求的信息；同时，由于各种因素的影响，政府获取的信息可能是扭曲、不真实的。土地虽具有自然上的整体性，但土地利用的供需信息主要受地方供需状况的影响，土地市场通常被地方狭小的市场所分割并以此形式存在，形成了地方市场相对于全国市场的信息不对称。主观上，政府是有限理性的，难以弥合规划滞后于社会发展的时差。

因此，在调控决策制定过程中，政府要克服信息的有限性，加强与地方政府、市场主体的沟通与信息收集，尽可能获取相关的信息，并降低获取信息的成本，消除土地供给参与宏观调控中的信息不对称，具体应包括两个方面：

第一，政府依法律规范的要求公开土地市场相关信息。在现代社会，信息是支配性资源，而在我国，由于地方政府对土地供给的垄断性，土地供给信息作为支配性资源被地方政府所掌握，因此，及时、准确地公开土地信息资源、充分披露土地信息就显得尤为重要。依据《政府信息公开条例》，主动公开土地信息是政府土地信息公开的基本要求，各级政府及国土资源部门对关系公众利益和社会公共利益的土地市场问题及相关立法都应予以公布。

第二，加强政府对土地信息的收集。建立健全科学的、合理的、高效的信息收集制度；中央政府在制定决策的过程中，应该多关注地方政府对土地调控政策的意见，听取地方政府的利益诉求；土地使用者等市场主体对市场信息的掌握更为灵敏，政府可以向相关市场主体进行咨询以备参考。

3.1.3.2　建立公众参与机制

公众参与机制是土地政策特别是土地利用规划和土地利用计划中的一个重要的组成部分，是实现土地资源的优化配置与合理布局、保障社会经济环境的持续发展和土地资源的持续高效有序利用目标的重要一环。只有建立在公众参与基础上的土地利用规划和计划，才能正确地反映规划区域的客观实际，才能针对规划区域的社会经济环境协调发展的要求做出合理的用地布局。在土地利用规划过程中实施公众参与的必要性表现在：

第一，弥补政府制定决策的缺陷。政府寻租存在着必然性，必然会对政府的调控行为产生不良影响。中央政府是调控决策机关，地方政府是调控执行机关，依靠公权力在全社会推行自己的意愿，如果政府追求自身利益，这种公权力无疑是最佳的条件。政府的决策行为不能时时保证政府总是为着公共目的而存在，一旦政府追求自身利益最大化，现行机制的不完善就会导致政府的经济调控行为背离公共利益、损害公共利益。公众参与有助于政府扼制自身在决策制定过程中偏离公共目的的行为。

第二，优化规划方案的拟订，完善规划内容。土地利用规划中公众参与使得社会各个利益主体均参与到规划中来，这样有利于促使规划过程中调查研究的深入、实现对有关建设项目选址的合理布局和土地利用方式的优化配置，弥补规划专家在规划过程中难以发现的规划问题，如人文景观保护使得规划方案的拟订和规划的内容更为完善，切合区域客观实际。通过公众的积极参与，公务员、多学科专家、不同层次的社会人员与土地利用规划专家的质疑探讨等双向或多向交流，能促使土地利用规划更加合理和完善，更具有指导意义。

公众参与也有助于政府收集信息。信息的收集贯穿政府调控经济的全过程，信息的传递与收集和处理一直到最后决策的形成都十分重要，信息影响着政府调控经济决策的制定。如果信息失真，政府就无法做出准确的判断和正确的处理，资源会出现低效率配置，政府的宏观调控决策可能会不当而达不到预期调控效果。公众参与可以丰富、完善政府信息收集功能，从而使得宏观调控决策更能切合市场实际。

第三，对不同利益进行整合与集中表达。土地利用规划的方方面面工作都与利益权衡相关，利益权衡的核心是利益均衡，底线是使个人群体在社会中至少能过上一个合理的、最低限度的群体类生活。土地利用规划是对矛盾、冲突中的个体利益尽可能均衡以达到总体利益最大化目标的综合性公共政策，其调控与协调手段是通过对土地与空间的产权分配来实现。土地利用规划应从整个社会的全局与长远考虑，协调上述各种利益之间的关系。规划利益诉求的间接后果虽然具有一致性，但最终指向公共利益。只有通过公众参与，反映各个利益主体的相关利益，才能实现规划的有效性，达到预期效果。尤其是对规划过程中的弱势利益主体（如农民阶层）的利益保护，更是需要通过公众参与到规划中来才可能实现。

公众参与最重要的表达方式就是听证程序，听证程序本身具有程序公正性和公开性，既能有效规范政府的调控行为，又能通过群众的参与而广泛地收集各方面的信息，并能以建议和意见的形式最为直接地进入决策制定者即政府视线，保证信息的准确和直观，政府的决策行为也能够在参与者的监督下，在一定程度上保证了调控目标的公益性、调控行为的公开性、调控方案选择的科学性，因此，在决策制定过程中，还应尽量引入听证程序、咨询程序等公众参与程序。

公众参与中应该注意两个问题：第一，公众参与作为制定土地利用规划、土地利用计划的重要程序，立法应确立其为制定土地利用规划和土地利用计划的必经程序，并通过制定公众参与配套规定的方式细化公众参与的程序规范，如举行听证等应由法律提供程序性保障，防止政府将公众参与作形式忽视公众的问题和建议，使得公众参与流于形式，不能发挥应有的作用。第二，政府自由裁量权的限缩。公众参与是保证公民权利不受行政机关权力的侵害，在宏观调控决策制定过程中，应当限缩政府举行听证会的自由裁量权，这样就可以防止政府为规避公众参与而选择不举行听证、咨询等活动的权力，用严格的程序要求政府公开信息，听取公众的意见，而涉及公民重大权利的事项范围也应当由法律明文确定。

3.1.4 调控工具配置符合比例原则

3.1.4.1 优化土地利用规划决策

从土地管理视角言，土地利用规划规范和约束土地利用，是政府对土地用途管制最有力的工具，具有抽象行政行为属性；从公共政策理论的角度分析，土地利用规划是特定土地利用目标下的一种有限理性的制度安排，具有公共政策属性；就宏观调控理论分析，土地利用规划控制土地供给结构，是宏观调控的重要手段之一，具有宏观调控属性。因此，土地利用规划在制定和运行中要遵循法治化的内在逻辑。

1. 土地利用规划核心价值合法化

随着社会经济的发展，土地利用规划的本质不能仅仅停留在对土地利益的权威分配上，还应该根据特定时期政府的不同功能积极主动地对土地利益进行有效增进和公平分配。土地利用规划的编制、决策和运行，就在于要能够更加公平合理地对社会全体的各种共同价值利益作出分配调整和取舍选择。在利益关系多元化的背景下，传统的规划制度价值观念、制度体系和技术手段必须进调整，新的核心价值取向应当在社会各阶层的广泛认可的基础上得以实现①。

2. 土地规划权配置的均衡化

政府作为土地的所有权人和管理者，当然拥有规划权。规划权在中央与地方政府还需要进行明确划分和均衡配置，确保中央政府具有制定国家级规划权和一定的地方规划审批权，不会过度干预地方土地规划，同时，地方政府具有相应的规划权、可以自主地编制本地方的土地规划。

此外，从编制规划的过程分析，作为具有公共政策属性的土地利用规划，规划主体的范围不完全等同于行政主体，其范围要大于行政主体。规划主体还应该包括其他直接或者间接参与规划编制的组织和个人，多元性、分散性的规划主体在参与编制规划过程中享有不同的规划权。

3. 规划编制程序的民主化

土地规划编制程序的民主化体现就是公众参与机制的确立与完善。一般讲，公众参与机制就是规划主体按照一定的程序和议事规则行使规划权，从而实现土地利用规划对多样利益的调整平衡，是实现规划透明的重要选择。

土地规划的制定和运行实际上就是以国家公权干预土地私权，可能会对公民的合法权益产生侵害，也可能会忽略社会公共利益。通过合理配置规划权力、增强土地规划编制程序的合法化和民主化程度、提高土地规划内容的科学性、强化土地规划的法律强制力，提升土地规划的社会公正性。

① 沈开举，杨俊峰．中国土地制度改革研究［M］．北京：法律出版社，2014：158－160.

3.1.4.2 合理制定土地利用计划

土地利用计划中最重要的就是土地利用年度计划，是指政府对计划年度内新增的建设用地量、土地开发整理、补充耕地量及耕地保有量的具体的安排。土地利用计划是依据土地利用规划而制定和施行的。土地利用规划为实现土地利用目标及土地利用综合效益的最大化而确定了一系列的土地利用控制指标体系，其中含有耕地保有量、基本农田保护面积、新增建设占用耕地规模、补充耕地规模、建设用地总量、城乡建设用地规模等控制指标，土地利用计划则根据土地利用规划相应地制定了农用地转用计划、生态退耕计划、土地整治补充耕地计划、耕地保有量计划等指标，即土地利用规划的控制指标是编制土地利用计划的直接依据。同时，土地利用计划的任务是在土地利用规划的任务基础上将土地利用规划的任务分年度具体化，以求调整好土地利用结构的转变节奏。而在编制及实施的原则上，土地利用计划亦要严格依据土地利用规划，秉承保护耕地、实现占补平衡、保护生态环境等原则，以实现土地的可持续利用。

《全国土地利用总体规划纲要（2006—2020年）》，主要目标就是加强土地管理的宏观调控作用、坚守18亿亩耕地红线、优化土地利用结构、科学合理利用土地、保护土地生态。2006年修订的《土地利用管理办法》新内容有：新增建设用地纳入计划控制；将土地利用计划由从作为控制农用地（耕地）转用审批规模、结构和速度的依据转变成以控制实际建设用地规模、结构和速度的依据；首次提出将土地利用计划执行情况作为地方政府考核目标的主要内容，完善了地方政府耕地保护目标责任考核①。

在市场经济条件下，市场机制在资源配置中要发挥主导作用，但对土地利用仍必须加强宏观调控。

（1）土地利用计划控制了建设用地的总量，实施建设项目有保有压，保障发展。“规划是龙头，计划是阀门”。土地利用计划就是要牢牢控制这个“阀门”。各项建设用地必须符合土地利用总体规划和城市总体规划，并纳入年度土地利用计划。按照《土地利用计划管理办法》的要求，

---

① 唐志舟，杨子生，许明军．土地利用规划与计划的关系及存在问题和对策［J］．现代农业科技，2014（15）：340－345.

年度土地利用计划实行指令性计划管理，一经下达，必须严格执行，不得突破。

（2）提高编制土地利用计划的科学性和合理性。编制手段上，应建立土地资源监测系统，及时掌握耕地动态信息，及时对耕地总量、质量、分布、类别、权属和利用程度的变化进行全面、系统、准确的跟踪监测，以真实可信的数据及时反映耕地的变化情况[①]。土地利用规划和土地利用计划应随势提升弹性，在规划不失强制、约束的功能前提下，给予其适当的"自由空间"。

3.1.4.3　强化土地价格制度市场调控的杠杆作用

价格调控也是宏观调控的手段之一，在现阶段土地价格主导着全社会投资方向，土地的供给价格直接影响社会商品的价格。土地市场的健康发展，离不开市场价值规律的作用，但面对市场无力解决的价格失控，政府不能恣意调控、操纵土地价格，甚至寻租，这就需要土地价格机制在运作时由法律对政府的控制行为限制，排除政府操纵价格的可能性，从而保证土地价格遵循市场规律，并受到政府的良好调控。

我国实行的是地价管制政策，土地价格主要是政府指导性的价格政策。价格种类有基准地价、最低地价限制、最高地价限制。地价管制具有两个方面的作用：一方面，可以防止由于低地价、零地价的政策而导致的用地成本降低、投资规模非理性的扩大、低水平建设和重复建设的增加，最终会导致土地市场价格信息失真；另一方面，防止因地价过高而引起房地产行为的经济震荡[②]。地价是地租的体现，反映着政府与投资者之间的利益分配关系，政府可以通过土地价格这一杠杆来实现对土地收益的让利与索取，从而有效地调节资本在产业部门间的合理流动，也可以直接或者间接地制约投资方向。政府具有定价权，通过地价调查，更新基准地价和标定地价，并建立土地价格测算与公布制度，为土地交易提供指导。

---

① 潘文灿．加强土地利用计划管理，切实保护耕地资源——回顾土地 计划管理20年得失［J］．国土资源情报，2008（6）：13－15.

② 卢为民．土地政策与宏观调控［M］．北京：经济科学出版社，2008：73.

3.2 代表性国家和地区土地参与宏观调控制度的比较考察

3.2.1 代表性国家和地区宏观调控立法基本运行状态

3.2.1.1 美国市场经济模式下的宏观调控立法

美国是西方市场经济国家中最早产生宏观调控法的国家。学者们一般将罗斯福的新政法令视为美国宏观调控立法的开端。美国的宏观调控立法具有以下特点：

1. 宏观调控立法相对完善

美国是典型的立足于宏观调控法治化的国家，美国的宏观调控法治化水平很高，虽然形式上没有一部完整的宏观调控基本法，但是存在大量的与政府宏观调控相配套的立法，内容完善，并几乎涵盖了经济生活的各个方面，并且都能卓有成效地发挥作用。美国虽然没有一部宏观调控基本法，但《充分就业与平衡增长法》的地位相当于统一完整的宏观调控基本法。

2. 主要运用财政和货币手段调控市场

美国宏观调控的主导思想是充分鼓励自由竞争，政府保障适度的经济干预权，主要通过财政和货币政策来调控市场，在美国的宏观调控体系中，财政预算体系和银行金融体系处于主导地位。相关立法有《国会预算控制法》、《预算执行管理法》、《平衡预算与非常情形赤字控制法》、《预算执行法》、《防范预算缺陷法》、《税收法》、《国内收入法典》、《联邦储备法》、《1933 年银行法》、《信贷控制法》、《稳定工资物价法》等。

3. 几乎不运用计划和产业手段调控市场

美国政府使用财政和货币政策来调控市场，但是很少制定国家经济计划和系统的产业政策，除联邦财政计划和预算以外，几乎不用计划手段[①]。由于美国是西方国家中政府对经济活动进行直接干预极少的国家，

① 黄范章．外国市场经济的理论分析与实践［M］．北京：商务印书馆，1998：45.

政府的干预主要影响经济活动的总量而较少影响资源配置及生产结构，因此其推行产业政策的实践相对于日本来讲比较薄弱和消极，没有制定统一的全国性的产业政策。

4. 美国的宏观调控法程序与实体并重，注重法的实效性

例如《充分就业与平衡增长法》规定设立一个“国民就业会议”等专业化机构来推动就业率的提高，这些专业机构往往由政府、企业和工人三方加入，政府作为中介角色搭建了企业与受雇者的沟通渠道，让这两类主体可以在决策出台前充分表达自己意见，在一定层面上建立了决策过程的民主机制，以法律制度为保障扩大了民主参与的程度；又如针对失业救济，本法对国会监督制衡、行政诉讼等程序性事项都作了详细规定。从这些程序法律制度中可以看出，除了调控决策、实行过程中有法律规制之外，规制的范围还衍生到了事后的救济程序中，调控程序立法的细致与健全体现了高度重视权力制衡与法律协调的特点①。

3.2.1.2　日本政府主导的经济模式下的宏观调控立法

第二次世界大战（以下简称二战）结束后，日本政府延续二战期间实行的高度集中的控制国民经济的“统制经济体制”，直到20世纪50年代中期之后，日本才逐步确立以市场调节为基础的自由竞争机制。但是，政府并没有放松对宏观经济的干预，政府主导型的宏观经济管理体制一直延续到现在。只不过是政府控制宏观经济的手段和方式发生了变化，从行政手段为主改变为经济手段为主，从直接方式改变为间接方式②。可见，日本的市场经济是建立在市场经济运行机制基础上的政府主导型模式③，其宏观调控立法特点表现在：

1. 实行强有力的经济计划导向

虽然市场机制是日本资源配置的主要手段，但与此同时，日本政府在资源配置领域起着很强的导向作用，这是日本政府主导型模式最显著的特点。日本政府这种经济导向作用主要是通过经济计划实现的。第二次世界

---

① 刘瑞，周人杰．中外宏观调控相关法律制度比较研究［J］．经济与社会体制比较，2008(6)：155－161.

② 张幼文，陈林．市场经济体制国际比较概论［M］．上海：东方出版中心，1998：42.

③ 叶秋华，宋凯利．日本的市场经济模式与宏观调控法论析［J］．法学家，2003（4）：40－44.

大战后，日本政府为了使整个经济有秩序地发展，实行了一系列经济计划，形式包括：中长期经济计划、年度经济计划和国土开发、地区开发计划等。内容有主要发展目标、达成目标的基本政策和方针、经济增长速度、国民所得的增长速度等，并制定了大量的关于经济计划和产业政策的法律，如《确保粮食临时措施法》中有“农业计划”，在《粮食管理法》中有“配给计划”；依据《中小型钢造船业合理化临时措施法》制定“合理化基本计划”、“合理化实施计划”；依据《中小企业现代化促进法》制定“中小企业现代化计划”、“中小企业结构改进计划”；据《关于农业振兴地区整顿法》制定“农业振兴地区整顿基本方针”等。这些经济计划具有如下特征：第一，日本经济计划具有综合性、协调性和相对稳定性。第二，日本的经济计划具有较高的科学性。第三，日本经济计划有一定的经济和政策保证。日本经济计划的这些特质使它的适应性更强、社会基础更广泛、基本目标更集中和稳定，从而对宏观经济过程形成了相对较强的控制力。

2. 产业政策立法为重要调控工具

日本政府运用产业政策调控经济在发达市场经济国家中是最突出的，也被认为是最成功的。日本产业政策又称产业合理化政策，它是针对产业而不是针对个别公司的，而以产业作为扶持对象。通产省负责制定和执行产业政策，目标是使资源加速流向有发展前途的产业，并使无竞争力的产业平稳淘汰。如重点围绕促进产业合理化、振兴贸易、振兴新产业等产业政策先后制定了《企业合理化促进法》、《机械工业振兴临时措施法》、《电子工业振兴临时措施法》、《农业基本法》、《石油工业法》、《中小企业基本法》、《中小企业现代化促进法》、《电气事业法》、《渔业现代化资金促进法》等。日本政府在支持一个新产业的过程中，一是造成竞争的环境；二是使企业能达到规模经济，使该产业中有足够的新公司加入竞争，并以在国际竞争中取胜为发展目标。日本在推行产业政策时很注意政策的时序性，即注意在不同时期重点发展产业的配套衔接关系。

3.2.1.3 德国市场与国家结合的经济模式下的宏观调控立法

德国的市场经济体制是一种既不同于“自由市场经济”，也不同于“集中计划经济”的经济制度，市场与国家有机结合，一方面，私有产权得到保障，自由竞争原则受到尊重，资源配置和收入分配都通过市场机制的作用来进行；另一方面，国家对市场经济的运行起着重要的调控作用，国家承担着保护竞争、反对垄断的职责，并运用掌握的一部分国民收入调节市场经济的运行，以保证国民经济和社会的稳定发展。德国的市场经济体制注重的是经济效率和社会公平两个目标的实现，其宏观调控立法具有以下特点。

1. 注重宏观调控程序立法

1967年德国制定的《经济稳定与增长促进法》被认为是世界上第一部比较完备的宏观调控立法，该立法把最高目标规定为保持总体经济平衡，即在充分就业情况下保持国民经济总需求和总供给之间的平衡，并提出了总体调控的概念，立法要求宏观调控要注重经济平衡，要求总供给与总需求协调地增长。同时，该法重点对调控主体的政策手段、组织程序作出了详细规定，尤其是对组织程序的规定贯穿于整部法律之中，关于程序的直接规定接近整部法律的三分之一，通过对程序规范的构建保证了调控秩序的稳定、高效。

《经济稳定与增长促进法》除了对调控过程和步骤作出了总体和方向性的规定之外，对调控程序作出了更为细致的规定，尤其体现在对相应主体的职责划分上十分明确，方便了在实践中的具体操作。除此之外，对于主体履行职权的方式，甚至是时间和具体情形都做出了明确规定，保证从决策到实行的过程都在明确、清晰的情况下进行，明确了主体行为的操作标准，保证了整个调控过程的公开、透明，使调控的每一个环节都有法律上的依据，行为都能找得到法律上的指向，也为责任承担提供了很大程度上的界定依据。

2. 立法确立一致行动原则，约束中央与地方政府的关系

德国《经济稳定与增长促进法》中规定宏观调控的一致行动原则，这是宏观调控程序法最根本的原则。一致行动原则要求中央政府在决定采取宏观调控措施时，各部门以及各级政府都应当在法律规定的职责范围之内采取一致的宏观调控行动，禁止各当事方规避宏观调控措施甚至采取逆向行动。有学者认为其约束了调控主体、调控受体之间的关系，最重要的是约束了中央政府与地方政府间的关系，具有十分重要的意义①。一致行

---

① 吴越，沈冬军．德国经济稳定法中一致行动原则研究——以经济稳定法对宏观调控的作用为中心［J］．西南民族大学学报（人文社科版），2007（10）：103－106.

动原则是德国经济稳定法最根本的程序原则，它使几乎所有的经济主体联合成一体来克服经济波动，以确保经济稳定地发展。

3.2.2 代表性国家和地区土地参与宏观调控的制度特色

3.2.2.1 以土地利用规划作为调控土地资源的核心制度

土地利用规划是在一定区域内，根据国家社会经济均衡发展的要求和当地综合条件，对土地开发、利用、治理与保护在空间上、时间上所作的战略性布局和统筹安排。因其具有拘束性和行政指令性，很多国家都以土地规划作为对土地管理的核心制度，通过土地利用规划牵引社会经济资源在产业和空间上的综合配置。

1. 德国

德国依据基本法制定了《国土规划法》和《国土整治法》，在此基础上编制的土地利用规划具有如下特点：

第一，强调土地利用规划的权威性，德国以土地利用规划为“龙头”对土地资源进行管理，以土地利用规划来规范城市建设规划的编制。而各州则依据联邦建筑法的规定，制定符合本州实际情况的土地利用规划作为州所辖各城市建设规划的依据。他们赋予土地利用规划一定的法律地位，使土地利用规划具有很高的权威性。一般说，城市建筑规划、生态环境保护规划都必须在土地利用规划的基础上编制，尽量符合土地利用规划的意图，而不得违背。土地利用规划一旦在议会审议通过，各项建设必须严格遵循，修改必须通过法定的程序进行。

第二，强调土地利用规划的科学性。德国各州的土地利用规划的编制必须符合三个原则。一是符合联邦建筑法的总体要求、总体精神；二是符合本州土地保护和利用的实际；三是要与相邻州、相邻城市的风格相协调。各级政府以很大力度来合理配置土地资源，采取严格的土地用途管制措施来保证土地资源的合理开发利用。

第三，强调土地利用规划的可操作性。德国的城市土地利用规划在实施中具有很强的可操作性。因为它与城镇建筑规划、生态规划三者互为一体。在土地利用规划的基础上按照联邦建筑法的要求，对每一地块编制详细的建筑施工设计图，并同时编制自然景观保护规划，使开发商或建筑商有章可依，有法可循。即使有时情况发生变化，调整时仍然不违背原定的土地利用规划[1]。

2. 日本

日本的土地利用规划是指根据国土利用方向所制定的起行政指导作用的规划，即该规划是从土地资源开发、利用、保护的角度，确定国土利用的基本方针，确定用地数量、布局方向和实施措施的纲要性规划。就类型而言，日本的土地利用规划可分为国土综合开发规划、国土利用规划、土地利用基本规划及部门土地利用规划，各个不同层次规划之间的相互协调有效促进了国土资源的综合利用。

日本土地利用规划具有以下特点：

第一，注重公众参与。土地利用规划和实施一方面依靠中央政府和地方政府，另一方面广泛动员地方公共团体、民间团体和居民积极参与。日本的土地 65% 为私有，35% 为国家所有和公共所有，产权很明确[2]。因此，土地所有者很在乎其土地的保护和高效利用，也有对土地进行改良和基本建设投资的积极性，这在国土规划实施、资源管理和可持续利用中起到了重要作用。

第二，重视依据法律规范保障土地利用规划的效力。日本政府在制定、实施有关土地利用规划时，十分重视依据法律手段保障规划工作的顺利开展和规划内容的具体实施。如国土综合开发规划实施的依据是《国土综合开发法》、国土利用规划的实施依据是《国土利用规划法》、土地利用基本规划实施的依据是《城市计划法》、《农振法》、《森林法》、《自然公园法》、《自然环境保护法》等。

第三，土地利用规划配套法律规范及时完善。国土管理部门在不断完善土地利用的法律，并不断协调国土综合开发规划、国土利用规划、土地利用基本规划、部门土地利用规划之间的关系，保证规划的有效实施[3]。

3.2.2.2　以公共利益为调控土地利用的基本目标

无论采用何种土地所有制形式，各国普遍恪守公共利益是土地利用的最高原则，一般而言，公共利益范围包括耕地保护、生态环境保护、城市

---

① 陈明鉴．德国土地利用规划的成功点［J］．中国土地，1998（11）：37.

② 蔡运龙，杨容．日本国土资源管理经验谈［J］．中国土地，1998（2）：37－38.

③ 孙强，蔡运龙．日本耕地保护与土地管理的历史经验及其对中国的启示［J］．北京大学学报（自然科学版），2008（2）：249－256.

发展规模的限制等方面。

1. 日本的农地保护

日本通过完备的法律体系保护农地。第一，具有完备的农地法律制度体系。日本的农地立法涵盖了包括《农业基本法》、《农业振兴地域法》、《农业经营基础强化促进法》、《土地改良法》等基本法在内的130多部法律，它们相互衔接交替，操作性较强，经修正完善逐步成为耕地保护的重要屏障。此外，以以上几部法律为基础，日本对农业用地还制订了许多专项法律，确保了农地的有效保护与利用。日本政府一方面通过立法形式对国家耕地、森林、自然环境、矿业、采石等进行严格规制，其中耕地土壤保护改造尤为突出；另一方面，为推动农地生态利用，政府在政策、税收、技术以及贷款等方面给予农民资助支持，以推动生态农业发展带动农地生态保护。第二，实施农地管制制度。农地管制是依据农业振兴区域的整治法律和农地法对农业区域中的农地加以特殊管制，一方面限制以耕作为目的的农用地权利移动和用途转用，保证“农地农用”，提高农用地使用效率；另一方面不断围海造地，减轻工业化对耕地占用的压力。这样，日本的耕地面积基本上就能维持平衡。城市土地利用规划制度突出强调合理利用城市土地，防止盲目扩张，它根据《城市规划法》把城市规划区分成城市建设区和城市调整区，城市建设只允许在城市建设区内进行。

2. 韩国的农地保护

韩国的农业振兴地域制度将农业振兴地域划分为农业振兴区域和农业保护区域。农业振兴区域是指已经或正在进行农业开发事业或农业基础整顿事业的地域；农业保护区域是指正在利用或今后要利用于农业的地域，以及为保护农业振兴区域的水源地等农业环境而必须保护的地域。农业振兴地域的农地一般都是优质农地，原则上只允许与农业生产和农地改良直接有关的行为，而在农业保护区域内，禁止建立排出大气、水质污染物质的设施，还禁止建立工厂。

韩国于1994年将农地改革法、有关农地改革事业整顿的特别处理法、有关农地保全及利用的法律、农地租借管理法等几种法律体系，重新制订称为《农地法》的单一法律。

3. 美国的农地和公共设施用地保护

美国主要通过土地利用规划保护农地和公益用地，具有以下特点：

第一，土地利用规划用划定城市发展边界、城市建设区和农业区的方式，强制农业区的农地不准用于非农业用途，从而达到保护农地的目的。地方政府在规划条例中划定农业区和城市建设区，农业区的划定一般要参考农地的区位、水热状况和生产潜力，农业区内的农地必须保持农业用途，一切建设活动将受到政府的严格限制，并在编制总体规划时注意避免基础设施建设占用农地，防止城市发展将农业区域兼并，从而达到保护农地的目的。

第二，实行可转让的土地发展权制度（TDR）。政府为了保护农地不被变更为非农建设用地，可以多渠道（如政府、社区组织或开发商等）筹集资金向土地所有人购买该土地的非农开发权，以便使该土地用于农业目的，农民此时仍然拥有对土地的除非农开发权外的一切权利。农民可继续耕种该土地，保证土地的农业用途。同时农民也可以通过主动出卖土地发展权用以改善农地经营条件，提高农地质量，使其产量更高。通过发展权转让，可以把农业用地的发展权转移到离城市较近、适于耕种的土地上。

第三，公共设施用地保护。公共设施用地的范围通过政府发布的地图来确定的，地图表明已经存在或者规划的街道、公园、供排水管道及其他一些公共设施。这些公共设施由地方管理机构认证通过，政府对这些地区实施用地管制，管制内容具有法律效力。同时，地方政府对公共设施预留开发区域内的土地也具有开发管制的权力，其他任何人不得进行开发、使用。

3.2.2.3　以公众参与权为调控程序保障

土地立法中的公众参与主要体现在规划编制的过程，因为实体上的公共利益不好把握，通过程序上的公众参与保障相关人公共意见的达成，为规划的合法性和民主性奠定了基础，也为规划的顺利实施铺平了道路。因此，公共参与对于规划而言是“程序性宪法”，具有十分重要的地位。

1. 美国

在西方国家中，美国关于公众参与行政立法的法律规定最为完整，影响最为深远。公共参与被视为正当程序的一部分。一项城市规划或者是规划实施决策是否合法，是否促进了社会公共利益，很大程度取决于公众参与程序的合法性和充分性，在城市规划的编制和实施过程中听证会等公众参与方式都是必须实施的。美国1946年出台的《行政程序法》将立法听证会作为行政立法的正式程序作了具体规定，基本上每一个提交议会审议的法案都会举行立法听证。美国的议会立法听证有联邦和州两个层次，听证的范围很广，几乎覆盖了所有领域的立法，必须按照《行政程序法》的非正式程序又称通告评论程序来进行听证。

在美国的土地利用规划制定中，非常重视规划专业人员的联络作用，强调在规划的不同阶段应该确定公众参与的不同方式。不同规划阶段公众参与的作用是不同的，一般认为市民在社区价值评价、目标确定、方案优选、规划修改和反馈中起主要角色作用，而在其他阶段起促进或支持作用。公众参与规划的方式多种多样，常见的有问题研究会、邻里规划会议和机动小组等，以公众会议为主要形式，多以公众评议和公众听证会的方式展开①。

2. 英国

英国的《城乡规划法》提出规划在作为正式的法律性文件公布之前，必须按照立法的要求完成全部的法定程序，其中最重要的一个环节是公众参与规划评议。这在事实上确立了英国土地利用规划的公众参与制度。在英国的土地利用规划体系中，每一种类型的开发规划编制过程中几乎都有法定的公众参与程序，城市规划部在最后批复规划大纲之前也应组织有关部门进行商议定案。政府根据公众的意见修改相关的规划文件，并对规划的内容作出最后的决策②。

3. 德国

城市规划可以分为土地利用规划和建造规划，编制过程按照联邦的《建设法典》和州法律所规定的程序进行。首先是做出编制的决定，通过各种形式将规划的目标、必要性等宣布给公众。然后编制者和与规划相关的公众的代表共同编制几种规划草案。市民可以通过各种形式参与规划草案的讨论。根据公众意见，规划部门将这些草案合并成一个方案。在确定方案以后，要进行公示，并邀请相关人士进行评论。规划部门对收集的意见和建议做进一步的调查和审评，之后纳入规划方案中。最终确定的方案成果要连同对市民和公共机构团体参与的意见处理书上报上一级管理机构审批，并公布审批结果。

---

① 秦明周．美国的土地利用规划与保护的特色［J］．中国农业资源与区划，2001（6）：36－38.

② 刘志坚．土地利用规划的公众参与研究［D］．南京农业大学博士学位论文，2007：33.

3.2.2.4　结合本土资源妥当配置调控工具

各国土地情况不尽相同，如土地稀缺的国家和土地数量多的国家的土地政策会存在很大差异。各国在土地利用过程中会采取符合本国国情的措施，在保护土地资源和生态环境的前提下，最大限度地利用土地资源，其中不乏优秀的制度经验值得我国借鉴。

1. 中国香港地区土地计划管制制度

中国香港特别行政区（以下简称香港）政府对土地出让实行严格的计划管理，土地批租的数量、时期、位置等都按照事前制定的详细的批地计划进行。由香港地政总署负责土地出让计划的具体制定工作。根据市场的需要，土地出让计划不仅确定土地计划出让的总数量，还分别确定不同用途的土地数量。土地出让计划中的用地类型主要划分为私人商业用地、政府资助住宅建设用地、基础设施用地和特殊需要用地四大类。在制定出让计划时，由地政总署根据各类用地的特点和下一时期市场对各类用地的需求量进行时间和定量的分析，使确定的数量既满足市场需求又通过计划对相应的市场起间接的调控作用。

根据计划时间的长短，香港土地出让计划分为了长期、中期和年度计划几个层次。长期和中期的计划具有一定的宏观性和战略性，对土地市场未来的发展做出合理的预期；而土地的年度出让计划则是一个非常具体且操作性很强的计划。年度土地出让计划不仅制定计划年度内批地的数量，还列出将通过拍卖及招标方式出让的数量，每一拟出让土地的编号、位置、土地用途和占用面积，招标、拍卖会的日期、地点等详尽内容。

为进一步照顾市场需求的变化，香港还引入了一定的弹性机制，即采用“勾地”机制：在公布年度批地计划的同时公布“可供申请拍卖的其他地块”，供发展商申请“勾地”，发展商经过书面申请、预报地价，经政府研究同意后可纳入公开拍卖。香港政府通过详尽透明具一定弹性的土地出让计划，把实际出让数控制在了计划数之内，并通过规定每块拟出让土地的开发要点，保证了土地开发的有序化和合规划性。

香港土地出让计划的制定遵循以市场为基础、充分吸收各方面意见的原则，先通过对市场的调查和判断制定土地出让计划书，并把草拟的计划书咨询房屋、规划、环境、交通等各城市相关管理部门以及包括商会等在内的社会各界的意见，之后再报土地供应委员会研究协商并落实具体的批地计划并向社会公布。

2. 日本的地价公示制度

日本1970年颁布实施了《地价公示法》规定在都市及其周边地区等选定标准宗地，要公示其正常价格，使其成为一般土地确定交易价格的指标，并测算公共利益用地的合理补偿金额，用以作为市场合理地价的依据。这项规定在立法上确立了日本地价公示制度。日本公示地价可以自由查询，且具有以下效力：第一，作为公示地价范围内土地价格评估的依据；第二，作为公共事业用地征用时涉及公示地价范围内土地价格的评估标准；第三，作为在公示地价范围内土地征用时计算补偿费用的依据；第四，作为在公示地价范围内土地交易双方确定成交价格的依据；第五，作为公有土地有偿出让的依据；第六，作为各地区在公示地价范围内制定基准地价的计算基准；第七，作为土地继承税、固定资产税的计算基准。

以上作用可以完整地反映出公示地价制度的重要地位，公示地价的成果是标准地的合理选定和价格确定。公示地价成果实际上是日本政府根据法律控制土地价格的最高层次标准和依据，其他形式的标准或依据则是其衍生和进一步的深化，是主和从的关系。

3. 韩国的地价公示制度

韩国的地价公示制度主要参照日本的做法，但更侧重于对公示程序的规范。

韩国于1989年制定并公布了《地价公示与土地估价法》，从此正式建立了地价公示制度。根据该法规定，由建设交通部选定具有代表性的土地为标准宗地，对其进行调查评估后，将其地价进行公示。为确保公示地价的客观性与合理性，公示地价经相关机构与估价专家联合组成的土地评价委员会审议后方可予以公告。

韩国公示地价分为标准宗地公示地价和个别公示地价，标准宗地公示地价以每年的1月1日为基准日，在全国选择有代表性的万宗地作为标准宗地，每宗地由两位鉴定评价士进行评估，并将评估结果报送建设交通部，在每年的2月进行审批并公示；个别公示地价则以标准宗地公示地价为基准，在全国范围内进行，公示时间为每年的6月30日[①]。韩国在公

---

① 钱海滨．看国外如何公示地价——日本、韩国地价公示制度简介［J］．中国国土资源报，2002（3）：17.

示地价的同时，制定了土地价格比照表，可以据此评估其他非标准宗地的价格。

3.2.2.5　强化中央与地方政府的规划分权

1. 美国

美国是一个联邦制国家，具有高度地方自治的历史和传统，因此，美国联邦宪法明确规定，除非是宪法明确保留给联邦政府的权力，其他的权力都归属于州。而绝大多数州又都通过授权法案给予地方政府最大的授权。在地方政府自治的传统下，规划被认为是地方的权力，而非联邦的权力。各州的宪法又将规划权授予了各郡、市行使。在绝大多数的郡、市规划制定权属于立法机关，由地方议会行使，规划实施权则由地方政府或者规划管理部门行使。

在美国各州的土地管理规划权属于州政府，州政府可以直接介入地方土地管理工作拟定土地使用计划、公共设施建设及城市发展方案等。而联邦政府不参与地方政府的规划与土地管理工作，只是对联邦政府土地的管理负责①。

美国的土地利用规划由州土地利用规划和地方土地利用规划构成。州土地利用规划是一种政策性的指导文件，为下级政府提供政策目标。地方土地利用规划比较详细，是一种实施性文件，包括作为土地使用宪法的总体规划，详细直观标明现状和规划方案的官方地图以及划分用地性质、范围的分区规划。美国的土地利用规划在制定过程中集思广益，让政府、专家学者和公众共同参与，因此具有很强的民主性和可行性②。

2. 英国

英国虽然在历史上具有悠久的地方自治的传统，但是在中央与地方的关系上与美国又有所不同，即地方虽然拥有较完备的自治权，但是中央可以通过修改规划法、发布规划行政文书、规划审查上诉、补助金制度等对地方规划权进行强有力的干预。同时，英国在议会至上的法律传统下，不仅规划制定权由地方议会行使，规划实施权也由地方议会的专业委员会

---

① 魏莉华. 美国土地用途管制及其借鉴［J］. 中国土地科学，1998（3）：42－46.

② 潘科，陆冠尧. 国外与我国台湾地区土地用途管制制度问题启示［J］. 国土资源科技管理，2005（3）：97－101.

行使。

3. 德国

德国法律将规划分为不同层次，并明确规定其不同的法律性质。联邦制定联邦空间秩序法，只具有指导性；各地方的区域规划由各地方的国土计划法规定。德国土地利用规划内容因规划范围和等级的不同分为项目规划和实施计划两种。联邦政府制定项目规划，地方政府完成项目的实施计划。联邦土地利用规划根据地方发展的需求制定宏观政策发布指导性战略；地方结合微观现状编制规划的实施方案，分解上级项目规划中提出的各类用地指标并将其具体落实到地块。

3.2.3 代表性国家和地区土地参与宏观调控的经验借鉴和启示

3.2.3.1 以土地利用规划为“龙头”，赋予土地利用规划法律效力

各国普遍运用土地利用规划进行土地管理，土地利用规划制度是调控土地资源配置的核心制度，因此，各国都十分重视土地利用规划制度。

1. 强调土地利用规划的权威性

各国和地区在制定和实施土地利用规划时都十分重视以法律手段保障规划工作的顺利开展和规划内容的具体实施。如日本，有关土地的法律多达500多部，仅关于土地利用方面的就有两类6部。日本关于土地利用方面的法律分为基本法和专项法，体现了较为完善的规划管理法规体系的权威性。因此，完善土地规划的法律规范体系，强化土地利用规划的权威性，形成分工合理、职责分明、高度统一的规划管理体制，对我国土地利用规划的制度完善而言具有很重要的借鉴意义。我国土地利用规划在法律权威性、编制科学性、民主性等方面还存在着诸多差距。我国现阶段急需从国情出发，尽快制定和完善土地利用规划的法律体系，制定和完善规划实施管理的配套法规和规章，保证土地利用规划的权威性、强制性和约束性。

2. 强调土地利用规划的可操作性

各国和地区的土地利用规划普遍具有很强的可操作性。因为土地利用规划与城镇建筑规划、生态规划等多项规划协同调控城市的土地利用和城镇布局，所以，土地利用规划必须具备可操作性。而我国土地利用规划重指标轻策略的弊病，需要在今后的规划编制过程中增强土地利用规划的可操作性内容，增加能保证规划实施的政策和措施，避免制定难于实施的土

地利用规划，要切实保证土地利用规划的科学性和可操作性。

3.2.3.2　充分的信息公开和严格的立法限制增强土地利用计划的有效性

1. 中国香港土地利用过程十分注重信息公开

中国香港的土地出让计划建立在对市场规律的把握和对市场的充分了解基础之上，计划制定的严格要求和规范程序保证了批地计划的有效性。香港政府通过高度透明的土地出让计划给市场提供了充分的信息，使投资者能对市场做出准确的判断和合理的预期，减少投资的盲目性，同时抑制投机行为的发生，提高政府调控房地产市场的效率。

2. 通过严格的立法程序限制政府对市场的干预

中国香港政府对土地市场的干预是以完善的市场原则为基础的并非常重视市场机制的作用。由于土地批租制度的实施，香港政府垄断土地出让，能够通过土地出让计划对土地市场进行更强力的管理，并能够更好地提供保障性住宅。香港政府对土地市场的干预并没有制约市场作用的发挥，香港的地价基本上由市场的供求决定。并且为了防止政府权力的滥用，香港政府的行为都必须坚持法定的范围和规范的程序，政府的行为还受到社会公众等的监督，这些措施有力地保障了香港政府对土地的干预按照促进市场效率、稳定市场秩序和维护公众利益的方向发展，有效地避免了公共产权的国家激励机制扭曲为政府权力的寻租。

我国土地供给制度运行中，地方政府寻租行为较为突出，严重影响了中央政府对房地产市场的调控效果。可以借鉴中国香港特别行政区政府的做法，强化政府土地市场信息公开的义务，加强土地供给中程序性法律的规范作用，防止地方政府权力滥用，减少地方政府寻租行为。

3.2.3.3　注重中央与地方政府间规划的分权

各国在编制土地利用规划过程中都较为注重区分国家级土地利用规划和地方性土地利用规划，一般规定中央政府制定国家级土地利用规划，地方政府则负责制定地方性的土地利用规划，这表明了规划权在中央与地方政府间的分治，是国外土地利用规划制度中突出特点之一，值得我国借鉴学习。

1. 通过立法保障地方政府享有规划权

德国宪法中规定了地方政府拥有自治权，但受到联邦法律的制约，这是地方政府享有规划权的宪法基础。我国应在土地管理立法中规定地方政府的规划权，或者制定一部《土地利用规划法》，在强化土地利用规划法律地位的同时，对中央与地方政府的规划权划分作明确的规定，且地方政府的规划权仅限于落实上级规划，不能突破上级规划的框架。

2. 保障中央政府制定的国家级规划对地方政府制定的地方性规划的统筹协调

国家级规划主要目标是制定全国性的规划总体目标和主要规划原则，并对全国各级规划进行统筹协调与综合平衡，保障国家级规划对地方性规划的指导和约束作用。即中央政府制定国家级的土地利用规划的框架，地方政府负责将中央政府制定的土地利用规划落到实处，要具体到每一块土地。中央政府设立规划的总体目标和原则，地方政府结合本地区特点制定本地区规划，下级的地方政府则按上级规划制定详细的规划制度。

3.2.3.4 保障土地资源配置的公共利益目标

土地资源配置中公共利益目标在土地供给层面表现为对耕地、民生用地和公益用地的保护。各国关于保护农地和生态用地法律制度都采取了较为严格的管制性政策，通过土地利用规划和相关立法予以实施。

1. 强化土地利用规划在耕地、民生用地、公益用地保护中的作用

各国对于农地的管制性政策是最传统、最普遍的保护措施，通过土地利用规划直接限制农地的流转条件和流转数量实现农地保护的目的。相关的规划内容都严格限制土地使用人使用土地的行为，实现保护农地资源、保护生态环境、保障公共设施用地、限制城市过度扩张等目标。因此，保护民生用地、公益用地不能只采取表面的、短期性的政策，应建立经济社会发展与耕地等民生用地、公益用地保护相协调的、结构性的、长期的对策机制，制定相应的土地利用规划，从土地利用管制性制度方面加强对耕地、民生用地、公益用地的保护。

2. 制定专门立法保护耕地、民生用地和公益用地

日本曾先后制订了《农用土地法》、《农地调整法》等专门性法律，以规范农地的使用与管理。韩国将有关农地利用的法律重新制订称为《农地法》的单一法律。美国也制定《联邦农业发展与改革法》修订有关

环境保护条款，实施备用地保护计划。由此可见，各国对农地保护的重视。而我国一直强调坚守耕地红线，却一直没有一部专门立法用于农地的利用和保护，在立法层面无法为耕地保护提供有力的法律支持。因此，我国可借鉴日本、韩国和美国的做法，制定单行法，设立相应的法律制度和规范，强调对农地的保护和合理利用。

3.2.3.5　公众参与土地宏观调控决策过程制度化

各国和地区的公众参与制度化已经成为常态，并具有丰富的实践经验。我国土地立法中虽然也有公众参与制度的规定，但因缺少可操作的细则和配套规定，难免流于形式。各国和地区成熟的公众参与制度带给我国以下启示。

1. 完善公众参与的法律保障

公众参与是法律赋予人民的权力。但我国欠缺关于公众参与权保障的相关立法，公众参与权在现实中难以体现，还需依托专项法律做出具体细致的规定。相应公众参与发挥作用的程度依赖于与参与权相关的法律制度的建立和完善。没有完善的法律体系公众参与的法律地位便不稳固，所以必须通过立法把公民在土地利用规划中的参与权加以固定而成为法定权利。

2. 加强信息的公开透明化

信息公开秉承的原则即是让更多的公众了解需要征求意见的立法。如日本立法规定，为了保障没有网络的公众的利益，可以在行政的相关窗口发放拟制定命令的方案或者通过新闻媒体报道发表方案。同时，政府说明理由或解释性义务很有必要。上述国家如美国的通告程序、英国咨询标准在赋予公众立法程序参与权的同时规定了行政主体有说明理由或解释规章草案主要内容或问题的程序义务。再次，英国书面咨询的回馈程序不仅能促使行政机关真正重视公众提出的询问或意见，而且令大多公众满意的回馈可以激发公众再次参与的热情。

3. 多样性的公众参与形式

各国和地区公众参与的形式十分多样，如美国的公告—评议程序、英国的咨询程序等，多种参与形式可以相互补充，促使公民最大限度地实现参与的目的。而我国公众参与的形式相对单一，直接限制了公众的参与，因此，多样性的公众参与形式是值得我国借鉴的经验。

3.2.3.6 日本和韩国土地价格机制的经验借鉴

从日本和韩国的地价公示制度来看，公示地价是对土地市场有形的约束。地价公示制度的建立有利于地产市场的规范和稳定发展，对调控地价、制定地价政策等具有十分重要的作用。我国土地价格管理模式与日本和韩国一致，属于政府干预模式，因此，日本和韩国完备的地价公示法律制度可以为我国地价制度的完善提供以下可借鉴的立法经验。

1. 通过立法明确规定土地管理部门确认和更新基准地价、标定地价的法定义务

更新的间隔时间分为常规期限和特殊期限两种。在韩国，常规的地价公示或更新期限为一年；韩国《关于公示地价与土地等级的评价法》规定，标准宗地地价和个别公示地价的公示时间为每年的6月30日。我国可借鉴韩国的立法规定，确立土地管理部门更新地价的法定义务，并将地价公布与更新制度通过配套立法规定加以细化。

2. 通过立法明确规定基准地价、标定地价更新的法律效力和适用范围

没有按期更新的地价不得作为出让、转让土地使用权交易作价的依据。同时，参考日本和韩国关于基准地价、标定地价适用范围的规定，可以采用列举的方式，如作为评估土地的交易价格、担保价格、评估价格或补偿价格等的依据，明确基准地价和标定地价在何种情况下可以作为土地价格的基准。完善对基准地价和标定地价更新的法律效力和适用范围有利于政府通过地价间接调控规制地产市场。

第 4 章

我国土地供给参与宏观调控法律制度的现状分析

4.1 我国土地供给参与宏观调控法律制度的历史进程

4.1.1 我国土地供给参与宏观调控的制度前提

4.1.1.1 国有建设用地市场制度的确立

1. 国有建设用地使用权有偿使用制度的构建阶段

改革开放以来，土地逐步被纳入市场化运作。1980 年中国开始向中外合资企业收取场地使用费。1982 年，深圳特区开征城市土地使用费。随后，对土地使用权出让进行探索。1987 年，深圳市人民政府以协议的方式出让了第一个国有土地使用权，此后又以公开招标、拍卖的方式出让土地使用权。土地市场由此逐渐形成和发展。通过梳理相关政策，可归纳为建立城市土地供应有偿使用制度、建立城市土地储备制度、完善土地有偿使用制度、建立土地供给参与宏观调控体系和对土地资源的分配进行高度集中和严格的管制几个阶段。在此，对建立城市土地储备制度、完善土地有偿使用制度、建立土地供给参与宏观调控体系和对土地资源的分配进行高度集中和严格的管制四个方面进行论述，而建立城市土地供应有偿使用制度的法律框架将在后面部分予以阐述。

2. 国有建设用地市场完善阶段

土地市场化呈现出巨大的经济价值，地方政府从本地利益出发，通过各种途径扩大建设用地规模，压低地价甚至以零地价出让工业用地，造成土地资源的低效利用和较为严重的闲置和浪费。2001 年国务院下发《关于加强国有土地市场管理的通知》，第一次明确了国有建设用地使用权招标、拍卖的范围和界限。同年国务院颁布的《关于加强国有土地资产管理的通知》和《关于整顿和规范市场秩序的通知》，要求建立健全建设用地总量控制制度、城市建设用地集中供应制度、土地使用权公开交易制度、基准地价定期更新和公布制度、土地登记可查询制度、集体决策制度。为推进土地资源市场配置，国土资源部出台了《协议出让国有土地使用权规定》、《划拨用地目录》和《招标拍卖挂牌出让国有土地使用权规定》，规定了经营性用地必须以招拍挂方式出让，土地协议出让进入市场竞争机制。同时，《划拨用地目录》进一步明确了划拨用地使用权的范围。2004 年国务院发布《关于深化改革严格土地管理的决定》，指出工业用地也要逐步实现招拍挂方式，建立了土地资源市场化法律规制，改变了我国以往协议出让建设用地使用权的制度模式。因为协议出让的整个过程完全由出让方和受让方一对一的谈判和协商，虽然对于工业高新技术项目用地、公益事业用地或需要重点扶持优先发展的产业用地较为便捷，但是，一方面，协议出让没有竞争可言，主观随意性大，往往使土地价格不能真正显化，国有财产流失。另一方面，易引发暗箱操作、权力寻租。实行土地招拍挂制度有利于规范土地市场，公平竞争，杜绝腐败现象，提高房地产土地使用权人的开发能力，优化土地利用的制度环境。

4.1.1.2 土地储备制度的确立

土地有偿使用制度的建立为地方政府提供了源源不断的财力，随着企业改制和国有企业划拨土地使用权改革，城市存量土地的利用成为主要问题，因此，各地进行了对土地供给的新探索。从 1996 年开始，作为试点城市上海和杭州分别建立了以市场机制为基本运行机制的土地管理模式和在政府主导基础上充分发挥市场机制配置土地资源的土地管理模式。2001

年 4 月国务院发布《关于加强国有土地资产管理的通知》，明确要求“有条件的地方政府试行收购储备制度”。众多城市于是纷纷成立了土地储备机构。据 2002 年 9 月 14 日《人民日报》报道，中国已有 1308 个县、市建立了土地收购储备制度。从此，国有土地使用权出让开始转向政府统一收购、储备、整理，然后以市场机制为主导通过招标、拍卖、挂牌出让的方式转变，新的土地供应制度逐步确立。

4.1.2　土地供给参与宏观调控法律制度的演进

4.1.2.1　产业调控时期

2003 年，我国开始控制部分行业投资过热的宏观调控。除运用财政政策和货币政策外，还运用了土地政策。2004 年，胡锦涛同志在中央人口资源环境工作座谈会上谈到国土资源管理工作时明确指出，要“充分发挥土地利用规划和土地供应政策在宏观调控中的作用”。温家宝同志在 2006 年《政府工作报告》中明确提出当年宏观调控的主要措施之一就是依法加强用地管理，要求“对不符合国家产业政策和行业准入标准的建设项目，一律不得批准用地”。有关部门先后出台了一系列土地调控政策。如 2006 年末，财政部、国土资源部、中国人民银行发布《关于调整新增建设用地土地有偿使用费政策的通知》，规定从 2007 年 1 月 1 日起，新批准新增建设用地的土地有偿使用费征收标准在原有基础上提高一倍。土地宏观调控供应制度的建立加强了城市土地的供应管理，收回了地方政府的部分土地管理权限，实行土地垂直管理，强化了中央政府对地方政府的土地供给的监察。

4.1.2.2　建立土地供给宏观调控体系化规范时期

1. 制定《全国土地利用总体规划纲要（2006—2020 年）》

《全国土地利用总体规划纲要（2006—2020 年）》中明确了政府土地利用管理的主要目标、任务和政策。这是实行最严格土地管理制度的纲领性文件，详细制定了 2006 年到 2020 年全国各省、自治区、直辖市用地指标，包括：耕地保有量、基本农田保护面积指标，建设用地指标，园地指标，林地指标，牧草地指标及近期（2006—2020 年）新增建设用地及补充耕地指标。各地根据中央总体规划，制定省级、市县、乡级土地利用总体规划。国土资源部每年制定全国土地利用年度计划，向各地下达土地利用年度计划指标（新增建设用地计划指标、土地开发整理计划指标、耕地保有量计划指标）。

2. 国家规定土地用途

将土地分为农用地、建设用地和未利用地，严格控制土地用途的改变。城市编制城市用地规划，改变用地性质需由土地规划部门和土地管理部门批准；农村耕地，除兴办乡镇企业、农民宅基地、农村道路等建设用地外，改变用途首先要经过国家征用变成国有土地后方可批准。

3. 严格规范供地程序

2007年国土资源部下发《关于进一步加强和改进建设用地备案工作的通知》，细化了备案指标，增加了使用建设用地的国民经济行业分类指标和项目的位置坐标，在土地供应中新增了存量用地和土地利用开发要求等指标。严格土地转用的行政审批，农用地转为建设用地，应当办理农用地转用审批手续。2018年1月30日，国土资源部、财政部、中国人民银行、中国银行业监督管理委员会发布的《土地储备管理办法》（国土资规［2017］17号）第15条规定：储备土地完成前期开发整理后，纳入当地市、县土地供应计划，由市、县人民政府国土资源部门统一组织供地。

4. 严把建设用地使用权

首先，为保护耕地和约束地方政府用地，中央政府对耕地转用实行建设用地指标控制和用地审批制度，形成了建设用地指标管理和行政配置模式。《全国土地利用总体规划纲要（2006—2020年）》提出，严格控制建设用地规模，优化配置城镇工矿用地，整合规范农村建设用地，保障必要基础设施用地，加强建设用地空间管制，并实行城乡建设用地扩展边界控制，加强建设项目用地前期论证制度。

4.2 我国现行土地供给参与宏观调控制度运行中存在的问题

4.2.1　土地供给调控偏离公益目标

4.2.1.1　公益用地范围立法界定不清晰

公益用地范围的立法界定模糊，主要有两点原因：第一，基本法及土地相关立法都没有明确表述公共利益的范围。我国《宪法》第 10 条规定了："国家为了公共利益的需要，可以依照法律的规定对土地实行征收或者征用并给予补偿。"我国《土地管理法》第 2 条规定："国家为了公共利益的需要，可以依法对土地实行征收或者征用并给予补偿。"对公共利益的内容缺少详细的表述。第二，地方政府利用行政权力侵害公共利益。立法法规定，省、自治区、直辖市、省会市和较大市地方可制定地方性法规或者规章，国务院部委可制定部委规章，地方政府具有一定的制定行政规章的权力，因此，在公共利益的规范化决策时，地方政府很容易会出于寻租的目的，借公共利益原则的概括性而制定不符合公共利益本质的法律规范，忽视公益性用地的需求，将大量集体土地征收转化成为建设性用地，损害了农民的利益，公益用地供给也无法得到保障。此外，在实践中，某些地方政府只考虑本地区、本部门的局部利益，将地方利益法制化，从而违反了公共利益原则并导致了公共利益的弱化①。

基于上述原因，在土地开发利用过程中，公共利益的范围得不到准确的界定，公益用地与经营用地的界线也就难以清晰，土地供给调控政策难以准确制定，调控效果不尽如人意。

4.2.1.2　耕地保护功能被削弱

我国的耕地保护的具体措施主要可以归结为三个层面：第一，在立法

① 邢翔．城乡规划权的宪法规制研究［D］．武汉大学博士学位论文，2012：29.

层面，《土地管理法》确立了耕地保护的原则，已成为一项基本国策；第二，在政策层面，中央政府提出建立耕地总量动态平衡与城市土地节约集约利用的政策，并设定耕地保护红线；第三，在实践层面，实行土地用途管制和耕地占补平衡，提高土地征收补偿标准、征收新增建设用地有偿使用费，全面实施土地整理和未利用土地的开发利用[①]。

尽管实施耕地保护的调控政策具有十分重要的战略意义，但耕地与建设用地的利益差异以及经济社会高速发展对建设的需求导致耕地减少的趋势同样不可逆转，耕地总量平衡往往难以实现。耕地保护的政策体现在土地利用规划中，各地在土地规划和管理中也在不断强调保护耕地、耕地总量动态平衡等理念，并在土地利用总体规划编制中将实现耕地动态平衡作为重要目标，但实施效果并不理想：第一，土地利用总体规划由相关部门共同拟定，但制定规划的各个部门都从本部门利益出发，制定和实施有利于自己部门的规划，忽视耕地保护的实际需求；第二，地方政府在执行土地利用规划的过程中，会更注重对经济效益的追求，牺牲生态用地，如林地、湿地、草地等，甚至侵占耕地，将其转化为国有建设用地。中央政府一直倡导建设用地与耕地要实行“增减平衡”政策，而在实践中就转变成“占优补劣”。各地为执行耕地总量平衡的任务往往以次充好，尤其是在划定基本农田时甚至将大量低产的坡耕地包括在内，尽管如此，也难以完成上级下达的保护指标。

4.2.1.3 保障性住房用地的供地总量和结构失衡

保障性住房包括经济适用房、廉租房、低价位商品房等，是中央政府提倡的为保障中低收入人群住房需求而建设的，地方政府在土地利用规划中要为保障性住房供给土地。而事实上，地方政府偏向经营性用地供给，忽视保障性住房用地供给，导致保障性住房用地在供给总量和供地结构上严重失衡，表现在：

第一，地方政府没有按照供地计划供应保障性住房用地。我国大多数地方建立了土地储备制度，实行土地收购、储备、供应的形式供给土地，但是，由于我国土地供给机制的不完善、相关体系的不健全性导致相当部

---

① 卢新海，黄善林，华中科技大学国土资源与不动产研究中心．我国耕地保护面临的困境及其对策［J］．华中科技大学学报（社会科学版），2010（3）：79－84．

分地区没有按照供给计划供应土地，大多数城市采用的还是“以需定供，总量不限”的方式。有些地方即使有供应计划但还是立足十年供给计划，缺乏长期供给计划实施策略。

第二，地方政府追求土地出让收益而忽视保障性住房用地供给。保障性住房建设有悖于政府追求的“土地财政”，各地方政府为保障性住房提供的补贴主要体现为免收土地出让金和各项税费减免，其中土地出让金占据了主要部分，地方政府提供土地尽量不自己“掏腰包”，但这将挤压创造巨额土地出让金的商品住宅土地出让量，而地方政府主要依赖土地出让量。目前，地方政府主要依赖“土地财政”来弥补财政缺口，这使得他们难以放弃高额的土地出让收益，因此会尽量减少保障性住房用地，导致“民生”让位于“经济”。

保障性住房用地供给导致地方政府财政收入减少，使得捉襟见肘的地方财政更加艰难，且保障房建设专项补助设立之初，各地争相申请保障房建设指标，但实际上，地方政府承担了大部分的建设费用，地方财政的利益受损，其建设保障性住房的积极性也不断下降。此外，一些地方政府甚至将用作保障性住房建设的划拨用地安排在城市边缘、公共基础设施极其不完备的地方，也反映出这些地方政府对公益性用地并不重视。

地方政府对土地财政的过度依赖导致地方政府在互相竞争的过程中，普遍选择实施“饿地政策”，抬高住宅用地价格，忽视保障性住房用地的供给，形成了目前住宅用地供给总量短缺和结构失衡的现象①。

4.2.2　中央与地方政府宏观调控权配置不合理

4.2.2.1　土地供给的利益取向分离

中央政府代表全体国民的利益，在土地供给宏观调控政策中，以保障土地高效利用并达到保护耕地、保护生态环境、抑制土地和房地产投机、让社会共享土地收益、维护公共利益等目标为出发点，通过立法等法律手段、土地规划等行政手段对土地市场进行干预，调控土地价格，调控土地税收标准，消除土地市场的外部性，监管土地流转。而地方政府作为本地区利益的代表，更多考虑的是如何谋求自身利益的最大化，完成中央政府

---

①　张小宏，郑思齐．住宅用地供给短缺背后的地方政府动机［J］．经济改革，2010（11）：54－57.

布置的各项经济发展指标，提高本地区经济实力和地方竞争力①。地方政府也会通过税收、规划、价格等手段对本地区范围内的土地情况进行调控，但这些做法最终目的都是为了满足本地区发展的需求，是为本地区利益最大化而服务的。基于上述分析，可以看出，中央政府与地方政府在利益取向上存在着严重的不一致。

中央政府在调控过程中并没有充分考虑各地方存在着不尽相同的情况、地方政府执行能力不同、政策本身是否合理、政策执行反馈及效果评估等因素，在推行调控政策中采用“一刀切”的方式，中央政府倾向于强调自己是宏观调控的决策者，是公共利益的代表，从而压制地方利益②。

4.2.2.2 土地资源配置权与地方分权错位

国家是土地所有者，中央政府则作为土地所有权人的代表，同时也是土地供给宏观调控政策的决策者，负责制订土地供给宏观调控决策，拥有主导权。而地方政府是土地的实际占有者，土地在实际上都是由各地方政府所拥有的，地方政府作为中央政府在地方的代理人管理着土地。但同时，地方政府也是中央政府制订的土地供给调控政策的执行者，没有主导权，受到中央政府的支配。在土地关系上，中央政府与地方政府间形成一种“委托—代理”的关系，中央政府委托地方政府代为管理土地，地方政府是其行政管理区域内土地所有者的代理人。在土地供给宏观调控政策的执行上，中央政府作为决策者具有主导的权威性、合法性，通过行政、法律、经济等手段强化对地方政府的支配，地方政府只能作为决策执行者执行中央政府作出的决策，服从中央政府作出的制度安排。

但是，土地不同于一般商品，是特殊的商品，同时具有资源、资产、资本的属性，是关系国计民生的重要自然资源。地方政府实际占有土地并管理土地，具有一定的信息优势。在房地产快速发展的时期，地方政府对自身的利益追求可能导致对中央政府已制定的调控政策执行效果弱化，必须要对房价予以调控，首先就是要控制土地供给总量，希望通过土地政策

---

① 张红霞. 城市土地市场运行的政府调控评价研究［D］. 华中科技大学博士学位论文，2010：19－21.

② 冯辉. 房地产调控中“央地关系”的失衡及其法律规制［J］. 法商研究，2013（5）：38－46.

的疏导，逐步让房价趋于正常。而“土地财政”的收益是可观的，地方政府寻租、追求自身财政利益的目标却与中央政府的调控目标背道而驰，在具体的执行过程中，地方政府会优先考虑自身的利益目标，对于中央政府的决策执行时采取选择的方式，选择有利于增加本地区收益的政策执行，而对本地区利益不利的，则放弃执行。地方政府也会以土地产权不清晰、信息不对称等理由，将土地收益划归自己所有。中央政府对此监督不力，处罚也不到位，地方政府不可能自动成为中央政府强制性制度变迁的实施者①，因此，调控措施显然不能起到相应的效果。

有学者认为：央地之间的博弈主要在于中央政府要控制房价，而地方政府基于对获取利益的渴求并不希望房价出现下降趋势，对调控政策的执行缺少积极性②。

央地政府间的博弈直接削弱了调控效果，中央政府治理的公信力和合法性也受到质疑。

4.2.2.3　土地收益分配机制不合理

土地收益由中央政府与地方政府享有，按以下规则分配：第一，以土地租赁和土地股权收益为代表准市场化收入，这部分收益属于地方与中央共享；第二，政府出让土地使用权的土地市场化收益，主要是土地出让金，按出让土地来源划分，存量土地的出让收益由地方政府享有，中央政府不参与分配，增量土地的出让收益则先由市、县财政部门计提国有土地收益基金和农业土地开发资金，剩余部分再缴纳新增建设用地有偿使用费，其中30%要上缴中央财政，由中央政府享有；第三，土地税收类收益，土地税收有城镇土地使用税、土地增值税、耕地占用税等，还有其他含有土地收益的税收包括房产税、契税等，这些税种都为地方税种，在查验、核算和征缴等各环节需要大量基础信息与数据，具有较高的征税成本，由地方政府享有③。

---

① 王成艳．转型期城市土地政策参与宏观调控问题研究［D］．山东农业大学博士学位论文，2007：11－14.

② 艾明江，位鸣玉．中央政府与地方政府的利益相关性与政策冲突——基于房地产调控政策变迁的分析［J］．重庆工商大学学报（社会科学版），2013（2）：80－86.

③ 李涛．中国土地市场：运行机制、宏观调控和绩效评价［M］．北京：经济科学出版社，2012：84－89.

中央政府通过改革分税制，一方面把财权上收；而另一方面，中央政府将公共服务责任下放到地方政府。因此，分税制改革也可说是中央政府上收了地方政府的财权却下放事权，地方政府收入减少责任却增加了。这样的事权和财权配置使得地方政府财政负担越来越重。分税制造成的地方政府财政不足自然就会随着行政权力一级一级向下移动，基层政府的财政就会出现入不敷出的局面。

房地产行业迅速发展带动建筑行业一并发展，地方政府从土地中获得了巨额的利益，可以用于弥补财政不足，也正是因此，地方政府更期望房价高涨，房地产行业发展才能给地方政府以寻租的空间。

4.2.3 土地供给调控程序规范缺失

4.2.3.1 调控主体之间的信息不对称

1. 地方政府存在操纵信息的行为

主动公开是政府土地信息公开工作的基础与起点。一方面，地方政府主动公开的土地信息数量仍然较少，依然停留在公开办事制度与程序上，还达不到《政府信息公开条例》对信息公开范围的要求，也难以满足群众对政府信息公开的需要。另一方面，我国土地市场信息一直采用地方上报、中央汇总的模式，但地方政府往往在政绩的压力下进行统计干预，信息失真甚至扭曲使土地供给调控决策失误①。现阶段土地调控决策的制定都在中央政府集权化控制下，一方面中央政府作为决策制定者，具有全面的信息，而地方政府所掌握的信息相对微观；另一方面，中央政府所拥有的整体信息也只是地方政府的信息总和的一部分，中央政府往往会选择按照自己的偏好和能力来搜集信息制定决策，而对于中央政府不感兴趣的信息就会将其排除在决策参考之外，这样会使决策偏离最优化、最科学的设置标准。

2. 土地市场信息公开不足

信息来源不准确。不明的信息源所产生的信息会导致信息失真，导致土地市场信息来源不准确的原因有：一是信息需求确定不准确。土地市场信息用户分布于特定的领域，因而对土地市场信息的需求具有较强的针对性，而信息采集的需求又受到个人主观能动性的影响，这就使得确定信息

---

① 郭洁．土地用途管制模式的立法转变［J］．法学研究，2013（2）：80.

需求存在着差异性，不适当的信息需求使得采集的信息具有一定的片面性。二是信息源选择偏差。土地市场信息的信息源具有相对性、多样性、不确定性，信息源不是一成不变的，若不能及时准确地选择正确的信息源，片面地将信息源固定化会使采集的信息具有滞后性，就会导致土地市场信息的不完善。三是信息收集的方法和程序不合理。信息收集的方法和程序会因为机构、任务、要求和资源等方面的不同而不同，不合理的方法和程序会使土地市场信息的采集不客观、不真实。

信息指标不统一。信息处理需要不同的方法和程序，而信息指标的不统一会导致处理后的信息产生差异信息公开混乱。一是信息的处理方式不同，采用不同的指标体系处理信息会导致土地市场信息的处理不规范。二是信息的存储与检索不够科学，我国土地市场信息在存储过程中存在着明显的滞后性与片面性。三是信息传递方式不合理，在土地市场信息传递中缺乏专门的信息机构来进行信息传递活动，传递方式的杂乱与不合理导致土地市场信息来源不明，真假难辨[①]。

4.2.3.2　土地利用规划和计划决策中公众参与程度较低

1. 公众参与权欠缺有效的制度保障

目前，有关土地规划的法律法规中，公众参与制度的法律地位还比较低，在土地利用规划的相关法律规范中还没有对公众参与制度作出系统的规定。

《中华人民共和国城乡规划法》（以下简称《城乡规划法》）中虽然有所提及公众参与，但也只对规划编制主管部门提出了非常原则性的要求，远远不足以使公众参与行为形成一项制度。2008 年国务院常务会议审议并原则通过《全国土地利用总体规划纲要（2006—2020 年）》（以下简称《纲要》），该《纲要》增加了土地规划制定过程中的参与主体："修编各级土地利用总体规划，要坚持政府组织、专家领衔、部门合作、公众参与、科学决策的工作方针，科学系统地安排各项工作，切实提高规划决策水平。"2009 年国土资源部颁布的《土地利用总体规划编制审查办法》第 7 条规定："编制土地利用总体规划，应当坚持政府组织、专家领

① 汪传雷，陈瑞．房地产市场信息失真问题及其对策研究［J］．安徽工业大学学报（社会科学版），2012（3）：49－51．

衔、部门合作、公众参与、科学决策的工作方针。”上述立法规定了公众参与作为一项工作方针，但由于这两个规章的立法层级不高，且无相关的配套规定，公众参与并没有真正的制度化，而公众参与在土地利用规划中所具有的重要作用与现实意义已经在其他国家的立法和实践层面都得到了认同，我国现阶段急需制定相关法律规范来明确公众参与制度的法律地位。

2. 土地利用规划和计划编制过程中公众参与不足

第一，土地利用规划过程尚具有一定的不透明性，大部分公众不能参与到规划决策程序中来。第二，规划过程中公众参与对象不具有代表性且参与程度较低，规划所涉及的各个利益主体在公众参与中没有得到充分体现，规划中个别利益主体的合法权益甚至存在被剥夺的现象。第三，公众并没有真正参与制定规划的原则目标设计，只是衔接规划用地矛盾问题，并没有站在宏观的全面的角度来审视规划的协调。第四，公众意见未能及时反映给规划编制单位，地方职能部门在规划决策前也很少征求公众的意见，一味突出经济发展的用地需求、忽略部分规划对象利益的现象普遍存在。第五，规划公告内容缺乏直观性限制了公众的理解和接受程度，目前公告的形式多通过报纸、电视等媒体进行宣传，形式非常局限，公众参与意识与作用难以发挥，编制和实施规划均会受到限制①。

4.2.4 调控工具不能回应房地产市场制度需求

4.2.4.1 土地利用规划欠缺刚性约束

1. 土地利用规划约束力不足

作为协调各行业、各部门经济活动综合平台的土地规划长期以来缺乏相应的法律制度保障，规划内容、规划过程、规划标准和规划行为等也缺乏法律约束，没有明确的法律规定，各地目前开展规划时无法可依，无据可查，随意性较大。这与国家赋予它的“龙头”地位是极不相称的，也势必影响土地利用总体规划的综合统筹能力。

土地规划的权威性无法得到地方政府的认可和尊重，地方政府无视土地利用规划的严肃性，运用各类手段，随意突破土地规划的限制和约束。按照2000年第二轮土地利用总体规划，2010年耕地保有量是1.28亿公

① 冯文利．土地利用规划中公众参与制度研究［J］．中国土地科学，2003（6）：51－55.

顷，但该规划实施第一年，就有 19 个省、市、自治区提前 10 年跌破规划指标；建设用地总量规划 2010 年为 0. 37 亿公顷，但到 2002 年全国建设用地总量就已达到 0. 39 亿公顷，提前 8 年突破规划[①]。而据 2008 年的相关统计，有 15%—20% 以上的用地都是违规用地或违规批地，被曝光的大量土地案件，无不可以用“违反土地规划”一言以蔽之[②]，甚至有估计，中国目前 80% 的违法用地，属于政府行为[③]。

《土地管理法》明确了土地利用总体规划的基本原则和各级人民政府必须编制规划的义务，但对土地规划的法律属性、法律效力并没有明确界定。从完整的土地规划法律体系看：目前，一是缺乏统领土地规划工作全局的、效力较高的主干法律，即《土地规划法》；二是土地规划法律体系不完善，缺乏配套的法律法规；三是编制的《土地总体利用规划》只是一段时期内具有法律效力的政府文件，法律地位不高，规划的严肃性、权威性得不到维护。因此，土地利用规划作为土地供给参与宏观调控的重要工具，必须有相应的法律保障作支撑，土地规划的层次体系与法律效力需要通过立法进行明确。

2. 中央与地方政府规划权力的分配不均衡

我国土地利用规划权力配置沿用计划经济体制传统，即土地利用规划的编制、管理权力集中于中央政府。《土地管理法》第 15 条规定：“各级人民政府应当依据国民经济和社会发展规划、国土整治和资源环境保护的要求、土地供给能力以及各项建设对土地的需求，组织编制土地利用总体规划。”第 16 条规定：“下级土地利用总体规划应当依据上一级土地利用总体规划编制。地方各级人民政府编制的土地利用总体规划中的建设用地总量不得超过上一级土地利用总体规划确定的控制指标。”《全国土地利用总体规划纲要（2006—2020 年)》提出：地方各级人民政府应按照下级规划服从上级规划的原则，组织修编土地利用总体规划。省级土地利用总体规划要强化战略性和政策性，重点确定本行政区域土地利用的目标、指标和任务。地级和县级土地利用总体规划要突出空间性和结构性，合理调

---

① 沈明．土地规划理论实践中发展观的演化与趋势［J］．广东土地科学，2005. 4（3）：7 - 10.

② 严金明．土地规划立法的导向选择与法律框架构建［J］．中国土地科学，2008（11）：9 - 11.

③ 汤明根．引擎：中国开发区的时代使命［M］．北京：中国经济出版社，2010：7.

整土地利用结构和布局，重点明确中心城区和城镇建设用地区的范围。乡级土地利用总体规划要提高针对性和操作性，重点将土地用途落实到地块。由此可见，在土地利用规划决策结构方而，中央政府和主要土地利用规划决策者存在“中心化”现象，地方决策主体则处于边缘化地位，从而削弱了其他弱势决策主体的话语权。“中心化”现象会产生土地利用规划中责权不对称、言路堵塞、信息无法及时传递和反馈等一系列弊端，从而导致土地利用规划决策成本的增大和决策失误概率的增加。从深层次看，该结果系因规划体制与现行的政府土地利用规划事权严重脱节，无法实现技术与体制之间的平衡所致。

中央在土地利用规划决策方面的过分集权化导致土地利用规划编制中的信息失灵。中央政府在规划决策时所拥有的信息只是各地方总和信息的一部分，因为中央规划者是根据自身的偏好以及编制规划的需要来确定所搜集的信息，并排除了自己不感兴趣或不易获取的信息。地方政府的利益诉求在中央的土地利用规划编制中被制约，必然会导致中央土地利用规划决策缺乏科学性与可行性①。

3. 土地利用规划的公益性不足

土地利用规划是保障社会公共利益的产物，只有维护了公共利益的土地利用规划才具有正当性和合法性。我国土地使用制度改革后，土地出让价格与土地利用规划密切相关，政府土地出让收益与土地规划、城市规划密切相关。事实上，由于土地财政的实际存在，土地利用规划已经成为地方政府敛财的重要手段。由于地方政府对“土地财政”的过度依赖，土地供给成为地方政府寻租的重灾区。地方政府在编制土地利用规划时忽视对建设保障性住房、耕地和生态用地、公共设施用地等公益用地的供给保障，更多地倾向非公益性项目的用地，大搞经济开发，如圈占郊区土地建设经济开发区等，致使多地出现“鬼城”。在“以 GDP 论英雄”的考核体系下，地方政府将土地利用规划作为加快土地批租和建设步伐的有力工具，土地利用规划的功能异化为“围绕土地开发和经营而编制”，土地利用规划本身为公共利益而生的特性被扭曲了。此外，公众参与机制的法律保障不健全和地方政府的忽视，使得公众的诉求无从表达，对土地利用规

① 赵宁．土地利用规划地方分权化法律制度探析［J］．中南大学学报（社会科学版），2013（12）：42－44.

划公益目的的监督也无法实现。

4.2.4.2　土地利用计划欠缺激励功能

我国土地供给总量控制主要是依靠中央政府的指令性的年度土地利用计划，即农地转用指标、新增建设用地计划指标、土地开发整理计划指标、耕地保有量计划指标来实现。指令性计划是我国计划经济时代遗留下来的产物，土地年度利用计划和土地利用总量计划指标约束也可以称之为指标化管理。

1. 新增建设用地指标被随意突破

在我国当前的土地供给调控中，新增建设用地指标是一个重要的政策杠杆，中央政府通过控制新增建设用地指标的配置，实行“总量控制、层层分解、统一分配”的集中决策和指令性管理。我国经济总量巨大，地域广阔，不同地区的经济社会发展水平差距很大，中央与地方政府信息存在不对称，因此，中央政府对新增建设用地指标的区际分配是相对无力的。新增建设用地指标的区际分配更多的是由行政领导采用“一刀切”的方式平均实行，而这并不利于土地资源区际公平的实现。中央与地方政府在土地供给调控目标上存在着差异，地方政府为追求土地收益、扩大地方财政收入，置中央政府保护耕地、保护基本农田的全局目标于不顾，甚至对中央政府的计划指标采取漠视的态度，导致地方政府突破新增建设用地指标成为常态。

农地非农化开发的指令性配额管理是一把双刃剑。一方面，对于扼制土地市场投机、经济过热、协调区域发展等能够发挥立竿见影的作用。另一方面，它对市场机制的可能破坏以及人为决策失误等造成的破坏性后果也不容忽视。最突出的问题是，由于信息不对称和决策者的有限理性，土地利用总体规划很难对未来长期发展做出准确预测，各类总量控制指标的层层分解也因此缺乏依据，指标分配与现实需求的冲突不可避免。加之土地利用总体规划的实施缺乏弹性和动态性，也会进一步引发更多的矛盾。

2. 耕地保有量指标得不到落实

土地的指标化管理是我国进入经济高速增长阶段但在分税制改革后中央政府不再插手地方耕地与建设用地的平衡与配置，只能通过总指标在各省市的纵向分解和年度指标的分解的方式进行宏观调控，以及通过其掌握的占用较大规模耕地时的审批权限，保证国家总体的耕地保护目标在可控范围内。分税制后，地方政府的发展思维更加短视，在经济增长为目标的考核体系下，大肆占用耕地，经营土地，“圈地运动”破坏了耕地与建设用地的平衡发展。为了维持“土地财政”，地方政府不停地寻找征用土地，突破新增建设用地指标、农地转用指标和耕地保有量指标，地方国土行政部门怠于行使监督权力，甚至积极帮助政府寻找指标，耕地保有量指标得不到落实，形同虚设。我国规划 2010 年耕地保有量为 1.28 亿公顷，而至 2000 年底全国有 19 个省、市、自治区的耕地突破其耕地保有量指标，提前 10 年完成规划指标；规划 2010 年建设用地指标为 0.37 亿公顷，但各地之间规划指标分配不平衡，导致有些地方土地供求矛盾十分突出。截至 1999 年底，已有 14 个省、市突破 2000 年规划指标，其中 5 个省、市突破了 2010 年规划指标①。

4.2.4.3 土地价格规制不完善

1. 部分地价干预过度

我国调控土地价格采取“限地价、限房价”的政策，正是政府对土地定价的过度干预，市场机制无法在地价形成过程中起到主导作用，而是基于政府在土地一级市场的垄断地位、维护公共利益、平衡各方土地收益、地方政府筹集财政收入等需要，行政权力过多地介入到土地价格形成过程，如制定基准地价就是政府指导土地价格的方式之一。政府过度干预地价的后果就是地价不能反映土地市场实际价格水平，市场机制的资源配置作用得不到发挥，地方政府把持土地供给，给其寻租和违法行为带来空间。

2. 基准地价更新不及时

公布地价是地价管理完善的国家通行的制度。依据《城市房地产管理法》第 33 条的规定，基准地价、标定地价应当定期确定并公布。基准地价不能随着土地市场的发展及时更新，就不能适时地反映市场地价水平。基准地价作为政府定期公布的宏观指导价格，是我国地价体系的核心内容，在宏观调控和平衡一个城市的地价水平上起着举足轻重的作用，按

---

① 王成艳，靳相木．土地用途管制实施机制市场取向改革初探［J］．国土资源情报，2009（2）：48－51．

照规定基准地价必须 2—3 年就要更新一次，由于近年经济发展迅速，城镇化进程显著加快，土地需求十分旺盛，在需求拉动下地价快速上涨，许多地方的基准地价已经不能指导实际交易价格，不能起到适时地反映市场地价水平的作用。按常规方法更新一次基准地价要半年以上时间，导致我国的基准地价不能适时地反映市场地价水平。

第 5 章

完善我国土地供给参与宏观调控法律制度的基本思路

5.1 明确土地供给参与宏观调控的公共利益目标

5.1.1 界定公益用地的法定范围

5.1.1.1 通过立法明确公共利益范围

区分公益用地与经营性用地，首先就要明确公共利益的范围，并通过法律规范的形式加以确定。公共利益的范围如何界定，学术界一直存在着较多的争议，有学者认为：公共利益就是最大多数人的最大利益，换言之就是最广大人民群众的根本利益①；也有学者认为，公共利益在我国法律中的规定是非常普遍的现象，是全社会全体成员共同的、整体的利益，但是这既区别于社会成员个体的利益，又不等同于社会个体成员的利益的简

① 佟丽华，白羽．和谐社会与公益法［M］．北京：法律出版社，2005：7－8.

单相加，而且与国家利益是有所区别的①。

还有学者认为，要想准确判断公共利益，既要坚持实体标准，又要坚持程序标准，在实体方面，立法必须对“公共利益”的含义和范围加以界定，使其范围尽可能明确，以法律界定“公共利益”的基本含义和大致范围，涉及土地征收之公共利益的立法可将公共利益类型化、具体化。程序标准就是要根据现代控权理论的基本原理，当对实体权力进行控制成为不可能的时候，就应当考虑程序控权，首先，借助听证程序，通过广泛征求公众和利益相关人的意见，最终判断是否符合公共利益；其次，行政机关在实施具体行政行为前，对公共利益进行调查和认定，及时通知和说明理由，认真听取利益相关人的陈述和辩解②。

公共利益的含义丰富，在土地开发利用过程中，还应结合土地政策及相关制度确立公共利益的内容和范围。通过立法方式与程序的双重限制和界定，公共利益的范围则更加明确。

日本《土地征收法》规定，符合公共利益是指与国家社会生活、生产和科学研究等基本公共利益相关的各种用地包括公路建设、路外停车场建设、消防设施、博物馆、图书馆、中央批发市场、地方批发市场等 35 种公益事业项目。韩国 1962 年《土地征用法》第 2 条规定：公益事业需要土地，而将该土地用于公用事业又是恰当时，可以根据本法的规定予以征用或使用。所谓公益事业是指有关国防、军事建设事业；铁路、公路、河川、港口、上下水道、电气、煤气、广播、气象观测、航空等建设事业；国家或地方公共团体设立的办公场所、工厂、研究所、公园、市场等建设事业；国家或地方公共团体指派的建设者，由他们所进行的住宅建设或住宅用地开发事业；其他根据法律可以征用或使用土地的事业。上述国家和地区的立法都可以为我国所借鉴参考，以法律条文的形式详细表述。

5.1.1.2　严格区分公益用地和经营性用地

一般认为，以划拨方式取得的城市基础设施和公益事业用地是公益用

① 颜运秋，石新中．论法律中的公共利益［J］．中国人民公安大学学报，2004（4）：76.

② 汪新胜，汪进元．公益性建设用地与经营性建设用地的界分及其法律化［J］．江汉大学学报（社会科学版），2011（1）：76－80.

地的范畴，如“公益用地是指用地国家管理、教育、科研、国防、各种基础的公共设施和公共福利设施等非营业目的且不允许任何营业目的的国有土地”①。

新《划拨用地目录》列出了部分公共用地可通过行政划拨方式提供，并试图将营利性部分公益设施用地从划拨供地方式中剥离出来，但实践中如何划分将是一个难题。在市场经济条件下，政府必须让公共设施和公益事业体现其公益性质，切实让社会公众从中受益。营利与否并不是问题的根本，关键是公益事业的各项管理措施到位，公益设施及公益事业提供的服务是“公共产品”或“准公共产品”，价格不能由市场单独调节。政府发挥宏观管理职能进行适当干预，使公共设施、公益事业发挥真正作用。同时，对于公共管理服务用地的范围除了在有关法律中加以规定和完善外，有必要制定专门的条例和规章，通过法规来规范，以保证实践操作中的统一性，使其走上了良性发展的道路，为城市的可持续发展奠定基础。

公益用地服务于社会公共利益，与经营用地服务于个人利益不同，因此，我国在供给这两类土地时，采用了不同的供给方式。公益用地通过划拨方式取得，申请人可以通过行政审批的方式无偿取得土地的使用权，而经营用地则遵循市场交易原则，通过招拍挂与政府签订《土地出让合同》，向政府支付土地出让金获得土地使用权。是否有偿使用，也是公益用地与经营性用地最大的区别。

依据我国实践情况，应当将土地供给调控中所涉及的公益用地限定于两类。第一类是纯公共利益，包括国防设备军事设施；交通、水利、能源设施；教育、学术及慈善事业，公共卫生事业。第二类为准公共利益，包括政府及其公共建筑；其他由政府或民间举办的以公共利益为目的的事业。只有基于以上两类公共利益，采用划拨方式供给；对于非公益性的建设项目用地，按照规划用途和市场规则，只能通过土地交易获得土地使用权②。

我国《土地管理法》第45条以列举的方式明确了公益用地的范围，其中很重要的一点就是规定“成片开发”且在土地利用总体规划的范围

① 王卫国．中国城市土地权利研究［M］．北京：中国政法大学出版社，1997：156.

② 王怀勇，黄坚平．论土地征用的公共利益界定及相关制度重构［J］．西南政法大学学报，2004（3）：40－44.

内。有的学者对成片开发征地中的“公益性”要件认定有所质疑。成片开发的公益性和程序要件仍需立法进一步明确。

5.1.2　保障耕地和生态用地红线

5.1.2.1　严格控制新增建设用地供给

在规划范围内严格确定建设规划区界线和建设用地新增总量，确保人均占地或总规模不突破标准：分阶段保护规划区的农地；根据国民经济的发展、人口和人民生活水平的实际情况制定切实可行的年度土地供应计划，按照国家建设项目用地指标目录和地方产业结构调整方向严格审核新增建设用地，对确需新增用地的建设项目，优先供给非耕地或劣质耕地；建设项目用地未经批准，耕地及其他农用地不得擅自转用；其次在供地方式上，除可以划拨供地的建设项目外，对其余的建设项目一律通过土地市场供给，既可充分实现土地资产的价值又能提高建设者的用地成本，促进其对土地的合理、高效利用。同时，通过制定有关优惠政策引导建设者改造利用存量建设用地，减少新增建设用地。

5.1.2.2　加强盘活和利用存量建设用地

在建成区内，结合土地市场建设，以土地价格为杠杆引导与优化产业布局。未经批准，各用地单位不得擅自改变土地用途，严禁土地闲置、对闲置土地采取各种措施收购或收回；进一步扩大土地有偿使用的范围，增强各用地单位、个人惜地爱地的意识，提高现有建设用地利用率、促使土地高效、合理利用，减少对农地的占用；将农村集体土地流转纳入土地市场统一管理，积极促进农村集体建设用地的流转、减少新增建设用地量；通过对农村居民点及城市旧城区的改造进行内部挖潜、增加建设用地的有效供应量。

5.1.2.3　强化土地利用规划的调控作用

第一，完善土地利用规划体系建设，搞好土地利用总体规划与城市规划、村镇建设规划等规划的协调，要求地方政府抓紧开展土地开发整理专项规划、城乡结合部、大学城和各类园区的规划编制以及因行政区划变化引起的规划调整修编；将各类园区、大学城建设纳入土地利用总体规划确定的建设用地区的范围，控制用地总规模。

第二，增强规划实施的动态性和弹性。针对一些经济发达地区在发展过程中遇到的规划执行问题，尽快出台规划实施若干意见和管理办法，对土地利用规划调整或修改的范围和程序以及土地利用总体规划指标在年度之间和省（自治区、直辖市）范围内相互调剂的管理方式做出规定。在用地供需矛盾突出地区开展规划修编的试点，允许因经济快速发展在规划确定的规划期限用地范围内提前实施规划，在规划后期再根据实际情况对规划进行系统的调整，既解决不同地区建设用地需求，又防止土地资源的粗放利用。

5.1.3 完善公益用地、保障性住房用地的供给机制

5.1.3.1 公益性目的用地（简称公益用地）的供给

1. 公益用地的优先供给

公益用地与经营性用地的供给调控中，最重要的原则就是公益性目的用地要予以优先供给。公益用地最重要的目的就是服务于社会公共利益，与经营性用地相比较，理应优先于经营性用地向社会供给。但公益用地的范围广泛，针对不同的公益用地还应做以不同层次区分：第一，公共基础设施用地，公共基础设施用地利益应大于行政机关办公选址，政府在供给土地时，应优先考虑公共基础设施用地的供给。但因划拨用地是国家无偿划转与拨付使用的，则依据现有的管理办法，确保划拨地不得随意转让或者变更土地用途。如对于行政办公用地，应该严格限制行政办公用地的容积率与建筑系数，防止行政办公用地过度浪费土地资源；应该扩大公共绿地及体育场馆的建设，以使上述公共设施达到要求。第二，福利性住房用地，政府有保障城市居民基本居住权的职责，保障基本居住权实现亦是政府施行土地使用管制政策的目的之一。福利性住房用地，即经济适用房、廉租房等作为划拨用地的一种用地项目，具有公益用地的性质，也应当优先予以供给。

2. 经营性用地遵循市场规律供给

对于经营性用地，如工业用地、商品房住宅用地、娱乐经营性用地等，坚持有偿出让的原则，但应该尽可能地使经营性用地的出让价格接近于市场真实价格，包括协议、拍卖、招标、拍卖等方式。在使用人付出相应的代价取得土地使用权的时候，可以避免权利人浪费或闲置土地资源，这样也可以保障土地市场有序竞争。经营性用地的供给受到《限制供地

目录与禁止供地目录》的规范和约束，对政府鼓励、支持的产业，可以优先于其他经营性用地供给，对于《限制供地目录与禁止供地目录》中国家禁止的产业，则不能向其供地[①]。

5.1.3.2　保障性住房用地供给机制

1. 切实做好保障房用地的土地利用规划和土地供应计划

保障房的建设要有土地利用总体规划进行整体规划安排，土地利用总体规划科学地编制各地区关于保障性住房用地的规划，主要以盘活城市内的存量用地为主。在供地时，要优先保障保障性住房的建设用地的供给。在确定建设保障性住房的计划后，各个地区的土地年度利用计划中还要安排好保障性住房的用地比例。

在编制年度土地供应计划中，根据当地低收入家庭户数安排廉租房和经济适用房的住房用地比例。这个比例不仅包括年度住房用地量占建设用地总量的比例，也包括廉租房和经济适用房之间的用地比例，为下一阶段的开工建设提供一个明确可行的指标约束。

保障性住房用地计划在得到政府批准后，需要向社会披露，并公布其用地计划，接受社会公众的监督，各地方政府需要将保障性住房建设情况及用地供给情况上报到上一级的国土资源管理局备案。各地方的国土资源管理部门都必须优先审查保障性住房建设用地计划，并将之列为重点。审查重点在保障性住房供地总量比例是否达标，如使用新增用地，是否办理土地征用等相关审批手续。

2. 通过土地利用规划制度优先保障民生用地的供给

住房土地供给要区分廉租房、经济适用房和商品房用地实行清晰明确的分类调控措施。按廉租房、经济适用房、普通商品房、高档住宅房和别墅的先后次序，依次确定用地所应占的比例，如廉租房、经济适用房用地分别不低于20%和30%。在实施“土地储备”、“招拍挂”一种方式供给地前，优先为经济保障性住房预留空间，从而保证中低收入家庭的保障性住房成本低廉。建议将商品房土地出让金改为物业税以平抑房价，改变地方财政收入严重依赖土地出让金的局面，避免土地出让金一次性给付造成

---

① 郜永昌．中国土地使用管制法律制度研究［D］．重庆大学博士学位论文，2007：67－72.

的地方政府的短期行为。这方面可借鉴中国香港经验，香港采取的土地出让金基金制保证各届政府能持续均衡地享受土地出让的利益。结合实际情况，改土地出让金为物业税，有利于降低开发商品房成本，抑制房价上涨；有利于打击房地产投机，促进住房有效供给；可防止地方政府热衷于卖地、寅吃卯粮的短期行为，结束牺牲土地、牺牲农民利益谋求短期经济发展的局面[①]。

5.1.4 将民生用地列为公益用地的法定范围

成熟的立法体系。生态法治建设发端于西方发达国家应对环境危机的强烈诉求，以美国《国家环境政策法》（National Environmental Policy Act, 1970）的颁布为标志。在近半个世纪的发展过程中，生态法治的理念、模式、方式、体系等都在与时俱进地不断发展完善。英美环境法体系是由多种法律组成的复杂的法律混合体，包括联邦的法律、州的法律以及地方的法律、各种行政法规以及对这些法规进行的解释及实施这些法规的各种司法判决。而大陆法系生态法治核心在于完备的生态法律制度体系，以《环境法典》为标志。1998 年瑞典颁布了《环境法典》，被认为是“世界上第一部具有实质编撰意义的环境法典”。1999 年法国政府以法令形式通过《环境法典》。2006 年 4 月 3 日，《意大利环境法规》即又称“环境法统一文本”颁布。法典可以有效解决有关生态的法律及其制度之间部门化和碎片化的问题，克服单行法律交叉重叠的弊端，避免法律制度之间“内耗”及法律冲突。两大法系环境立法有各自的优势，但相同的是都形成完善、系统、成熟的立法体系。

生态治理兼顾政府主导和市场参与。发达国家采用综合性生态治理模式，即政府、市场和社会等主体共同参与生态公共治理，立法为其提供了规范性基础。通过多主体参与实现了生态问题的多元主体协同互动型治理网络，既能充分发挥政府治理的基础性作用，也能将社会和市场主体的治理效能最大化，为生态法治的实现动员了丰富的社会资本，促进社会生态治理共识的形成和信任的增进，构筑立体、多元、网络化的治理格局。特别是立法中市场化要素的引入，如美国的《清洁空气法修正案》，经济咨询委员会（Council of Economic Advisor）与国家环保局共同开展经济手段

① 陈炎村．我国房地产业首先是民生产业［J］．中国经济问题，2010（4）：57－60.

进行生态治理的研究与评估，成本—收益（cost - benefit analysis）关系进入生态法治视野中，许可证交易、排污权交易、废物交易等市场化生态治理手段得到建立或完善，有助于推动生态治理措施的执行。

立法保障公众参与生态治理。公众参与生态治理是发达国家生态法治的一个重要特征。个人与社会组织借助宪政制度设计即可运用环境诉讼实现环境权的方式与行政权、立法权的抗争抑或协商，同时也能够充分依照制度设计将公民的生态治理意愿有效地影响公共生态政策的形成与执行。公众参与生态治理不仅局限于公共政策、项目的环境影响评价的听证，而且可以通过提起环境诉讼来更积极、更强有力地介入生态法律的执行。发达国家在确保公众有序参与生态治理方面设计配套制度：一是完善的生态环境治理信息公开制度；二是环境教育制度，培育具有良好的环境意识、环境权意识、环境参与意识的现代公民参与生态法治的重要成功经验。

所谓生态用地是指发挥生态功能的土地，或者因其生态功能重要或非常脆弱需要修复、保护的土地，或者其功能发挥完全依赖于土地生态条件的土地，也有学者称之为“环境保护用地”①。

生态用地与保障性住房用地、耕地在性质上都是典型的公共用品，属于民生用地，民生用地的管制应纳入管制的法定范围。首先，生态用地应由政府进行调控保障供给。我国生态用地管制尚未以立法赋予优先保护的法律地位。《土地管理法》、《土地利用现状分类》没有将生态用地作为独立的类型，优先保障和禁止用途变更的利用限制仍欠缺法律依据。为此，立法应将生态用地作为土地用途二级分类中的独立用地类型，制定专门的保护规划和转用与开发限制规划。其次，强化公共设施用地供给调控。针对当前公共设施用地不断扩张、浪费严重的现象，立法应强化公共设施用地的开发管制，以期集约利用。最后，立法应将保障房用地纳入管制的范围。现行住房保障政策下的保障房用地欠缺基本的规划控制，《土地储备管理办法》应将该类民生用地供给纳入储备范围，改变保障房项目用地的临时性、随机性，通过规划行政的干预保障土地供给的长期性和稳

① 唐双娥，郑太福．论我国生态林地和生态草地保护的立法完善兼谈生态用地的法律保护［J］．求索，2006（11）：84 - 86.

定性[①]。

因此，建议应当将生态用地划入公共利益的范围，并优先于其他公益用地由政府供给，这样既在征收土地的过程中提高对生态用地的保护，又能保证城市环境改善对土地的需求。

5.2 合理配置中央与地方政府土地供给的调控权

5.2.1 保障中央与地方政府调控目标的一致性

5.2.1.1 加强中央与地方政府的协调性

中央政府运用土地供给调控房地产市场的主要目标应该是保障房地产市场的供需平衡和价格稳定，供给结构合理，促进房地产市场规范化发展。调控目标和调控政策是由中央政府制定的，地方政府服从中央政府的指令并执行具体的调控措施。但是在房地产市场调控中，中央与地方政府的冲突有着复杂的背景，房地产市场于中央与地方政府而言都是发展经济、调节经济的重要平台。地方政府调控房地产市场的重要动因是争取较大的土地资源支配权和财政收益，利益最大化的冲动可以造就地方发展的成果，也可能造成发展的问题。房地产市场在一定区域具有相对独立性，需要地方政府的调控来实现稳定发展，中央政府如果仍用传统的单向管控模式，将会受到地方政府的挑战，这也是在房地产市场调控中传统机制发生冲突的根源。

因此，要实现中央政府与地方政府在调控目标上的一致性，首先就要增加中央与地方政府在宏观调控中的协调性，在法律框架内明确中央与地方政府各自的权力、义务和职责，理顺中央政府与地方政府之间的事权关系。既要维护国家宏观调控权的集中，又要赋予地方政府必要的权力，尽可能地缩小和消除中央与地方政府产生利益博弈的空间。

---

① 郭洁．土地用途管制模式的立法转变［J］．法学研究，2013（2）：36.

5.2.1.2　建立畅通的利益诉求机制

在中央与地方政府之间建立畅通的利益诉求机制，中央政府要重视地方政府的利益诉求，建立和扩展地方政府表达诉求的渠道和途径，保障在房地产市场调控中地方政府的利益诉求可以向中央政府表达，保障房地产市场调控中地方性的问题能得到及时反馈，有利于中央政府制定调控政策过程中增加对地方政府利益的考虑。制定有针对性的政策，既提高调控政策的效率，增强调控效果，又能够保障地方政府利益，有利于宏观调控政策在各地方的执行，消除地方政府顾虑，可以减少地方政府与中央政府产生摩擦的可能，妥善协调中央与地方政府之间的分歧，有利于实现中央与地方政府调控目标的一致性。

5.2.2　优化中央与地方政府宏观调控权配置

在土地供给参与宏观调控中，中央政府基于宏观经济状况考虑，制定土地供给政策，但在实际上，由于各地区经济发展水平良莠不齐、差别不少，中央政府出台的调控政策并不适合每个地方，而在不适合的地区，地方政府不能违背上级立法和政策，必须严格执行，于当地经济不合，没有起到相应的调控效果，还可能起到相反的作用。因此，合理地扩大地方在地方事务上的立法权是现实的需要。

中央与地方政府权力划分的重点是要强调在法律化、制度化条件下明确中央与地方的职权和分工。扩大地方立法权，则是要法律层面给予地方更大的自由和空间，有利于地方政府及时制定相应的调控决策。要通过立法的形式在法律上明确地方的权力，有利于对地方立法权力、调控权力运行的监督和控制，使地方政府调控权运行有法律授权，同时也有法律监督。可以借鉴《中华人民共和国立法法》（以下简称《立法法》）中对经济特区、民族自治地方立法权的分配模式。在不违背《宪法》和法律的前提下，赋予地方立法对中央立法（行政法规和部门规章）合理的变通权①。

2014 年，李克强总理提出要对房地产行业进行“分类调控”，即在调

① 冯辉．房地产调控中“央地关系”的失衡及其法律规制［J］．法商研究，2013（5）：38－462.

控手段上，针对不同的情况由各地方选择调控方式进行调控。这可以视为中央政府扩大地方政府在房地产调控中调控权力的信号。但作为调控政策，根据经济形势的变化会产生变化。中央政府在制定土地供给调控政策时，应当在注重把握宏观的方向为主的基础上，赋予地方政府一定的政策制定权，以满足不同层次调控目标的需要。中央政府可以与地方政府联合共同对政策实施效应进行跟踪评估，在第一时间掌握政策的实施效应。建立地方调控效果的反馈机制，地方政府通过制度性的安排能及时将房地产市场调控情况反馈给中央，便于中央政府对调控政策做出修正。

5.2.3 调整中央与地方政府间的利益分配关系

1. 中央政府与地方政府间可建立利益协商机制，通过利益的整合实现利益的共享

土地供给调控中，中央与地方政府的利益是相关的，双方应该进行协商，理性地解决存在的利益冲突，中央政府应该多考虑地方的利益诉求，给地方表达意见的渠道，在制定决策中考虑地方的利益和具体执行可能会遇到的问题，取得地方政府的理解与支持，也有利于调控政策的执行；设立利害补偿机制，在对地方利益造成损害时，可以启动补偿机制，尽可能地对地方进行补偿，将对地方的损害降到最低。

在分税制后，地方政府的财政入不敷出，造成地方政府以土地生财，导致土地财政的后果，如果执行中央政策，可能会改变土地财政的状况，财政问题又会显现，地方政府基于自利的考虑对调控政策的执行会有所懈怠。中央政府应该予以财政扶持，如产业升级、加强转移支付等，帮助地方补足财政缺口，也有利于推动土地供给调控政策的执行。

2. 科学地分配土地收益

地方政府一次性收取土地出让金的行为可能会助长地方政府的短期行为，多卖地，而不考虑环境、资源的可持续发展问题，而且，还可能会导致地方政府控制土地价格，可能损害被征地农民的利益，也给土地资源的利用带来损害，无法实现资源优化配置。因此，可以考虑将土地出让金改为土地税，以税收的形式制约地方政府的行为。

5.3 优化土地供给宏观调控程序

5.3.1　建立土地市场信息公开制度

5.3.1.1　完善政府对信息的披露义务

完善政府信息公开制度中的披露义务可从以下几个方面着手。

第一，推动国土资源部门主动公开政府土地信息，扩大主动公开的广度与深度。必须严格落实《政府信息公开条例》的相关规定，明确必须公开的事项、可以公开的事项和不能公开的事项，避免随意性和主观性，保证明确性、统一性和协调性。应建立国土资源信息公开目录，完善多种公开平台与公开手段，方便群众的查询与申请，推动政府土地信息公开工作依法开展。

第二，建立和完善政府的信用机制，制定严格的信息披露制度和市场退出机制。首先，建立健全房地产市场信息系统和信息发布制度体系，完善房地产市场信息系统和信息发布制度，增强房地产市场信息透明度。房地产相关部门应定期公布市场供求和房价情况，全面、及时、准确地发布市场供求信息。其次，加强对房地产市场调控政策的宣传，客观、公正地报道房地产市场情况，制订适合房地产市场各类交易主体的信息披露制度。

第三，政府可以建立一个平台，使调控决策中的调控对象、调控程序、调控目标、决策内容等置于市场主体、社会公众都可以关注并参与讨论的层面，借助公众参与带动地方政府与市场的互动，形式可以是听证、咨询等，也可以是向社会公开决策制定过程中的相关信息，征求市场主体的意见和建议。地方政府可以搜集来自市场的最为直接的信息、听取各方利益主体的诉求。加强与市场主体的互动，有利于政府制定决策时参考更为全面的信息，更有利于协调和平衡各方利益，为以后调控决策的良好执行建立基础。

5.3.1.2 强化政府信息的收集义务

1. 选择正确的信息源

正确认识房地产信息源的相对性、多样性、不确定性、替代性有助于更好地选择和利用信息。信息的选择过程是根据不断变化的用户信息需求，从已确定的信息源体系中连续地选择、提取和收取信息的过程。所以应筛选有价值、有针对性的信息源，采集权威性的信息，掌握信息重点。

2. 完善科学处理信息的方式

要建立统一的指标体系。制定合理、权威的信息处理指标体系框架，包括统一基本单位、统一调查制度、统一数据采集处理平台、统一信息发布系统，以及运用一套相同的指标体系去处理土地市场信息。

科学选择信息。信息采集是信息处理过程的起点与基点，了解真正信息需求，必须掌握足够的信息，选出有价值的信息，并根据这些信息进行判断决策。要进行用户研究，确定正确的信息需求。土地市场信息用户来自企业、政府、协会、新闻传媒不同的部门机构，即使是同一个信息用户，其需求也是不断变化的，应针对不同的房地产信息用户类型与特点确定正确的信息需求。

采用正确的方法与环节采集信息。明确信息采集环节是信息管理中计划工作的主要任务。房地产信息采集计划工作的任务和内容包括：明确信息采集的具体任务和要求。

合理地存储信息，提供方便快捷的信息检索。要保证存储的信息不被破坏、篡改、丢失，必须持续更新信息，剔除过时信息和修改贮存信息，扩大信息。

政府部门进行内部沟通，使信息发布更完整。政府部门应该统一信息发布，核对信息数据，在确保无误的情况下达成协定，积极主动地向公众发布正确权威的信息。要明确信息发布审核的规范要求，拟订信息发布规范表述，提高和强化政府部门的职能要求①。

① 汪传雷，陈瑞．房地产市场信息失真问题及其对策研究［J］．安徽工业大学学报（社会科学版），2012（5）：49－51.

5.3.2　完善供地决策制定的公众参与机制

5.3.2.1　通过立法强化公众参与权

1. 通过立法强化公众参与的法律地位

利益表达是现代社会中公民不可剥夺的权利，是公民进行政治参与的重要形式。而公众参与的机制不健全，组织机构、制度程序安排不到位，公民无法顺利进行利益表达，也就无法保障公众参与土地利用规划的实现。因此，必须健全相关组织机制，保障公民参与权利的实现。

公众参与制度的目的是使土地规划制度更加科学合理，公众参与应被视作是城市土地利用规划编制的指导原则，应制定或修订相关的法律法规，在其中明确公众参与是土地利用规划内容的重要组成部分，以立法的形式确立公众参与制度，使公众参与在土地利用规划中制度化。在土地利用规划全过程中，应做到在规划编制与实施的每一个阶段、每一个步骤都有公众的意见参与其中，包括规划立项、规划方案的编制和规划方案的最终出台与规划的实施等。

2. 加强程序性事项的立法规范

第一，增加土地利用规划的透明度和公开性，保障公众参与规划的权利，在相应的法律、行政法规及规章中确定公众参与事务的范围、参加方式、参与人范围等，保证公众参与对象的代表性，切实保护各个利益主体的利益，尤其是规划中所涉及的弱势团体的利益，并用法律的形式将公众参与制度固定下来。第二，明确公众参与的程序，用法律规范的形式将公众参与程序加以明确规定。如听证的代表选择、听证的参加方式、听证会的辩论方式等。第三，规范政府的信息公开制度。信息公开是对政府决策和行为进行监督的有效方法。公民可以预先了解政府事务的决策，对决策的各个程序进行监督，有利于政府制定合理的决策，提高决策的执行性。改进和完善公众参与规划的方法，保证公众的有效参与。第四，建构意见反馈机制。公众参与的意见必须要得到行政机关的重视。不能将公众参与当成是形式，公众参与的结果不对决策产生任何影响，那么公众参与就没有任何意义了。首先，要确定有专门的人员处理公众意见，将其收集、分析、整理并总结归纳；其次，公众意见要向社会公开；最后，公众的意见要得到反馈，通过公告方式、回函的方式等进行回复，如果没有采纳，还要向公众说明没有采纳的理由。这样既可以保证公众真正参与到决策之中，又可以提升公众参与行政决策的热情①。重视土地利用规划过程中公众参与的监督修改意见，实现土地利用规划由静态规划向动态规划的转移②。

5.3.2.2 公众参与在不同层次的土地利用规划中应体现差异性

在我国，土地利用规划大体分为国家、省级和市（县）级三类。相应的在土地利用规划的不同层次下公众参与的程度也存在一定的差异。尽管各级土地利用规划之间存在着密切的联系，但公众参与在不同层次的土地利用规划中其参与的形式和地位则表现为：越是在低一层次的规划中，规划内容越具体，公众参与就表现得越详细。因此，从土地利用规划的层次来看，公众参与的程度在各级土地利用规划之间存在的关系是：市（县）级土地利用规划最高，省级土地利用规划其次，国家级土地利用规划最低。对于国家级别的土地利用规划，主要考虑国家目标和土地资源的分配问题。在多数情况下，国家级只建立区域层次上土地开发和利用项目的优先次序。省级的土地利用规划，则主要是关于项目发展的规划，通过土地利用的多样性和适宜性分析，落实国家级规划的相关内容，解决国家和省级规划之间的各种冲突。国家和省级土地利用规划中公众参与的程度主要受制于公众学识和认识水平的程度，从而限制了规划过程中公众参与的普遍性和广泛性。在市（县）级土地利用规划中甚至到其中的乡镇一级的土地利用规划，这一层次的土地利用规划公众参与程度则显得最为详细和具体，该级规划应将公众参与置于土地利用规划过程中的主体地位。

---

① 姬亚平．行政决策程序中的公众参与研究［J］．浙江学刊，2012（3）：164－171．

② 何祖慰．土地利用规划中公众参与的必要性和现状研究［J］．国土资源科技管理，2006（1）：60－63．

5.4 合理配置土地供给调控工具

5.4.1　赋予土地利用规划法律规范地位

5.4.1.1　赋予土地利用规划本身法律规范的效力

现行土地利用规划本身仅具有抽象行政行为的性质，但其本身不具有法律规范的效力。通过具有强制性效力的法律规范来约束土地规划是国际上通行的做法。在西方国家，土地规划方面都有比较完善的法律法规，并形成一套比较完善的法律体系，保证了土地规划的顺利进行。国外对于土地规划的重视程度值得我国思考，提高土地规划的立法层级，强化土地利用规划的刚性。规划就是法律，规划的编制、审批和实施都需要按法律进行。在规划编制过程中，普遍实行公众参与，在土地开发利用过程中，实行严格的规划许可。借鉴国外土地利用规划编制的经验，土地利用规划的编制、实施和管理更需要由行政向法治化的过程转变。比如土地利用规划立法需要强调，在规划编制过程中严格执行各类规划用地规模和标准、优化用地布局；任何单位和个人都应当遵守依法批准①。

我国土地利用总体规划方案只是具有法定效力的政府文件，规划本身还不是法律。从长远看，对于国家、省、市、县、乡五级规划为主导，包括总体规划、专项规划、详细规划等基础性、长远性的规划法制化是发展趋势。具体来说，国家和省的规划应偏重宏观性、战略性，国家规划明确国家土地利用宏观战略与目标，提出土地规划的战略性和原则性问题，明确国家土地利用的政策性导向和区域差异性导向；省级规划应落实国家规划纲要的要求，根据国家规划目标与各省实际情况提出具体的规划方案，国家给予各省一定的自主权；地（市）级规划应注重协调性，具有上下沟通的作用，不仅与省内的其他地（市）相协调，更重要的是协调地

① 严金明．土地规划立法的导向与法律框架构建［J］．中国土地科学，2008（11）：4－9.

（市）内各市县的土地利用；县、乡（镇）级规划同是操作层面的规划，但应区分其作用和规划手段，县级规划确定各类土地的结构与利用方向，进行土地用途分区，只有到了乡（镇）级层面上才能做到具体地块的用途管制。

5.4.1.2 赋予地方政府适度的土地利用规划自治权

土地利用规划是对土地利用管制最为有效的方法，应当因地制宜，首先就是要在土地规划编制方面放权给地方政府，加强地方政府对土地利用规划制定的参与，建立中央政府与地方政府共同编制土地利用规划的模式，并明确只有中央具有调控新增建设用地的权力，地方政府负责保护和合理利用土地以及盘活存量建设用地，不能变通执行规划，不能任意增加新增建设用地。国务院《关于深化改革严格土地管理的决定》已经提出这一点[①]。我国《城乡规划法》第 4 条规定："县级以上地方人民政府应当根据当地经济社会发展的实际，在城市总体规划、镇总体规划中合理确定城市、镇的发展规模、步骤和建设标准。"据此，立法需厘清土地利用规划权纵向配置的各个层级，土地利用规划必须建立在尊重地方自主权的基础之上，只有在土地利用规划政策与地方社会经济发展目标相适应时，地方政府才会积极配合中央政府土地利用规划政策的实施[②]。

国家层面的土地利用规划应明确国家对土地利用的战略目标，着重土地利用规划的目标、原则层面。省级土地利用规划是以国家土地利用规划为基础，在其规划目标和原则下，结合本省的实际情况制定适合本省的土地利用规划，在这期间，省级政府应具有一定由中央政府授予的规划自主权。市（地）一级的土地利用规划是在省级土地利用规划的既定目标和原则下编制，首要注重与省级规划的协调性。

地方政府对中央政府、省级政府制定土地利用规划的参与的形式可以是多样的，中央政府可以通过会议等形式听取地方政府对于土地规划的意见，地方政府也可以参与到土地利用规划的制定当中，参与起草工作等。共同规划有利于土地利用规划的科学有效性，地方政府参与到土地规划的

① 潘科，陆冠尧．国外与我国台湾地区土地用途管制制度问题启示［J］．国土资源科技管理，2005（3）：97－101.

② 赵宁．土地利用规划权力正当性研究［D］．辽宁大学博士学位论文，2013：112－114.

制定当中，自身的利益诉求得以表达，在执行中也会积极推动土地利用规划的执行。

5.4.1.3　确立土地利用规划的公益导向

1. 按照社会经济平稳发展的宏观调控目标确立土地利用规划的立法理念

从市场经济角度来讲，有效率的土地资源配置需要满足三个要求：一是土地利用比例结构要符合一定产业结构衍生的各行各业的用地需求；二是土地利用空间结构要符合一定产业结构中各行各业用地的区位要求；三是由于产业结构是在不断变化、不断升级，要求土地利用的比例结构和空间结构也应灵活地随之变化。因此，在计划经济向市场经济转变后的今天，投资主体的多元性和规划预测的不确定性就决定了作为土地资源优化配置的土地规划，其立法应该体现市场经济下的立法理念，规划是为了纠正市场失灵和外部不经济的行为，是政府管理和政策调控的重要工具。土地规划立法实质上是一种协调和平衡各方面土地利用利益且具有法律效力的公共政策，土地规划着重的不应是指标而是功能以及实施规划的政策措施。

2. 按照公共利益优先理念合理配置土地资源

第一，优先农地保护。《全国土地利用总体规划纲要（2006—2020年）》围绕全面建设小康社会的总体目标，从保障粮食安全、经济安全和社会稳定出发，提出了坚守 18 亿亩耕地红线的目标，到 2010 年和 2020 年，全国耕地保有量分别保持在 18.18 亿亩和 18.05 亿亩。这样的国家目标明确了土地利用的首要任务是保护和合理利用农用地，严格控制非农建设占用耕地，严格落实补充耕地的法定义务，加强基本农田保护和建设，提高农用地综合利用效益。

第二，节约、集约用地。在保障社会经济发展必要用地的前提下，严格控制新增建设用地规模，引导城镇用地内部结构调整，加强农村宅基地管理，提高基础设施用地效率，重点加强对城乡建设用地扩展边界的控制。

第三，协调土地利用和生态保护的关系。加强生态廊道、河湖水系、天然林、天然草场等基础性生态用地保护，严控水土流失和土地污染，强化土地生态环境整治，因地制宜改善土地生态环境。

第四，统筹区域土地利用。根据各地区土地资源条件、利用现状和潜力，加强各类主体功能区域的土地利用调控，实行差别化的区域土地利用政策。

第五，注重自然保护区等其他自然资源和人文资源保护，致力于经济、社会和环境保护的可持续发展。实行先规划后用地的原则，促进资源、能源节约和综合利用，保护历史文化遗产，保持地方特色、民族特色和传统风貌，并符合区域人口发展、国防建设、防灾减灾和公共卫生、公共安全的需要。

5.4.2 加强土地利用计划的市场回应性

5.4.2.1 将存量建设用地供给纳入计划指标

存量建设用地与农地转用计划、土地征收计划相似，都是统一安排、分类下达的指导性计划，这样做有利于中央掌握土地供给的总量和供给的速度，有利于土地调控政策有效地发挥作用①。

对于存量建设用地，政府首先要做好规划管理，明确重点转型区域、总体规模、盘活方向、开发时序和策略等。此外，还要做好土地利用、产业发展、财税金融等方面的政策衔接、措施配套，转型区域的基础设施、公共服务设施和其他公益性设施的功能、规模及布局要求，以及控制性详细规划编制任务和要求等。将用于盘活存量建设用地的项目开发建设规模纳入年度土地出让计划统一管理，合理制定存量转型年度工作计划，确保存量用地转型的有序实施。

5.4.2.2 提升土地利用计划的科学性

1. 以土地利用规划牵动土地利用计划

我国建设用地供给模式主要经历了从“政府主导型”向“项目主导型”和“规划主导型”的转变。“项目主导型”是一种“以需定供”的供应模式，最大特点是土地需求方是主动方，需求量及位置结构决定土地的供应数量和位置结构。而“规划主导型”是一种“以供定需”的供应模式，是供地方即政府根据土地市场的情况做出供地计划，确定土地的供

① 曹清华，杜海娥，柳正．土地利用计划管理的问题剖析与对策思考［J］．西部资源，2006（3）：11－12.

应数量和位置结构。从当前土地市场及土地政策的发展来看，国有建设用地供应模式正由“项目主导型”向“规划主导型”转变。面对房价居高不下、土地利用粗放、经济过热等社会经济问题，掌握对国有建设用地供应的主动权，坚持以规划为主导，合理科学地供应土地才是解决当前问题的重要手段。加强土地利用规划的法制化进程，通过法律保障土地利用规划高效实现宏观调控职能，有效作用于土地资源分配与土地利用结构调整的法律地位，进而巩固其权威性与强制性。

2. 以市场需求确定土地利用计划指标

借鉴中国香港土地出让计划制度，加强土地供给的市场主导作用，削弱政府对土地市场过度干预，运用市场的“无形之手”对土地市场进行调节：第一，从信息披露上直接提供市场全年的土地供地计划从而减少了市场的盲目性。第二，保持土地供应价格的稳定性。第三，市场环境建设的完备上为有效激活存量土地创造良好的市场环境。地方政府通过土地出让计划将存量土地供应市场纳入政府监管范畴之内从而加强政府宏观调控的有效性，也保证了市场的公平和效率，从而带动其他制度的完善。第四，土地市场信息透明化通过信息的披露让更多的市场主体可以参与进来，对于存量未利用的土地未来可以提高土地利用效率。

5.4.2.3　将可转让配额引入到新增建设用地指标

新增建设用地配额的是一种地权衍生工具进行市场交易，通过新增建设用地指标的市场价格可以有效反映交易双方的资源和发展条件，可以显示对新增建设用地指标的真实需要，可以校正信息不对称和决策者有限理性造成的中央计划失灵。特别是新增建设用地指标配额进入市场交易，地方政府持有的新增建设用地指标配额有了多重选择，既可以用于开发，也可以转让获得资金，因此，新增建设用地指标配额进入市场交易，不仅可以有效避免土地盲目开发和低效率开发，而且还可以引导资本从发达地区流向落后地区。发达地区土地高度稀缺，落后地区资本高度稀缺，新增建设用地指标配额的市场化交易就可以实现资本与土地交换替代，有利于促进土地集约利用和地区协调发展①。

---

①　靳相木．地根经济——一个研究范式及其对城市土地宏观调控的初步应用［M］．杭州：浙江大学出版社，2007：135.

新增建设用地指标管理引入可转让配额机制，要注意总量控制。指标管理是要实现对新增建设用地的调控和新增建设用地总量控制的政策目标，因此，指标在什么面积范围内交易就成为可转让配额指标管理的关键。在允许市、县地方政府购买新增建设用地指标的同时，必须设立新增建设用地总量控制区域，包括配额流转的区域及新增建设用地指标总量值，并严格评估总量控制区对新增建设用地总量管理的影响。在影响评估的前提下按年度调整总量控制区域，市、县地方政府的新增建设用地指标只能在配额流转的区域及新增建设用地指标总量控制区内流转和交易，否则，引入新增建设用地指标的可转让配额机制将可能造成一些地区新增建设用地总量失控。

引入个别可转让配额的机制后，市、县地方政府应当成为新增建设用地指标交易的主体及新增建设用地指标市场上的供给者和需求者。至于指标交易的价格，可以由参与的主体双方讨价还价来决定，上级主管部门不应直接定价。但应确定交易的最低价，以确保指标流转价值的实现。同时，在转让新增建设用地指标的同时，上级政府要制定相应的监督管理制度，以保证新增建设用地指标交易不造成耕地数量减少和质量下降，并且新增建设用地指标市场不能成为完全竞争市场，其流转也必须服从国家的土地宏观调控政策①。

5.4.3 完善地价调控机制

5.4.3.1 将土地价格纳入公共产品定价机制

1. 将土地价格纳入《中华人民共和国价格法》调控范围

我国对土地价格的直接立法远远落后于实践，在法律层面上还没有形成一套有关土地价格的规范体系，很难对土地价格进行有效的管理。如我国《城市房地产管理法》第 13 条规定，采取双方协议方式出让土地使用权的出让金不得低于按国家规定所确定的最低价。但该条规范对招、拍、挂三种出让方式的土地价格确定标准却没有进行规定。《土地管理法》中也没有关于土地价格的规定。在国务院和国土资源部等国家机关的部分文件中可以散见对土地价格的直接规定，但是也难以形成完整的体系。

---

① 韦燕飞，陈燕奎，陈德飞等．基于可转让配额的新增建设用地调控研究［J］．国土资源科技管理，2012（6）：5－11.

虽然国家在 1997 年颁布了《中华人民共和国价格法》（以下简称《价格法》），但是该法律很难对土地价格进行调整。《价格法》第 2 条规定："在中华人民共和国境内发生的价格行为，适用本法。木法所称价格包括商品价格和服务价格。商品价格是指各类有形产品和无形资产的价格。服务价格是指各类有偿服务的费用。"应当尽快将土地价格纳入《价格法》的调整范围，进而以《价格法》为基础，调整土地相关立法中的规定，健全我国土地价格法律体系。

2. 将土地价格纳入公共产品定价机制

对于具有自然垄断性或者关系国计民生的公共产品，一般适用政府指导价和政府定价，其基本依据是有关商品或者服务的社会平均成本和市场供求状况、国民经济与社会发展要求以及社会承受能力。这些信息几乎都离不开消费者的具体情况。但由于用户的可选择性被大大削弱，市场准入又有严格限制，消费者难以通过购买来表达意愿进而影响决策，因此必须赋予其在定价阶段就可以参与决策的权利。《价格法》规定："政府价格主管部门和其他有关部门制定政府指导价、政府定价，应当开展价格、成本调查，听取消费者、经营者和有关方面的意见。"听证程序就是集价格及成本调查并听取有关方面意见于一体的一种制度。在制定关系群众切身利益的公用事业价格、公益性服务价格、自然垄断经营的商品价格等政府指导价、政府定价时，应当建立听证会制度，由政府价格主管部门主持，征求消费者、经营者和有关方面的意见，论证其必要性、可行性。

价格听证制度是公共产品定价机制的重要制度之一，土地作为公共产品可以应用听证制度确定地价。对于政府在一定时期内对一定范围土地价格制定的指导价及土地使用项目等，尤其是关系公共利益的土地使用项目，应当邀请各个利益方参与论证。如涉及地铁、学校、医药等公共设施建设用地的，应当邀请开发商、被征地者、专家学者等社会各界共同参与，确定土地价格合理范围。

5.4.3.2　建立动态价格干预机制

1. 及时更新和公布基准地价、标定地价

我国《土地管理法》规定基准地价和和标定地价应当定期公布。但随着社会经济的迅速发展和土地稀缺性的加剧，原有的基准地价在经过 2—3 年以后，一般已不能适应地价评估和管理的需要，因此，基准地价和标定地价必须及时更新。

我国的土地价格是以行政干预为主、发挥政府在价格调控中的重要作用，这与日本、韩国的地价管理模式是相同的。日本于1970年制定了《地价公示法》，韩国于1989年制定了《关于公示地价与土地等级的评价法》，两国都通过立法的方式规制地价，限制政府对土地价格干预的随意性。按照《价格法》第21条规定的精神，政府价格主管部门应依据有关商品或服务的社会平均成本和市场供求状况、国民经济与社会发展要求以及社会承受能力，对比各地基准地价并加以协调。

我国通过建立地价更新和公布制度，确定基准地价、标定地价的具体更新周期，根据各地方土地区位条件和国内生产总值指数修订基准地价。修正后，要及时向社会正式公布。可以借鉴日本、韩国在地价公示上的先进制度和有效做法，制定专门的法律规范，对地价公示的程序加以细致规定，不公示、不严格按照规定程序或任意改变公示程序都属于违法行为，可设立专门的管理机构对地价公示进行严格的审查和监督，强化政府在公示地价中的责任。

2. 建立地价申报机制

建立房地产成交价格申报制度，要求土地供给机构供给土地时，就应当向县级以上人民政府规定的部门如实申报成交价，不得瞒报和不实申报。土地管理部门对土地交易价格申报的管理和制度建设，应与健全土地登记制度配合进行。凡涉及土地管理部门申请土地登记的，同时也应当申报土地资产价格或土地交易价格。土地管理部门在登记过程中要对基准地价、标定地价、成交地价、租金、土地他项权利状况登记，并通过计算土地增值，收取税费，行使限价措施，调控地价，维护合理水平的地价。

如土地管理部门认为一地区的土地价格上涨过快或者由于土地价格上涨影响土地的合理利用，可以依据法律相关规定对该地区进行土地交易监视。交易监视首先要征求土地供给机构和相关部门的意见；其次，要报政府批准；最后，要将交易监视的地区、监视期限等信息向社会公布，便于社会监督。

3. 建立地价预警机制

土地价格预警机制对调节土地价格发挥着积极而重要的作用。应当规定土地价格预警制度，即由政府对区域土地市场进行监控，当某一地域的土地价格严重偏离政府指导价格，表现为价格畸高或畸低时，则政府应当及时采取必要措施予以有效调控。

5.4.3.3 健全土地交易优先购买权制度

我国在政府土地优先购买方面有一定的法规基础。《城镇国有土地使用权出让和转让暂行条例》第 26 条规定土地使用权转让价格明显低于市场价格的，市、县人民政府有优先购买权。国务院 2001 年关于《加强国有土地资产管理的通知》规定“申报土地转让价格比标定地价低 20% 以上的，市、县人民政府可行使优先购买权”。《土地储备管理办法》第 8 条规定：“行使优先购买权取得的土地纳入土地储备的范围”。

从法规内容看，现行优先购买权制度主要针对土地二级市场，我国政府土地优先购买权设置的目的是为了防止低价转让土地和获得储备所需土地，也是政府对土地市场交易价格管制的体现[①]，其功能在于：第一，避免土地低价交易。低价交易有多种原因，如逃避税款、为逃避债务而转移资产以及代理人损害所有权人利益等。政府行使土地优先购买权的设定是希望能起到遏制低价出让、保护土地产权人利益的效果。第二，增加土地储备来源。从国外土地储备的实施经验看，一些城市对未来发展的重点地区设定了优先购买权，对进入市场交易的土地可以优先购买，作为土地储备的一个来源。规定申请转让的划拨土地、申请将原非经营性用途改变为经营性用途的出让土地也可以行使政府优先购买权，以扩大土地储备来源。

---

① 王文革. 城市土地配置利益博弈及其法律调整 [M]. 北京：法律出版社，2008：246.

第6章

加强存量土地再开发利用——以辽宁省为例

6.1 现状分析

辽宁省土地利用总体规划（2006—2020年）中指出辽宁建设用地面积137.01万公顷（2055万亩），其中，城乡建设用地102.80万公顷，土地利用程度较高，耕地后备资源不足，建设用地供需矛盾日趋尖锐，辽宁迎来老工业基地全面振兴和人口增长、城镇化高峰，到2020年全省城镇化率将达到70%，城镇人口将增加820万人，而全省城镇规划区内闲置土地达到1.24万公顷（19万亩）。

辽宁地区存量建设用地数量较大、结构不合理，偏重工业和住宅。与国际工业用地占土地利用20%—30%相比，辽宁地区工业用地占比大于45%，远超国外中等发达国家水平；新增住宅达到45%，而其他类型用地不足10%。从人均占用建设用地上与国际水平相比，辽宁人均建设用地水平达到110平方米，也高于国际100平方米。

自2014年，辽宁省加大闲置土地处置和城镇低效用地再开发工作，沈阳、大连、鞍山、营口、辽阳、铁岭6个城市的城镇低效地再开发工作全面启动，开展了以闲置土地清理为主要内容的节约集约用地专项行动，并将对存量土地处置结果纳入考核，每年由省级国土部门制定相应的存量土地盘活指标，在各地区每年建设用地利用全部指标中，存量土地利用比例达到70%。通过层层刚性指标约束，督促各地区加大盘活存量土地的力度。这使存量土地处置取得了显著成效。以住宅供地为例，2016年供地总量为2341.97004公顷，其中存量建设用地1462.7951公顷，占总供地面积约62%，比2015年增长约4个百分点。截至2016年，辽宁全省共处置闲置建设用地336宗，已处置闲置土地5606公顷，占全省建设用地供应总量的80%。

6.1.1　存量划拨土地

当前东北老工业基地经济发展遭遇低潮，外界来辽宁地区投资比例呈下降趋势，这直接影响了土地资源的利用。辽宁作为老工业基地，土地用途多为工业性用地，在经历经济转型后，出现了大量的存量划拨土地。

政府充分照顾到市场现状，对存量划拨土地的处置采取引导政策，即通过红利向市场引导。但因辽宁经济低迷，政府将尽可能保证政策红利不缩短。据悉，政府将出台新的政策，落实中央对存量土地再开发的政策，将集中力量处置存量划拨土地，特别是由于国企改革和历史遗留形成的划拨土地。政策集中在：支持国企发展、推动存量划拨土地资产化，实现划拨土地有偿使用。一是为减轻国企资金压力，采取出资方式，即用划拨土地市场价格减去划拨土地使用权价格确定划拨土地出让金价格，并以此为出资入股国有企业，该股份性质为国有资产，由国资委进行监管。二是推动企业破产重组，通过置换等优惠政策，在优先安置职工以外，对国有企业占有的划拨土地进行搬迁置换。但目前政策仍在制定中，实践中还存在着很多已知和未知的困难，且当前辽宁经济低迷，政策执行后在短时间内可能难以看见成效。

6.1.2　闲置土地

闲置土地产生的原因涉及土地利用规划、土地管制制度、土地价格认定、土地税费收取等多个方面，是较为复杂的问题。当前闲置土地处置方式可分为以下几种：第一种，土地使用权人尚有开发能力的，可以通过延期开发方式继续使用该地块；第二，政府采取招拍挂方式寻找新的土地使用权人接盘原建设开发项目，对原土地使用权人给予相应补偿；第三，政府以等价置换的方式为土地使用权人更换其他地块，原地块收回；第四，土地使用权人无力开发，将地块交还政府取得一定的补偿；第五，对闲置地块征收土地闲置费；第六，依法收回闲置土地使用权。

在当前经济形势下，辽宁地区闲置土地处置呈现以下状态：

闲置土地收回方式较为单一。闲置土地处置以收回为主，主要的手段是回收再利用，对比各地区政府收回和企业交回的情况，闲置土地收回以政府收回为主，收回的地块再纳入政府土地储备之中。但是由于当前辽宁地区经济低迷，省内企业缺乏投资新项目的积极性，省外投资热情同样欠缺，建设项目较少，土地需求不旺盛，因此，收回后的闲置土地只能再次闲置在政府手中而未能再次安排使用，形成了“供而不用”的情况，闲置土地的闲置状态没有改变。

新增建设用地易形成新闲置。每年中央向地方政府下达新增建设用地指标，政府会做征用并储备，但由于没有适当的项目需求，因此，新增建设用地只能列于土地储备中，形成“征而不用”的状态，增加闲置土地数量和处置难度，政府对此未能及时消化。企业的建设用项目有用地需求的时候，政府为求程序便利，没有引导企业消化闲置土地，对于那些应及时收回的土地并没有及时收回，而是选择使用新增建设用地，造成了闲置土地依然闲置，新增建设用地指标被占用。还有些地方政府为了实现GDP目标，对招商项目实行低价供地政策，过低的土地价格使企业在利用土地过程中形成低效利用甚至闲置，造成土地资源极大浪费。

6.1.3 低效利用土地

从当前辽宁工业用地利用情况来看，辽宁地区的低效工业用地的形成原因主要是由于产业结构升级和优化而引发的土地利用效率不高，部分产业无法体现地区优势，或受经济发展因素制约，或属于待改造行业，产品技术含量不高，企业处停业状态，这些企业所占用的土地便成为低效用地。此外，还有旧城区、历史形成的散乱布局等。

辽宁低效土地再开发试点情况：就沈阳市而言，在沈阳市区、新城及建制镇共同进行再开发区域的改造，改造城镇低效用地207平方公里（其中四环内共有95平方公里），占全市城乡建设用地规模的12%，其中大东区汽车城、皇姑区首府新区、沈河区东部功能区、铁西区滨河新城、和平区满融领馆国际社区、于洪新城等8个区域低效用地总面积40平方公里①。同时，应完善违法用地处理规则，对符合相关规划、没有合法用地手续的城镇低效用地，目前执行罚款标准为每平方米2元。

6.2

辽宁省存量建设用地再开发过程中存在的问题

6.2.1　存量划拨建设用地市场化配置不足

1. 划拨建设用地公益性与经营性区分不明

国务院出台的《城镇国有土地使用权出让和转让暂行条例》中规定，国有划拨土地是由政府无偿供给土地使用者使用的，除符合第45条规定的情形以外，均不得抵押、出租和转让，即划拨土地在以下条件才可以转为出让土地：土地使用者为公司、企业、其他经济组织和个人；领有国有土地使用证；具有地上建筑物、其他附着物合法的产权证明；依据本条例之规定签订土地使用权出让合同，并向当地市、县人民政府补交土地使用权出让金或者以转让、出租、抵押所获收益抵交土地使用权出让金。依据该规定，划拨土地可以通过签订土地出让合同并补交土地出让金的形式，由无偿使用变为有偿使用，土地性质由划拨变为出让，这就指出了划拨土地进入市场流通的重要方法，为划拨土地市场化处分提供法律依据。但需要注意的是，该规定的划拨土地并没有区分经营性和公益性，我国其他相关立法中也没有对经营性划拨用地和公益性划拨用地作出明确的区别。因此，现行法律法规中所涉及的划拨土地的规定是适用于所有用途的划拨土地的，即对经营性用地和公益性用地不作以区分。这就意味着只要签订了土地出让合同，并足额缴纳土地出让金，无论是经营性划拨土地还是公益

① 刘新平，严金明，王庆日．中国城镇低效用地再开发的现实困境与理性选择［J］．中国土地科学，2015（1）：48－54.

性划拨土地都可以进入市场流通。

这样的做法会对土地法律制度造成两个方面的不利影响：

第一，影响了土地资源有偿使用制度的完善。按照资源有偿使用的理论原则，土地资源进行经营性利用，应予以支付相应的使用费用。我国土地资源的经营性利用是通过土地出让程序实现的。但土地性质由划拨转为出让削减了土地在招标、拍卖和挂牌中的增值收益，从根本上违背了土地资源有偿使用原则，使国家的土地收益大量流失。

第二，对存量划拨土地的市场化处置造成了干扰和阻碍。划拨土地的法律属性是土地的无偿使用，公益性划拨土地使用权人不享有处分权能，即不允许参与市场化处分的。由于划拨土地并没有区分经营性用途还是公益性用途，且立法中适用划拨土地的范围较为宽泛，在实践中用途管制执行并不严格，许多用地单位以公益性用地的名义划拨，转而进行经营性活动，通过签订土地出让合同、缴纳土地出让金的方式实现变更土地性质的目的，规避了土地出让招拍挂程序，甚至以此名目征用土地，导致增量划拨土地数量增加，给存量划拨土地的市场化处置增加难度。

2. 划拨土地不具备财产权属性

学术界对划拨土地使用权是否具有财产权属性有不同的观点，可以分为肯定说和否定说。

持肯定说的学者认为，划拨土地使用权可以作为独立财产，如梁慧星认为，划拨土地使用权的取得是通过行政手段完成的，但这并不能排除划拨土地使用权可以具有财产权属性。划拨土地使用权人在划拨土地上可以行使占有、使用、收益的权利，足可以证明划拨土地使用权可以作为一项独立权利存在的。虽然对划拨土地流转和抵押进行了限制，但这些限制产生的根源是由于划拨土地使用权在取得时无偿利用和用途限制的特征，而且划拨土地使用权在取得时与出让土地相同都需要经过登记程序，更好地证明划拨土地使用权具备财产权的属性。

持否定说的学者认为，划拨土地是国家所有的，划拨土地使用权人对划拨土地享有占有、使用的权利，但不能对划拨土地进行转让、租赁或者抵押等处分行为，这就决定了划拨土地使用权并不能认定是使用权人的一项财产，即划拨土地使用权并不是一项独立的民事权利，也不能成为民事行为的标的物，因而划拨土地使用权不具有财产权的属性。

在理论上赞同肯定说，划拨土地应具有独立的财产权属性。这一点在

《中华人民共和国物权法》（以下简称《物权法》）用益物权一章也已写明。《物权法》用益物权一章明确列出建设用地使用权属于用益物权，建设用地使用权获得方式可以有划拨和出让两种方式。但同时，笔者也认为，划拨土地所有权人为国家，使用权人只能占用、使用，而立法并不允许使用权人将划拨土地以市场化的行为来获得收益，并不能体现出民法意义上土地用益物权的权能。因此，笔者认为，划拨土地理论上是用益物权属性，但在实践上其财产权属性并没有得到体现，而更多地表现出其作为经济发展重要载体的资源属性。例如在处置破产企业财产时，如企业使用的土地为划拨土地，那么依据最高院出台的相关司法解释，划拨土地不能被列为破产财产，在企业宣告破产以后划拨土地要收归国有。

划拨土地在强调其资源属性的前提下，更应该明确和完善其财产权属性。在明确区分公益性划拨土地和经营性划拨土地的基础上，对于经营性的划拨土地应突出其财产权属性，如废止破产企业划拨土地无偿收回的规定，通过入股或出资的方式将划拨土地转变为出让土地，使企业享有土地使用权，划拨土地通过性质转变而具备财产权属性，对土地资源利用和盘活企业都是有益的。

3. 隐形交易大量存在降低土地利用效率

土地资源在政府供给和市场化配置的探索过程中形成了具有中国特色的土地市场结构，表现为政府垄断了土地一级市场和以市场配置为主的土地二级市场。这样的土地治理结构突出的特征表现为：城乡分治的二元土地制度和土地所有权人模糊的产权体系。在面临诸多现实问题时，制度实施和政策执行难以发挥预期效应，影响调控效果，土地隐形市场也是其中一大难题。

有学者对土地隐形市场进行研究，将现存的国有土地隐形市场分为两类：一是有偿获得的国有建设用地在使用过程中违反土地用途管制的法律规定，在土地二级市场中擅自改变土地用途，如通过较低价格获得非经营性建设用地，但实际上却在获得土地使用权以后从事经营性建设活动①；二是由土地划拨行为而产生的隐形市场。

划拨土地隐形市场的存在对辽宁地区土地市场产生了一定的影响。划

---

① 罗湖平，谢炳庚．中国土地隐形市场及其显形化路径［J］．经济地理，2017（3）：166－173.

拨土地隐形市场主要表现为两个方面：一方面，在土地划拨环节，一些不符合划拨目录的经营性项目用地可能会以划拨的方式获得土地；另一方面，是在土地利用过程中划拨土地使用权人未通过合法方式变更划拨土地为出让土地，而是违规通过划拨土地转让、租赁、抵押的方式使划拨土地流入市场，或者擅自改变土地容积率、土地用途等违法使用土地。

土地隐形市场对土地市场的健康运行产生极大的危害：第一，土地隐形市场干扰了土地市场的正常运行，扰乱土地资源的高效利用和市场化配置；第二，土地隐形市场的存在影响了土地价格的形成，导致价格机制无法准确反映土地市场的供需情况；第三，土地使用权人违法使用土地，通过隐形交易谋取增值利益，导致国有资产流失，表现为土地应缴税费的流失，如土地出让金、土地增值税等；第四，土地隐形市场破坏了土地利用规划和土地用途管制的目标，使城市土地利用陷入混乱，整体上降低了城市土地利用效率。

究其原因，多数学者认为城市土地隐形市场形成的根本原因在于地方政府管制失灵。地方政府管制失灵的表现有两个方面：一是地方政府对土地利益的追求。地方政府作为城市土地的实际控制者，代理行使国家所有权，同时，地方政府还兼任着土地管理者，负责监督土地资源的合法利用。土地财政的存在使地方政府过度追求土地带来的增值收益，其身份的二重性容易造成地方政府对土地违法利用监管不到位，地方政府对土地隐形市场的管制预期落空。二是划拨土地范围模糊，地方政府在操作过程中有可利用的立法空隙。在实践中，存在着一些经营性项目以公益目的申请划拨土地，为其以后违法利用划拨土地创造前提条件。因此，强化地方政府对划拨土地的管制是十分必要的。

6.2.2 闲置土地处置过程中存在的问题

1. 闲置土地收回权法律属性不明确

闲置土地收回是指根据现行法律规定，一经认定为闲置土地，国土资源管理部门就可以无偿收回该地块的行为。但对闲置土地收回权法律属性，目前尚无明确的法律规定。

在立法方面，依据现行立法规定，闲置土地收回权行使主要由地方政府国土资源管理部门进行，法律依据是《土地管理法》和 2012 年 7 月 1 日起施行的国土资源部 53 号令《闲置土地处置办法》，此外还有《房地产管理法》、《城镇国有土地使用权出让和转让的暂行条例》等。按照上述相关规定，国土资源管理部门对闲置土地予以无偿收回，其性质定位为行政处罚，也遵循《行政处罚法》的规定。

在土地出让合同签订方面，地方政府与土地使用权人签订土地使用权出让合同，地方政府代表国家行使土地所有权，在出让土地上设定用益物权。用益物权的设定是依据《物权法》的相关规定，土地闲置是土地使用权人违反合同约定，而地方政府收回闲置土地是由土地使用权人承担违约责任。从这个意义上讲，地方政府与土地使用权人可以看作是平等的民事主体，闲置土地收回是民事法律行为。

在司法实务方面，司法部门对闲置土地收回案件定性为行政诉讼案件，依据行政法律关系进行处理，却并没有适用民事法律规范进行裁判。此时，地方政府的身份是国有土地资源管理者，而并非土地所有权人。

闲置土地收回处置现状的制度存在矛盾之处：依据《物权法》的相关规定，无偿收回闲置土地后，对于该地块的地上部分不动产应给予补偿，并要退还相应的土地出让金。而《闲置土地处置办法》中对闲置土地却是无偿性收回，而在实践中却鲜少能做到无偿收回。两部立法对闲置土地收回存在着矛盾，折射出闲置土地收回权法律属性的模糊。这将影响到地方政府和土地使用权人双方的权利和义务，如果法律属性模糊，那么地方政府的职责范围不明确，可能存在损害土地使用权人利益的行为或者造成国有土地收益的流失。

2. 闲置土地处置实施上存在障碍

闲置土地的实际处置过程局限于辽宁地区当前经济发展情况，还存在着一些阻碍。

闲置土地认定依据不科学。依据《闲置土地处置办法》，国有建设用地使用权人超过国有建设用地使用权有偿使用合同或者划拨决定书约定的动工开发日期满一年未动工开发、已动工开发但开发建设用地面积占应动工开发建设用地总面积不足1/3，或者已投资额占总投资额不足25%，中止开发建设满一年的国有建设用地都可以认定为闲置土地。但在实际操作中，动工日期难以准确认定，土地投资额度也难以准确计算，造成在实务中对闲置土地的认定很难准确依据动工日期和土地投资额度为标准进行认定。此外，在实践中，还大量存在着“征而未供”的土地，这部分土地列入土地储备中，已完成征用审批但未向市场供应，比较典型的就是开发区土地，政府圈地占地落实新增用地指标，但并没有企业进入经营，大片土地闲置，造成资源极大浪费。

闲置土地费标准过高。当前整个东北老工业基地经济形势不容乐观，辽宁经济增速下滑严重，政府财力受限，外界对辽宁的投资近几年也缺少热情。如果严格依据《闲置土地处置办法》，对未动工开发满一年的，按照土地出让或者划拨价款的20%征收土地闲置费，那么对当前仍有开发意愿的企业而言是一个沉重的压力，造成企业资金运转困难，企业会陷入资金周转不灵无法开工建设或者直接放弃开发，这对于闲置土地处置显然是不利的。

政府责任落实较难。政府作为土地所有权人的代表，同时又是管理者，这样的双重身份使得政府对土地规划的落实和闲置土地治理的效果大打折扣。政府出于自身利益的考虑，如GDP增长，没有优先处置闲置土地，可能会选择程序上更为便利的新增建设用地，闲置土地得不到有效利用，造成了土地资源浪费。另外，政府处置闲置土地与行政责任并未有效挂钩，政府仅仅形式上简单收回闲置土地就视为完成任务指标，在事实上并没有真正地推动闲置土地的有效处置。

上述几个方面障碍在辽宁地区闲置土地处置过程中广泛存在，应通过制度和政策调整及时解决，有效推动闲置土地的盘活。

6.2.3 低效利用土地再开发存在现实困境

1. 低效利用土地再开发方式单一

一般而言，低效土地改造模式有两种：一种是政府主导；另一种是市场主导。以温州为例，温州旧城改造模式，政府规定，旧村庄和城中村改造项目，涉及公益开发、公共设施改造及与之相关的经营性项目建设等都要由政府主导开发，具体包括全面改造型低效土地开发、用于未来建设的土地临时储备、原拆原建的合法项目和历史遗留需加以完善型项目。除此以外，涉及低效用地再改造的地块，由地块的土地使用权人以自主或者联合起来的方式自行进行改造，实施再开发建设，这包括拆迁以后重建项目、小微企业创业型项目、工业和商服用地增加容积率等①。温州将两种

① 周科界. 城镇低效用地再开发中的地方政府角色研究——以温州为例［D］. 华东政法大学硕士学位论文，2016：25－38.

低效利用土地改造再开发模式相结合，共同构成处置存量土地的治理模式。温州实行的政府主导与市场自主改造相结合的方式能够实现对存量土地的全面改造和综合整治，取得较好效果。

反观当前辽宁省低效土地改造模式，主要依赖地方政府主导。《辽宁省城镇低效用地再开发工作方案》明确提出政府主导再开发的几种情况：第一，为城市基础设施和公共设施建设。第二，为实施城市规划进行旧城区改造。政府的操作模式主要是通过收回土地使用权，纳入政府的土地储备之中，并按相应的法律规定以招标拍卖挂牌的方式供应土地。过分强调政府在低效土地改造中的主导作用会产生以下几个问题：

第一，政府在低效土地改造过程中承担过重的事务。低效土地改造项目具有产权关系复杂、项目改造周期长、改造事项繁复等几个特点，如果完全由政府担当主导，那么政府将投入大量的人力、物力和资金，这对政府而言是一个巨大的负担，如果完全由政府完成，可能会拖延改造项目或者产生更多的问题，无法实现预期效果。

第二，政府主导低效土地改造可能会过于主观，忽视市场主体的需求。低效土地的改造主要是为了优化土地利用结构，提升土地利用效率，推进城镇化进程。但这一过程中有多方主体参与，其中存在着多种诉求，如果政府一味地坚持自己的想法不顾客观存在的市场需求，可能无法真正实现对土地利用效率的提升。因此，政府在改造过程中还应积极推动市场主体的参与，加强公众参与，无论是决策中的听证程序还是鼓励市场主体加入到改造项目，都要听取和重视市场的声音。

2. 原土地使用权人自主改造积极性不足

现行土地法律法规及相关政策对存量建设用地的改造方式具有一定的局限性。按正常程序，如果政府对存量土地进行改造，首先要对待改造土地进行征收，即将待改造的国有土地上的房屋收归国有给予相应的补偿，然后再将房屋拆迁，土地收回储备待用或者通过招标拍卖挂牌程序再度将该地块出让，由新的土地使用权人对该地块实施开发建设。特别说明的是，如果是原土地使用权人对地块有自行改造或者与其他市场主体合作改造的意愿，也必须通过上述程序经由招标拍卖挂牌方式获得地块后再进行改造。这种情况就会带来三个问题：第一，招标拍卖挂牌程序是面向整个市场主体，原土地使用权人也在其中，在存在其他有获得该地块意愿的市场主体的情况下，就不能保证由原土地使用权人竞得该地块，降低了原土地使用权人的自主改造意愿。第二，如果原土地使用权人不参与待改造地块的改造，可能会产生抵触情绪，给其他主体的改造行为带来阻碍。第三，如果是地方政府主导的改造行为，由于地方政府财力有限，改造可能无法实现预期效果。

分析其深层次原因，是由于存量土地改造以后利益分配机制的作用，谁是改造主体，谁就会成为土地改造后增值收益的享有者。当前改造模式是由地方政府实施改造的单一模式，改造主体是地方政府，改造后的土地增值收益由政府以土地出让金的方式和后期实施项目建设的开发商所获商业利润的方式享有，原土地使用权人（被改造地块单位或者个人）仅能享有政府征收过程中给予土地和地上建筑物的相应补偿，却不能分享土地改造以后产生的土地增值收益。因此，原土地使用权人对土地自主改造的意愿较低。

辽宁省由于老工业基地的历史原因，城镇工业用地比例是较高的，但总体用地模式粗放，土地利用效率较低。当前在东北老工业基地振兴的前提下，产业结构面临调整升级，政府大力推广第三产业发展，土地利用结构也随之向第三产业用地方向调整。这样的形势下，原土地使用权人得到的征收补偿与土地改造后的增值收益相比就会显得较少，原土地使用权人自主改造的积极性无法调动，缺少投资信心，对土地释放的意愿较低，会给改造工作带来不小的阻碍。

此外，原土地使用权人在经营过程中会产生较多的经济往来，经调研，多数原土地使用权人会利用手中的土地与其他市场主体产生债权债务关系，典型的做法就是将土地抵押换取经营资金，除抵押外，还有租赁、投资入股、转让（因某种原因合同未履行完毕，土地未完成最终交付）、被采取司法强制措施等多种关系，致使附着土地上产权关系十分复杂，在处理过程中会产生很多纠纷，给土地改造带来很多困难。在这种情况下，如果不能捋顺各方面法律关系并最终确定土地产权关系而进行强制改造，既无法实现改造目标，又会给附着在土地上的债权人的利益造成损害。因此，在进行改造之前，还要将土地上的产权关系捋顺，这一过程如果没有原土地使用权人的参与是无法完成的。

综上所述，当前的存量土地改造模式中不可欠缺的是原土地使用权人的参与，但如果原土地使用权人无法分享改造以后的土地增值收益，那原土地使用权人就不会有自主改造或者参与改造的意愿。提高原土地使用权人对存量土地改造的积极性，就必须调整现行的土地增值收益分配机制。

3. 政府主导再开发资金压力较大

当前辽宁省低效土地开发集中在政府主导改造项目，对原有土地重新规划、转变用途等措施，与新增建设用地相比较，涉及的步骤更多，过程周期更长，建设投资较高，特别是所涉的改造项目所需资金数额巨大，主要集中在拆迁安置补偿、改造项目建设等方面，政府作为开发主导者，面临着资金不足的窘境，难以推进征收的完成和项目的开展。

除前期开发的投入以外，项目建成以后的收益情况还要依赖当地的经济发展水平而决定。如果经济状况发展不良，可能存在着项目空置的情形，那么前期投入短期内又无法实现回收，对政府而言成为一个巨大的负担。

如何平衡低效土地改造资金是政府面临的一个十分重大的问题，也是最突出的问题。只有拓宽资金来源，才能真正解决前期开发的问题。仅仅依赖政府主导和开发并不是一个明智之举，只有引入市场机制，吸引社会资本参与到开发改造中才能够解决这一问题。

社会资本对改造参与的热情和积极性依赖于政府对改造后收益的分配，只有还利于民，将收益让与市场参与者，这样才能让社会主体积极参与到改造中来。所以，社会资本的参与跟改造项目的收益分配、改造模式的转变都紧密相关。解决低效土地改造过程中的社会资本参与问题的前提条件就是解决社会主体参与改造的积极性，提升社会公众对低效土地改造的认识和参与度。

广东省对城中村的“三旧改造”就是以市场为主导进行的，大量市场主体参与其中，当然也解决了政府在改造资金方面的困难，广东模式也成为了市场主导低效土地改造开发的代名词。但社会资本具有逐利性，如果完全放任社会资本介入低效土地实施改造，还可能会产生一系列问题，在广东的“三旧改造”过程中就已经显现出过度引入社会资本带来的问题：如原土地使用权人自主改造或其他社会主体参与改造难以形成成片的开发，无法突显产业规模效应等。当前辽宁省产业结构调整对土地用途提出新的要求，如果社会资本介入可能会为尽快收回投入资金而忽视省内现阶段的发展要求，与政府改造的预期目标相悖离，这会对低效土地改造产生负面影响，形成新的低效用地。因此，在改造过程中对社会资本的引入还需要遵循一定的规则，既能很好地运用社会资本完成对低效土地的改造，又能保证改造政策的实施取得预期的效果，真正实现提升土地综合承载力和利用质量，并能更好地服务于社会经济发展的需求。

6.3 辽宁省存量建设用地再开发机制完善建议

有学者认为，我国建设用地指标计划分配模式可能是造成经济欠发达地区用地粗放的原因之一。因为建设用地指标每年都会产生，但经济欠发达地区的用地需求并不旺盛，一旦有用地项目，政府可能会选择成本相对较低的新增建设用地而不考虑盘活存量用地。与新增建设用地相比，存量用地在处理上存在更多的障碍，用地成本较高。

国家提出整治存量用地的要求目的是提高土地的利用效率，实现土地的集约节约有效利用，在土地政策选择上就应确立优先使用，要降低存量用地使用成本，破除存量用地制度障碍，推动社会经济发展对存量用地的消化。

6.3.1 推动经营性划拨土地市场化改革

1. 区分划拨土地公益性与经营性

划拨土地的公益性和经营性已经成为盘活存量建设用地必须面对的一个问题。一直以来，辽宁省由于老工业基地的历史原因，对划拨用地的供给并没有明确区分公益性和经营性，在立法层面也未能给予明确判定标准。笔者认为，公益性用地其运用公共利益评判标准是可以加以认定的，但经营性用地却是一个畸形的存在，有学者提出应在划拨土地中剔除经营性用地，严格依据划拨供地目录只划拨供给公益性用地，但对于经营性用地的认定标准和剔除程序还应予以规范。政府应进一步清理公益性和经营性划拨用地。

当前的经营性划拨土地可能分为两部分，一是由历史原因形成的，本应为出让土地但却是经由划拨供给的，表现为国有企业所占的土地；二是划拨用地目录中可以使用出让土地但却按立法以划拨方式供给的土地。目前执行的划拨用地目录广泛受到学术界质疑，其焦点就在划拨项目中有些用地项目是否必须通过划拨供给存在争议。如城市基础设施建设、国家扶持的能源、交通、水利等项目，划拨用地目录将其定位为“非营利性”项目值得探讨。

划拨土地公益性与经营性区分十分必要，辽宁省当前大量存量土地是由于国企改革遗留的划拨土地。虽然政府已经推动这部分土地的市场化改革，但在理论上，公益性和经营性没有清晰明确的划分，可能会在处置时不能彻底完全地清理掉经营性划拨土地。针对这部分历史遗留，还需要从立法和实践双重解决，使政策制定和执行既有法律依据又具备实际可行性。

定义划拨土地经营性比较困难，但可以通过划定公益性用地的范围来间接判定经营性用地。应严格界定土地的公益性用途，如为了公共福祉而提供不具有营利性、免费或收取费用仅供维持自身运转的项目应认定为具有公益性，以划拨方式供给土地；而兼具有公益性和营利性的用地项目可以将其剔除划拨范围，以出让方式供应土地并辅以相应的补贴和政策优惠。这样最大限度地实现土地有偿使用。政府按此标准对现有划拨属性的土地进行重新认定和清理，收回经营性用地，改造储备并向市场出让供给。

2. 完善经营性划拨土地财产权属性

经营性划拨土地具有一定的特殊性，不能简单地依据划拨用地目录将其认定为出让土地，这会使土地使用权人失去权利依据，损害土地使用权人的利益。如果仍将其置于划拨土地范围，又难以推动土地资源集约节约利用的改革。笔者认为，强化和完善经营性划拨土地的财产权，其本质就是要推动经营性划拨土地市场化，通过政策引导逐步实现经营性划拨土进入土地出让市场，土地性质的转变促使其财产权属性的显现，通过市场机制的运作消化和盘活这部分存量土地。当前的要务就是要拓宽经营性划拨土地进入市场的渠道。

第一，拓宽经营性划拨土地转为出让土地的途径。现行的转化途径一般有补交出让金、租赁、作价出资和入股。还有学者提出经过间接性转变方式实现经营性划拨土地向出让土地的转变，即改变一次性补交土地出让金的行为，代之以土地使用权人将经营性划拨土地进行出租或抵押的流转方式经营起来、所获收益抵交土地出让金的方式。这与当前辽宁省实行的划拨土地入股企业的改革措施有异曲同工之处。当前划拨土地流转在法律上还存着限制，如破产土地的处置。这样的做法是否符合现行立法规定仍有待商榷，但作为拓宽经营性划拨土地市场化途径是可以进行尝试的。间接方式能够有效缓解企业资金压力，给予企业一定的自主权，是有利于企业发展的。租赁方式目前看来仍是划拨土地市场化一项非常便利的措施，目的也是在于化解企业一次性缴纳土地出让金的压力。后文对土地租赁有细述，在此暂不表述。

第二，合理确定经营性划拨建设用地价格。实践中经营性划拨土地价格确定十分困难。由于长期实行无偿使用，划拨土地价格的高低会影响国有资产和土地使用权人双重利益，如果价格过低，会造成国有资产流失，如果价格过高，会损害土地使用权人的利益和市场化的积极性。

目前的计算方法是由土地市场价格减去土地使用权价格，其差值即为土地出让金价格，也是土地使用权人将划拨土地市场化需补缴的金额。土地使用权价格的认定标准是确定划拨土地价格的关键。《划拨土地使用权管理暂行办法》规定划拨土地使用权出让金数额不得低于标定地价的40%，各地在实践中对此标准有一定调整。一方面，该标准与当前土地价值有一定差距，不能反映当前真实的土地价值，应予以及时调整；另一方面，经营性划拨土地使用权价格构成应进行科学合理界定，学者对划拨土地使用权价格的构成也提出多种建议，其中包括实际取得成本、开发成本、划拨土地升值和未来升值预期中由土地使用权人分享的比例①，政府可以参考最终合理确定划拨土地使用权价格。

3. 消除划拨土地隐形市场

城市土地隐形市场的存在对土地市场的完善和土地集约利用都是一个巨大的障碍，因此消除划拨土地隐形市场十分必要。应从以下几个方面消除隐形市场。

第一，禁止公益性划拨土地进入土地交易市场。公益性划拨土地是完全由公益性项目使用，如果违法进入土地市场，那么将带来巨大的增值收益，严重影响土地市场的交易秩序。由于划拨土地的历史原因，区分公益性和经营性用地是禁止公益性用地流入市场的首要步骤。前文论述了公益性与经营性划拨土地的区分，在此不赘述。通过区分两者，对公益性划拨

① 杜泊含．划拨土地使用权分类改革研究［D］．浙江大学硕士学位论文，2015：50－53.

土地严格禁止流入土地市场，对经营性划拨土地按一定程序进入土地市场，这样做就能有效地抑制划拨土地隐形市场产生的源头。

第二，严格执行土地管理制度。政府应严格执行土地利用规划、城乡建设规划和土地用途管制制度。运作土地规划和土地用途管制的法律手段，严格监管划拨土地用途变更，杜绝划拨土地通过地上项目转让等比较隐蔽的方式进入土地市场。同时，要加快经营性划拨土地市场化进程，拓宽经营性划拨土地进入市场的合理路径，通过对闲置和低效土地的处置，推动经营性划拨土地合理进入土地市场。

第三，强化对土地管理。加强对土地登记、土地合同、土地价格的管理，严格控制土地交易程序，可建立档案制度对存量土地进行清理和登记。在当前“规划合一”的形势下，城市发展边界会被划定，如何集约利用存量用地将会是政府在今后的工作重心，建立存量土地登记和存档制度是非常必要的，可为今后存量土地利用提供精准的信息参考。

第四，严格执法。政府要强化对土地违法的处理，加强对土地利用的监察工作。在用地审查阶段，严格审查土地用途是否符合土地用途管制和产业发展政策；在土地利用过程中还应定期和不定期对土地实际使用情况进行抽查，严格控制土地用于审批的用途，对土地利用形成动态监管机制。对土地违法行为严厉处罚，打击土地投机和非法囤地行为，国土部门还可会同其他部门从立法、行政、司法上加强对土地利用的监察和管理，保证土地市场健康运行。

6.3.2　完善闲置存量建设用地收回权制度

1. 强化闲置土地收回权民事法律行为属性

学术界对收回权法律属性的研究存在着争议，可分为主张民事法律行为说、具体行政行为说和双重属性说三种。

持民事法律行为说的学者认为，无偿收回闲置土地是基于土地出让合同，代表国家为土地使用权人对土地设定用益物权，其身份本质是民法意义上的所有权人。土地未按土地出让合同约定的时间和用途使用是土地使用权人违约行为的表现，而将闲置土地依法收回是违约方承担违约责任的表现。因此，在民法体系框架内，提前收回闲置土地是对违约方的惩罚性措施，当然，其行为的性质应该是民事法律行为。

持具体行政行为说的学者认为，地方政府作为国有土地所有权人的代表，依据《闲置土地处置办法》对闲置土地进行处置，是对土地利用违法行为的处罚，在这个过程中并没有体现出合同双方当事人意思自治，应该认定为是政府进行具体行政行为。具体行政行为说目前是主流观点，有学者将其归为行政处罚中的“没收”。

持双重属性说的学者认为，在《国有土地使用权出让合同》中明确规定了对出让土地闲置的处置，这一行为使得闲置土地收回行为具有了民事和行政行为双重属性。学者认为，合同中的这一内容是基于对公共利益优先保护的考量，地方政府与土地使用者之间是管理与被管理的关系，闲置土地的无偿收回是基于对土地资源利用的管理和监督，因此，该行为具有民事行为和行政行为双重特征。

笔者赞同民事法律行为属性学说。在我国特殊的土地所有制前提下，国家是土地所有权人，但国家并不实际占有土地，这样的情况下，地方政府就成为土地的实际控制者，也理所当然成为国家在土地法律关系中的代表。在物权法律关系框架下，地方政府设定了用益物权，此时地方政府是以民事主体的身份存在的，其权利受到侵害，自然依据合同之债或侵权之债向违约方要求其承担违约责任，地方政府无偿收回土地是行使解除权，并可就违约方造成的损害要求赔偿，这一权能只能通过民事法律关系实现，且认定闲置土地收回权的民法属性更有利于推进土地出让合同的实施，同时也可以避免地方政府具有“运动员”和“裁判员”双重身份的尴尬。

就我国闲置土地处置实践中的做法和土地治理过程中存在的困境而言，一味地强调依据民事法律关系难以应对复杂的闲置土地盘活问题。故应从长远着眼，逐渐弱化地方政府在闲置土地收回过程中的行政强制性，随着行政强制性的弱化来逐渐强化地方政府的民事法律关系主体地位，逐步实现土地出让合同“去行政化”，还原土地出让合同双方民事主体的平等地位。

2. 优化闲置土地处置的治理途径

闲置土地处置过程中障碍的消除还要依赖完善闲置土地处置的治理机制。闲置土地的产生与政府的发展理念、土地利用政策制度构建和有效措施应用有很大的关联。仅仅为解决眼前障碍而采取一些手段并不利于土地市场长期发展和土地资源集约利用的实现。因此，优化闲置土地处置的治理途径还需要制定短期和长期政策。

从长期发展看：第一，地方政府应转变发展观念和土地利用观念，从追求眼前利益和短期GDP数字转移到促进土地资源集约利用上。一方面，要提升政府对闲置土地的有效处置，改变以往简单回收纳入储备的做法，真正实现闲置土地再利用，强化闲置土地处置政府责任。另一方面，政府要加强对闲置土地的监督管理，减少因政府原因造成的土地闲置，加强政府对闲置土地的认识，完善土地利用监管的长效机制，并建立多部门合作机制以提升对闲置土地的认定和处置能力，完善闲置土地认定标准，将“征而未供”土地纳入到闲置土地范围。第二，完善土地利用相关制度，强化对土地利用规划的落实。提升土地利用规划的严肃性和科学性，在实施过程中加强土地利用规划的权威性，将既定土地利用规划有效落实，不打折扣，不随意修改和突破。有学者提出改革土地利用年度计划指标[①]，笔者赞同这种观点，将土地利用年度指标下放给地方政府，由地方政府根据本地区经济发展情况自由选择利用时间和利用数量，只要不与土地利用规划相悖，让地方政府充分发挥自主性更有利于土地资源集约利用。第三，完善土地税费改革，尽早建立不动产税，合理运用税收手段调控土地市场，间接推动土地使用权人高效集约利用土地，取消收取土地闲置费给企业增加的运营负担。通过开征不动产税，对那些能够利用但超出约定期限仍未利用的土地，或者利用效率较低的建设用地予以课税，按闲置或低效利用的土地面积计算，持有土地面积越大承担税负越多，有效打击开发商囤积土地的投机行为，进而有效调控土地价格。

从近期看，可以采取一些近期措施遏制土地资源浪费。第一，对“征而未供”、“供而未用”的土地严格执行闲置土地收回政策。政府应尽快清查区域范围内的“征而未供”、“供而未用”的存量土地，降低征收新增建设用地的比例，将未真正使用的闲置土地按程序执行收回，重新纳入土地储备通过招拍挂程序确认新的土地使用权人。第二，实行土地利用“保证金”政策，土地使用权人向地方政府缴纳一定数额的保证金，作为履行土地出让合同的担保，当出现违约闲置土地的情况时，由政府没收该保证金。同时，还可将企业信用与土地利用挂钩，对不按约定闲置土地的开发企业，降低信用等级，提高企业信用成本，督促开发企业对土地资源

① 谭永忠，姜舒寒，吴次芳．闲置土地的处置难点与治理路径［J］．中国土地，2016（3）：5.

集约利用的重视。

6.3.3 低效利用土地再开发困境的破解对策

1. 创新低效土地再开发模式

在当前辽宁省经济发展形势下，用地需求并不旺盛，因此，在参考借鉴其他地区做法的同时，创新低效土地再开发模式还应遵循以下规则。

第一，坚持政府主导与市场机制相结合的再开发理念。一方面，市场机制的引入确实会为低效土地的改造提供助力，但是很多涉及城市公共利益的建设项目还必须坚持由政府主导，如对涉及公益项目的地块的拆迁会影响公共设施的供给，如果由社会主体实施的话，可能会由于其逐利性而无法完全实现公益用途。这种情况下，对这类公益性项目还应由政府主导以保证其公益性。另一方面，改造低效土地是为了提高土地的利用效率，促进产业发展规模化，因此，在社会主体介入到开发改造项目中时，还应由政府把控项目选择，使项目选择更符合辽宁当前经济发展的要求，如果是那些被淘汰的高污染、高耗能等不符合产业升级要求的行业项目，要坚决予以制止。在开发改造过程中还要注意产业规模化发展等。此外，项目改造开发都会有一定的市场风险，也需要由政府来掌控和化解这些市场风险以确保项目顺利进行。总而言之，政府在低效土地再开发中应处于管理者的角色，以公共利益和产业结构优化升级为衡量标准，在此基础上引入市场机制，吸引社会主体广泛参与。

第二，坚持科学规划。科学合理的规划是城市发展的核心，改造低效土地政策实施重心在制定符合辽宁当前经济发展要求的规划。通过城乡规划、土地利用规划及生态功能区划和省级主体功能区规划的统筹安排，为区域产业确定合理的结构布局、发展规模和发展时序，并按规划内容适时适度供应土地，做到合理设计、合理建设，能够有效掌控经济发展与低效土地改造之间一致性。

第三，探索多种再开发模式。低效土地再开发应坚持以政府主导和市场机制相结合，引入市场化运作，打破政府对低效土地再开发的单一运作模式。鼓励原土地使用权人自主开发或者其他社会主体参与开发，政府要为社会主体提供必要的服务；允许低效土地通过多种方式利用，如置换、转让、出租、抵押、作价出资或者入股等，政府要在制度上为土地实现多种方式利用提供便利和支持，给予社会主体参与再开发以权利空间，使土地的资产价值、资源价值和资本价值进一步显化。在这一过程中，政府要对未达到约定的再开发项目进行严格监管，避免社会主体不严格执行开发约定而造成土地又一次闲置。

第四，推行租赁制，尝试工业用地的弹性供给。出让制一次性给予企业一定年限占有使用土地，如果企业经营状况不佳，土地就会由企业一直占有而未被利用或低效利用。租赁制正是在这种情况下提高土地利用效率的一种方式。由用地人和政府签订租赁合同，双方根据自身的要求选择租赁形式和租金标准。这样既可以免除企业因承担土地出让金而给经营带来的资金压力，选择适合自身发展的租赁方式，降低企业经营成本，又能促进土地的集约节约利用，政府根据整个产业布局要求和企业发展情况合理供给土地，促进土地资源的优化配置，也有效促进落后产业的退出，优化产业结构。

2. 调整利益分配和制度规则激发使用权人积极性

合理分配利益是激发社会主体参与低效土地改造积极性的关键。将低效土地改造所带来的土地增值收益在地方政府、原土地使用权人、项目开发企业等利益主体间合理分配，调动各方主体积极性，推动产业结构调整，优化产业布局，拉动投资和消费，促进产业转型，同时完善城镇基础设施建设，维护社会公共利益。

鼓励原土地使用权人参与改造，如果原土地使用权人无意自主改造，政府可以将低效土地改造后的增值收益按一定比例返还给原土地使用权人，用于支持原土地使用权人自身发展，也促进原土地使用权人配合释放土地，以利于低效土地改造的顺利进行。

对原土地使用权人以外的社会主体，政府可以允许在土地权属性质相同的前提下，对相邻地块进行集中开发。可由社会主体对拟开发地块向政府提出申请，政府对拟开发地块进行相应的审查，包括土地权属关系、土地用途、土地出让年限、拟开发项目改造方案，对符合土地法律法规、土地用途管制和产业布局的改造方案，可允许其将地块成片开发，在不损害公共利益和有利于项目推进的前提下，可通过协议方式办理出让手续。通过这种方式将分散的土地集中开发，有利于形成规模化效应，也利于土地集约使用。

除了合理共享低效土地改造带来的增值收益，还应加强公众参与。关于公众参与的程序设置等可以参考国外存量土地开发经验，英国、美国等在处置存量土地过程中都不同程度地吸引社会主体参与，以市场引导为主。美国于1974年实施“社区开发计划”，其中一项重要的措施就是要增加城市改造过程中的公众参与。公众可以向政府提出有关“社区开发计划”各项疑问、意见和建议，可以要求政府提供与该计划有关的资金流向、项目进展情况等。当前，我国政府在决策过程中的公众参与程度不高，公众参与的积极性不足。应赋予低效土地改造涉及的利益主体参与的权利，包括项目进度问询、意见反馈和相关建议，并拓宽公众参与的途径，包括但不限于听证会、意见征询问卷、代表座谈等，充分与所涉利益主体进行沟通交流，增加公众对改造计划的了解，提升公众参与热情。

有学者提出，在城市改造和产业升级过程中，对具有城市特色和历史价值的项目应予以保留。城市发展离不开历史和文化的发展，对具有城市特色和历史价值的低效用地项目应予以保留或适度改造。这依赖于政府规划和引导，同时也应向公众作出说明，并对所涉的土地使用权人予以适当的政策或经济支持，以弥补未参与改造而损失的利益。

3. 鼓励社会资本参与低效土地再开发

低效土地再开发鼓励社会资本介入其核心就是拓宽改造的融资渠道，仅以政府投资并不能实现对低效土地改造的预期效果。坚持市场导向与政府主导相结合的模式是目前适应辽宁省低效土地处置方式的最佳选择，这就要求政府要适度放权并向社会主体让利以吸引社会资本参与到改造之中。

一方面，政府主导建立多元化融资渠道。在金融政策允许的前提下，建立低效土地改造的融资平台。政府在融资平台构建过程中要发挥协调作用，通过对银行、非银行金融机构、民间借贷机构等进行政策协调，允许待改造土地在平台上进行融资，政府通过监管掌控市场风险，这样可以吸引社会资金参与到改造项目中，解决政府资金压力。

另一方面，政府出台相应的税费减免优惠政策。政府要给予企业相关的税费政策优惠，以减轻企业在改造过程中的负担。如一次性缴纳土地出让金存在困难的企业或者改造后项目，可以实行租赁制。前文对租赁制有相关论述，不再赘述。对拆迁安置量大、改造成本较高的破产企业、旧城区等改造，可以通过提高容积率的方式给予开发企业优惠，提升开发企业的积极性。

无论采取哪种方式增强开发企业融资能力，都需要建立在参与主体共享利益的基础上。因此，完善参与主体对改造以后土地增值利益的分配机制是核心问题。

结合上述研究，基于辽宁省老工业基地的历史遗留和现代产业结构优化，土地粗放利用的情况广泛存在，亟须改变。但当前辽宁经济低迷，投资热情不高，项目用地需求不旺盛，在中央推进城镇化建设、产业升级和多规合一的大形势下，辽宁消化存量建设用地还存在着很多困难，任重道远，需要结合具体情况确定政策实施。辽宁存量用地再开发应从长远着眼，在空间管制和规划协同的政策背景下，在确保生态红线、划定城市发展边界的前提下，以供调需，将原有的增量扩张发展变为存量挖潜，强化对存量土地集约高效利用，构建土地集约节约利用的长效机制。

第7章

案例剖析：沈阳房地产市场健康发展长效机制法律对策研究

沈阳市房地产市场经历了起伏跌宕的发展，一直没有形成健康稳定的发展局面。2016年和2017年出台调控政策使沈阳市（以下简称沈阳）房地产市场经历了由“去库存”到“稳房价”的转变，为沈阳房地产市场探索长效机制的建立提供了新的素材。本章梳理和分析沈阳房地产市场自2003年以来的调控政策，指出其中存在的问题，为房地产市场健康发展长效机制搭建法律框架，提出完善制度设计的立法建议。

7.1 建立房地产市场健康发展长效机制的理论基础

7.1.1 供需平衡理论

近年来，房地产市场的供需矛盾一直未得到有效缓解，旺盛的房地产市场需求催生着房价迅速上涨。笔者认为有两点原因：第一，投机需求旺盛。首先，房地产市场的需求是基于房地产的使用功能，房屋的不可或缺性使人们对房屋有着必然的需要；其次，房地产具有较好的保值功能，保有一套或者多套房产更能让人们对以后生活中可能出现的预计以外的开支存有保障；最后，房地产较其他投资方式具有更好的增值功能，人们更多地选择投资房地产市场实现货币增值①。第二，土地区位的影响。房地产市场的旺盛需求实质上反映了土地市场的旺盛需求，房屋的保值增值程度也极大地依赖土地的市场价值。决定土地价值的重要因素就是土地区位。不同区位土地价格相差甚远，结合各地块周边的公共资源配置，如交通、医疗、教育等，房地产市场需求就会产生分化：土地区位和公共资源配置理想，人们对其保有更大的增值预期，投机需求旺盛，反之，人们的投机需求则较弱。

简单增加房地产数量的供给并不能解决房地产市场的供需矛盾，必须对房地产市场进行供给侧结构性改革：一方面是土地供给制度改革，包括两个层次：一是土地供给总量和结构要和市场需求相匹配，土地供给改革要以土地商业开发和土地本身发展要求为导向②；二是土地供给要注重各类用地指标的平衡。另一方面是增加房产供给，提供多种居住方式满足人们需求，抑制投机，强调房地产有效供给，使房屋回归使用功能的本原③，降低房地产的金融属性。

7.1.2　政府干预理论

房地产市场需要政府干预，这也是由房地产市场特性决定的。

第一，房地产市场是一个典型的有限理性的市场，需要政府加以调整抑制市场的不理性行为。行为经济学认为市场中不存在完全理性的经济人，人们在购买和出售房产时，只考虑近期经济利益忽视房地产市场长远发展，个体决策的短视造成了整个房地产市场的不理智，房价涨跌变化巨大，形成了巨大的房地产泡沫。房地产市场的缺陷表明需要政府介入加以干预以弥补市场自发调节的不足。

第二，房地产产品具有公共物品属性，需要政府加以调控保障公共物品的供给。房地产资源一般依靠市场调节完成资源配置，但涉及公益性用

---

① 颜莉．房地产市场长效机制的核心问题探析［J］．上海地产，2017（2）：11－12.

② 搜狐焦点．土地供应长效机制要满足“三匹配”［EB/OL］．https://house.focus.cn/zixun/3450961f77768d26.html，2017－10－20.

③ 颜莉．房地产市场长效机制的核心问题探析［J］．上海地产，2017（2）：12.

地、生态性用地、保障性住房等涉及公共产品属性的项目时，单纯依靠市场机制就会无法实现公共产品供给的目标，公共项目难以落实，长此以往对社会发展不利。这种情况下就需要政府对土地资源的利用和房产的供给加以调控，实现公共产品的有效供给。

7.1.3 土地供给参与宏观调控理论

我国实行土地公有制，政府垄断土地一级市场，土地供给调控即“地根”具有财政工具、货币工具和金融工具无可比拟的优势，已经成为我国调控宏观经济的重要手段之一。

第一，土地供给既是被调控对象又是重要的调控工具。土地供给是解决房地产市场问题的核心和关键。土地具有资源、资产和资本三重属性，是重要的生产要素，是房地产行业发展的重要条件和重要保障，有人说，房地产问题实质上是土地问题的滞后反映。在市场机制作用下，土地资源按产生利润大小进行分配，利润最大的产业就会配置更多的土地资源，从土地利用结构上看，商业用地和工业用地是集中在土地租金最高和次高的地区，而住宅位于城市边缘。土地资源是有限的，而城市土地数量更为有限，同时又兼具满足公益需求的属性，其外部性更为突出。如果仅仅依靠市场配置，就会导致垄断的产生，需要政府介入加以干预，克服市场配置的局限性。我国的土地资源由于公有制的所有权性质，地方政府在实质上掌握和控制土地资源，地方政府如果干预不当，就会影响土地供给的均衡性，引发土地供给危机，进而影响房地产市场的稳定发展。因此，解决房地产市场存在问题的核心和关键就是要解决土地问题。

第二，土地供给通过总量和结构实现对房地产市场的调控。地方政府通过控制土地供给的总量和结构来控制土地一级市场。土地供给总量是通过控制建设用地增量供给、盘活存量用地，实现土地资源的高效利用。土地资源的稀缺性和不可再生性决定了土地资源不能无限量地供给，这种刚性约束表现在房地产市场的表现是引起房价波动。土地供给结构是基于地方产业发展的要求，对不同的用地需求进行供给：对于产业政策鼓励发展的行业，土地供给要予以保证；对限制发展的行业，供地时要提高供地标准和要求；对于禁止发展的行业，不予供地。此外，还要保障社会公共物品提供所需的土地供给，对关乎国计民生的重大项目用地、生态保障用地等还要优先供给。在房地产领域，供地结构决定着各类商品房的比重。

实践证明，自 2003 年政府以土地供给为调控工具介入房地产市场进行宏观调控以来，通过对供地总量和供地结构的控制取得了一定的成效。2016 年中央政府提出“房子是用来住的，不是用来炒的”，2017 年党的十九大报告中也指出要“坚持房子是用来住的、不是用来炒的定位，加快建立多主体供给、多渠道保障、租购并举的住房制度，让全体人民住有所居”。笔者认为：政府通过调控土地实现平稳房价，抑制投机，构建房地产市场长效机制土地供给是重要的工具。

7.2
沈阳房地产市场政策梳理和存在的问题

7.2.1　沈阳房地产市场政策梳理

沈阳市房地产市场自 2003 年经历了四个时期的发展：

第一时期，2003—2013 年，高速发展时期。自 2003 年国家实施东北老工业基地振兴战略，沈阳房地产市场迎来了高速发展的十年，房价上涨，大量建设用地进入房地产市场，居民对房产投资有着充足的信心和极大的热情，房地产行业发展迅猛，带动上下游企业快速扩张。

第二时期：2014—2016 年，低迷时期。自 2014 年开始，沈阳房地产市场却经历了量价齐跌的巨大变化，这是房地产市场在长期快速发展中的供需不平衡状态下的自发性调整。政府在这一时期内也未出台刺激政策，房地产行业低迷徘徊，开发商经历洗牌，上下游企业受房市下跌影响也处于一蹶不振的状态。

第三时期：2016 年 3 月—2017 年 5 月，“去库存”时期。2015 年底中央政府提出经济供给侧结构性改革，同年又提出建立符合国情、适应市场规律的基础性制度和长效机制，要求各地房地产去库存。沈阳从房地产市场全局和长远发展目标出发，于 2016 年 3 月出台了《沈阳市人民政府办公厅关于促进房地产市场健康发展的实施意见（试行）》（沈政办发［2016］40 号，以下简称“22 条”），落实国家和省人民政府关于房地产供给侧结构性改革和去库存的政策。

“22条”从土地供给、房产销售、信贷政策等方面实施去库存政策：通过控制新增建设用地供给数量，严格限制房地产用地供给；加大处置闲置土地力度，将闲置土地重新进行市场配置；加快城市配套设施建设，鼓励农民进城买房、鼓励在校学生和新毕业生购房，并给予契税全额补贴等政策优惠，允许拓宽非住宅和住宅的使用功能，允许自住公寓享受住宅政策；调整信贷和税费政策，加大住房公积金支持力度，降低二手房交易税费。

2016年8月沈阳市人民政府出台《沈阳市促进房地产市场健康发展的补充措施》（沈政办发［2016］106号，以下简称“11条补充意见”），将“22条”提出的去库存的措施具体化，如要求提高装配式建筑的应用比例，允许开发商转变项目用途，调整商住比例，对库存商业地产在土地使用年限、容积率不变的情况下，允许将土地用途调整为居住用地，将商业项目改建为租赁住房；同时，还能通过公积金政策帮助大中专毕业生解决“首付”问题，允许符合条件的商住用房认定为“学区房”。

经测算，2016年初，沈阳市商品住宅可售面积消化周期一度达到24个月，位居全国前列。“22条”和“11条补充意见”推出了一系列刺激措施后，大大缓解了沈阳房地产市场供给侧结构性改革的压力。据《2016年沈阳市国民经济和社会发展统计公报》统计：“沈阳在2016年全年房地产开发投资709.7亿元，其中住宅投资490.4亿元，房屋施工面积中住宅802.1万平方米，商品房销售面积1184.3万平方米，住宅销售面积1099.4万平方米，新建商品住宅价格同比上涨1.3%，居民用于居住的消费较2015年上涨1.7%。”另有数据显示：2016年1—6月，全市商品房备案面积816.1万平方米，同比增长16.7%；其中商品住房备案面积695.1万平方米，同比增长13.9%[①]。至2017年1月，沈阳市商品住房备案面积增长9.8%，商品住房可售面积957.1万平方米，下降28.9%，去库存周期缩短到7个月[②]。至2017年5月，全市商品房备案均价7503.1元/平方米，同比上涨12.6%；商品住房备案均价7347.5元/平

① 人民网．上半年沈阳商品房合同备案面积同比增16.7%［EB/OL］．http://ln.people.com.cn/n2/2016/0809/c340418-28801369.html，2017-08-01．

② 新华网辽宁频道．沈阳房地产库存显著降低 去化周期缩短到7个月［EB/OL］．http://www.ln.xinhuanet.com/zj/yaowen/20170121/3630358_c.html，2017-05-20．

方米，同比上涨13.7%[①]。

据《沈阳市2015年度国有建设用地供应计划》，2015年度沈阳市（含三县一市）国有建设用地供应总量控制在3233.68公顷以内，其中住宅用地795.79公顷，商服用地209.16公顷；而据《沈阳市2016年度国有建设用地供应计划》，2016年度沈阳市（含三县一市）国有建设用地供应总量控制在2739.35公顷以内，其中住宅用地233.93公顷，商服用地143.26公顷。用于新增商品房用地供给显著减少。

第四时期：2017年6月至今，“稳房价”时期。2017年6月沈阳市人民政府下发《沈阳市人民政府办公室关于进一步促进我市房地产平稳健康发展的实施意见》（沈政办发［2017］26号，以下简称“实施意见”）。“实施意见”的出台标志着沈阳房地产市场调控政策由以“去库存”为主要目标转变为以“稳房价”为主要目标，这是自2016年1月以来沈阳房地产市场调控政策的一个重大转变。2017年7月又出台了《沈阳市住房租赁试点工作方案》，落实《国务院办公厅关于加快培育和发展住房租赁市场的若干意见（国办法［2016］39号）》、《辽宁省人民政府办公厅关于进一步深化住房制度改革加快培育和发展住房租赁市场的实施意见（辽政办发［2016］103号）》文件要求。2017年8月，沈阳市人民政府又发布了《关于加强房地产市场调控工作的通知》（以下简称“通知”），针对沈阳房地产市场存在的投机行为补充调控政策。这一时期调控内容主要集中在以下几点：

第一，调控目标是限制房价过快上涨。自2016年下半年开始，全国一线城市和部分二级城市房价飞涨，沈阳房地产市场价格也有小幅度的上涨，自2017年2月起，沈阳新建商品住宅销售价格出现环比0.6%的上涨，较1月份上涨0.5个百分点。此后的3月、4月、5月、6月，沈阳新建商品住宅销售价格环比分别上涨1.2%、1.8%、1.9%、1.6%，7月份环比上涨0.8%。“实施意见”执行以来，8月份全沈阳新建商品住宅销售价格8月份环比上涨0.5%，环比涨幅较7月份下降0.3个百分点[②]。

第二，加大对土地供给调控力度。统筹安排全市近3年的住房建设用

① 东北新闻网．沈阳楼市由上“去库存”为主转为“稳房价”为主［EB/OL］．http：//liaoning.nen.com.cn/system/2017/06/09/019906502.shtml，2017-09-30.

② 中国新闻网．沈阳新房房价涨幅回落环比上涨0.5%［EB/OL］．http：//www.chinanews.com/house/2017/09-19/8334809.shtml.

地，根据各地去库存周期确定是否供地，同时，依据2016年更新的基准地价合理确定土地出让起始价。采取“限地价，竞房价”、“限房价，竞地价”、“限地价，竞配建”的竞拍方式，防止高地价扰乱市场。加强对闲置土地的监察和处理，支持已供应但未开发的房地产开发用地在符合用地政策前提下向文化、旅游、养老等业态转变用途。

第三，对商业地产和住房实施区别调控。对商业地产延续“去库存”部分政策，如允许将符合条件的商住公寓调整为自住公寓；而对部分区域住房的调控目标是以稳定房价为主，对三环区域和浑南区域实行商品住房价格指导，实行限售政策和一房一价的房价申报制度，并大力推行房屋租赁制度。

7.2.2 沈阳房地产市场存在的问题

沈阳房地产市场处于稳定房价的调控时期，调控政策效果尚需时间检验。就房地产市场发展长效机制的构建，笔者从房地产调控相关理论的视角，结合沈阳房地产市场的发展，认为调控政策仍存在着一些问题不利于长效机制的构建。

1. 调控目标定位缺乏长远性

2016年沈阳房地产市场价格低迷，房产交易量持续走低，到2017年受其他城市房价上涨影响，特别是沈阳市人民政府由沈河区迁至浑南区，浑南地区房价增幅较大，出现不理性购房现象。从2016年到2017年出台的调控政策看，市政府对于房地产市场的调控目标经历了由“去库存”向“稳房价”的转变，调控思路“转弯”的结果就是沈阳楼市经历了巨大的反转，由2016年鼓励购买转变为2017年的限售、限价、限贷。

沈阳房地产调控政策始终受到房地产市场变化的影响，历次调控政策的出台都是以市场情势变化为诱因，以平稳短期内房价异常为宗旨，以临时性激励或限制措施为主要调控措施，其最终调控目标定位在对房地产市场短期内的波动予以调整。2016年和2017年调控政策“转弯”正是这类调控方式的最好例证。

长效机制的构建首要的是要准确定位调控目标，即政府对房地产市场的愿景，短期波动是否需要政府干预、如何干预需经过慎重的考虑，尽可能避免对市场干预过多。如果不能准确定位房地产市场的长远发展，也就无法确定调控的目标，这与建立房地产市场长效机制的要求是相悖的。

2. 没有充分发挥土地供给的调控作用

2017 年沈阳市人民政府出台的“实施意见”和“通知”中多数内容涉及土地供给问题，立足于土地的统筹管理，沈阳市人民政府抓住了房地产问题的根本，通过“釜底抽薪”的方式来控制房价过快上涨。但是在已出台的政策中，土地供给作为重要的宏观调控工具在房地产市场调控中应发挥的核心作用还没有得到充分发挥。土地供给主要通过供地总量和供地结构来实现调控目标，通过多种调控方式如土地利用规划、土地利用年度计划、土地价格、土地用途管制等进行调控，同时这些调控方式还会与产业政策、金融政策、财政政策相配合，实现预期调控效果。这些调控工具在已出台中的政策中没有涉及或较少涉及，土地供给的作用并没有得到全面的发挥，建立房地产市场长效机制仍需要进一步加强和完善土地供给政策。

3. 欠缺完善的价格机制

价格是市场供需状况的直接反映，也是实现供需平衡的必经途径。市场经济条件下，市场对资源配置起主导作用，市场价格才能真实地反映商品供需状况。目前，“限售”成为了继“限购、限贷、限价”以外的第四项限制措施，多地政府也开始实施多样竞价政策，如“限地价，竞房价”、“限房价，竞地价”、“限地价，竞配建”、“超过溢价率一定比例现房销售竞自持面积 ”。这些竞价方式成为政府调控政策的核心内容，笔者将其称为创新竞价方式。早在 2009 年就在北京实施了“限地价，竞房价”、“限房价，竞地价”的竞价方式，从其调控效果看，并没有完全解决房价过高、上涨过快的问题。

创新竞价方式并没有彻底解决房价畸形上涨的问题，并不能作为房地产市场定价机制的基础形式。一方面，创新竞价方式侧重于对房价的阶段性调控，通过压缩竞拍人即开发商的利润空间来限制房地产投资，但只要存在利润空间，开发商仍愿意参与竞价，并不能彻底消除开发商的投资冲动。另一方面，创新竞价方式实质上是以政府定价代替由市场供需决定的定价，政府通过价格管制间接干预房地产市场，从房地产长远发展来看，不符合市场主导资源配置的要求，不利于房地产市场的健康平稳发展。此外，创新竞价方式体现了政府让利于民的愿望，但如果缺乏匹配的监管机制，很可能出现工程项目质量不合格、项目分配不合理等情况，加剧房地产市场畸形发展。

4. 过多依赖短期调控政策

回顾我国房地产市场的调控政策，普遍存在着依赖短期调控政策的问题。沈阳的房地产市场现状是：住宅刚性需求较大，居住性商品房供小于求，而经营性房产需求量减小，商业地产库存数量巨大。因此，增加居住房产，减少商业地产是沈阳房地产市场的根本要求。2016 年沈阳市人民政府为实现“去库存”而出台一系列如放宽公积金使用、放松银行贷款、调整二套房首付等刺激措施。而 2017 年为平稳房价，又通过实施限制公积金使用条件、收紧银行信贷、调整二套房首付、限售等措施抑制房价上涨。这些短期调控政策优点是实施便利、见效快，一经执行立刻会得到房地产市场的反馈，缺点是缺乏整体性和长远性，不利长效机制的建立。

7.3 构建沈阳房地产市场健康发展长效机制的立法建议

自 2016 年提出“房子是用来住的，不是用来炒的”以来，中央政府一直致力于研究如何建立房地产市场长效机制，但目前中央尚未推出任何与构建长效机制有关的政策或指导意见。各地政府也在不断探索房地产市场运行机制，由于当前房地产市场出现不理性投资热潮，各地方政府多倾向于向过热的房地产市场“泼冷水”。考察自 2003 年开始中央和地方各级政府采取的调控措施不难发现：房地产市场调控政策一直在刺激销售和限制房价间交替进行，并未真正形成长效调控机制。

房地产市场长效机制是一个庞大的立法和政策的集合，既要有明确的调控目标，又需要具体的调控工具；既要有长效的政策，又要有短期的调控措施；既需要中央政府和地方政府之间的政策协调，又需要时间检验机制运行是否符合市场需求。因此，构建房地产市场长效机制是一项复杂的系统工程，应采取审慎的态度来面对复杂的房地产市场，准确定位市场需求，科学构建出符合房地产市场稳定发展的机制框架并完善相关制度设计，为长效机制的全面建立和完善提供范本和参考。

7.3.1　准确定位房地产市场调控目标

房地产市场长效机制的构建要有长远性和整体性的调控目标，准确定位房地产市场调控目标能够指明调控机制构建的方向。沈阳不同于一线城市和三四线城市，房地产市场具有自己的特点：第一，沈阳房地产市场总体而言房价较为平稳，即使在本轮各大一线城市房价飞涨的同时，也未有过快上涨，虽然局部地区存在着投机行为，如浑南地区，但整体看炒房空间相对较小，且居民购买力不强，通过短期的稳定房价措施如限售等，可以保证房地产市场平稳发展。第二，沈阳房地产市场确实存在着刚性需求，主要有两类：一是城市周边农民大量向城市涌入，对居住空间有着急迫的需求；二是城市内居民改善居住空间，对居住面积、周边配套设施等有着更高的需求。短期的限制购买和销售的政策措施虽然平抑了房价，但也打压了这些需求。刚性需要是长期存在的，也是房地产市场必须通过供给解决的，这就需要长期稳定的住房供给政策。第三，沈阳房地产市场商业地产过剩，去库存压力巨大。现阶段，沈阳市人民政府采取了转化项目用途，允许自住公寓享受住宅政策的方式缓解部分压力，但长远来看，商业地产在去除库存以后如何健康发展，仍需要一个长效的政策措施来推进。

因此，要结合沈阳房地产市场自身的特点确定长期的调控目标。

1. 保障房地产行业稳定发展

房地产行业在目前依然是沈阳乃至辽宁的支柱性产业，房地产行业本身对上下游行业的带动作用也是不容忽视的。保障房地产行业的稳定健康发展，实质上也是保障上下游行业实现“软着陆”，去除过剩产能，实现平稳转型。

第一，强化房地产公共物品属性。房屋最根本的用途就是满足人们的居住需求。自 1992 年房地产行业发展开始，房屋的属性就逐渐由居住转向投资，市场逐渐变得非理性，人们对房地产的预期也越来越大，完全脱离了房地产最根本的属性。2016 年中央提出要回归房地产居住的属性，这也是抑制市场投机的一个根本性的方法，降低人们对于房地产投机的非理性预期，消除房地产泡沫。因此，构建房地产行业长效机制，首先就要确定房地产公共物品属性，要立足房屋是用于居住使用的本质，围绕核心属性制定相关政策。

第二，差别化供给，满足不同市场主体的需求。房地产市场需求因主体层次不同而存在着多样的需求，对不同层次的需求应采取不同的供给措施：对高端需求，一般是商业地产和高端住房的需求，坚持市场主导和政府调控相结合的方式，运用土地利用规划、税收、信贷等措施进行适当控制；中端需求，包括刚性需求在内的基本住房需求，但又可能存在非理性投资，要坚持市场主导、同时辅以政府调控，两者有机结合，既要满足人民群众的刚性需求，又要通过信贷、价格干预等调控措施控制炒房；低端需求，一般是指无能力进入商品房市场群体的居住需求，完全依赖政府调控发展住房保障体系，提供多种居住方式满足该类需求①。

第三，严厉打击房地产炒作。房价能够在短时间内快速上涨，其幅度远远大于居民储蓄、股票、理财、基金等方面的收益，巨大的市场预期刺激和吸引着民众向房地产行业投入大量资金。而地方政府出于自身利益考量在制定调控政策时往往不符合市场实际需求，执行中又打折扣，居民炒房行为并没有得到抑制。长此以往，导致房地产行业形成恶性循环。要建立房地产市场长效机制，就要坚定对炒房行为予以严厉打击。首先，实现房价平稳，削弱炒房对房地产投机预期的利益空间，这是从根本上杜绝炒房行为，有赖于房地产调控长效机制的作用。其次，对短期内炒房行为，通过短期的经济手段和法律手段予以限制和打压，如本次沈阳出台的稳房价各项措施极具调控效果，能够有效抑制房地产市场短期剧烈波动。最后，建立炒房黑名单，对参与炒房的主体加强监管，针对涉及的市场主体，当然也包括“囤地”或“捂盘惜售”开发商，设立评价机制，与企业或个人信用挂钩，借以约束市场主体。

2. 统筹兼顾其他经济发展目标

第一，要统筹城乡房地产市场均衡发展。近几年在推动城镇化建设过程中，沈阳周边地区进行了大量的开发，一方面盲目开发较多，房地产市场自身发育不健全，产生如房产大量空置、土地闲置或低效利用等问题；另一方面周边地区农民脱离原有的生活方式但又无法真正融入城市生活，在社会保障方面与城市居民有较大差异。推进新型城镇化建设的目的之一就是要统筹城乡经济实现均衡发展，房地产市场当然也要遵循这一原则，

① 涂力磊．建立长效机制：构建住房多层次供给体系［J］．金融博览（财富），2017（1）：19.

既要满足居民的居住需求，保障房地产市场发展，又要稳步推进城镇化战略。推进城乡建设用地市场一体化，保障农民能够享受到土地增值的收益，推行城乡建设用地市场同地同权同价制度，保障农村建设用地入市的规范性。

第二，兼顾老工业基地振兴战略中产业结构调整目标。当前，东北地区进入了新一轮的老工业基地振兴战略实施阶段，沈阳作为东北老工业基地之一，其产业结构特征与辽宁省总体产业结构特征呈现相似性，即第二产业比重过高，第一、第三产业比重较低，存在产能过剩的严重问题。而此次新一轮经济振兴重要举措之一就是要调整产业结构，要增加第三产业在产业结构中的比重，降低第二产业比重，去除过剩产能。土地作为产业发展的生产要素和物质载体，是产业结构调整的重要依托，土地供给必须与产业结构调整战略保持一致。因此，构建房地产市场长效机制必须要考虑到沈阳产业结构调整的要求，使房地产调控政策与产业结构调整战略相协调。目前，沈阳产业结构调整重心在鼓励发展第三产业，其涉及建设用地使用政府应保证及时有效供给，在供给过程中还应注意对存量建设用地的盘活和再开发，以提高土地利用效率。

7.3.2　坚持土地供给调控为长效机制的核心

1. 重点发挥规划和计划的调控作用

一般而言，土地供给主要调控方式有土地利用规划和土地利用计划。

第一，完善土地利用规划相关制度。土地利用规划一直被称为“准立法”，是调控土地资源总量配置的重要手段。各地方政府要制定一定时期内的土地利用规划，将各行各业用地配置作好安排，在该时期内遵照该规划内容执行各项土地政策。目前沈阳执行的是《沈阳市土地利用总体规划（2006—2020 年）》，但在 2016 年和 2017 年发布的调控政策中，都提到了供地规模的变化。笔者认为：加强土地供给调控，首先就要加强对土地利用规划权威性的认识，土地利用规划一经制定不能被随意突破；其次要加强土地利用规划的执行力，一经制定就要依据既定内容执行；最后要在编制土地利用规划时增加对公益性用地的保障。

第二，完善土地利用计划相关制度。土地利用计划包括新增建设用地计划指标、土地开发整理计划指标、耕地保有量计划指标。笔者认为：土地利用规划应牵动土地利用计划，依据市场机制科学制定年度利用计划，在编制和执行土地利用计划时，首先，要确保耕地保有量计划，不能突破耕地红线。其次，严格控制新增建设用地，对沈阳辖区的存量建设用地进行统计和收储，配置建设用地资源应优先供给存量建设用地。最后，建立用地指标交易制度，允许各地区间用地指标交易，实现对土地供给的灵活调整。

2. 严格执行土地用途管制

土地用途管制是土地资源优化配置的基础，对土地资源的配置功能主要体现在：对重要的农业与生态用地提供倾斜保护，改变农业用地与生态用地在市场竞价中的劣势；划定城乡建设用地扩展的边界，借由土地利用规划确定的建设用地规模，通过管制措施圈定建设用地扩展的最大边界，对建设用地的外延进行有效约束；借由土地利用规划、分区管制措施，引导土地开发的区位、时机和各种资源供给合理配置；促进城市土地用地结构的调整，借由发展权转移提高土地资源配置和优化空间结构[①]。

3. 土地供给与其他经济调控手段相配合

房地产市场调控中经济手段同样是不可或缺的。沈阳市在近期出台的调控政策中主要依赖信贷、税收、价格手段进行调控。笔者认为，产业、税收、价格和金融作为宏观经济调控的主要手段，应和“地根”相配合使用，形成“组合调控”，这样才能取得预期的调控效果。

7.3.3 完善房地产市场价格调控机制

1. 完善房地产定价机制

第一，将房地产定价纳入《价格法》的调控体系。我国《价格法》规定了三种定价方式：大多数商品和服务是基于市场主导进行定价，即市场调节价，价格是由市场供需关系和竞争而自然形成的；对于特定商品实行政府指导价，即由价格主管部门确定基准价格和浮动幅度，再由市场主体依据自身的具体情况进行定价；对某些关乎国计民生的商品，实行政府定价，即由政府在定价权范围内确定商品价格。房地产属于商品，理应纳入《价格法》调控体系，并结合其行业特征和产品特性确定其定价方式。

第二，对房产实行差别定价。在前文中论述了现阶段沈阳市房地产市场的三个需求层次，笔者认为：基于房地产市场长期健康发展考量，房地

---

① 杨惠．土地用途管制法律制度研究［M］．法律出版社，2010：138－141.

产的定价机制应实行差别化，针对不同的供给层次实行不同的定价机制。对于高端需求，应以市场定价和政府指导价相结合，其目的是抑制投机和限制土地向高端地产的供给；对于中端需求，以市场定价为主，主要是满足居民的刚性需求；对于低端需求，以政府指导价和政府定价为主，目的是保障低收入群体的居住权。

第三，在公益性用地和保障性住房价格中引入公共产品定价机制。沈阳的房地产市场采用招拍挂的方式确认地价，但是对那些作为公共产品使用的土地依然采用招拍挂的方式并不能突显出土地公共产品的特性。笔者认为，房地产作为一项关乎国计民生的重要资源，商业用途和供给应以市场调节为主导定价，而那些涉及公益性用地、生态用地和保障性住房的价格应依据公共产品定价机制确定，即采用听证方式确定价格。通过听证，在征求各方意见的基础上，政府科学合理地确定价格，更符合土地公共产品的属性。在房地产领域，沈阳现行的立法规定采用听证制度，但事实上，听证或流于形式或未被应用，无法真正实现公众对公共产品定价的参与。在公共产品供给领域亟须政府加强对听证机制的认识和重视。

2. 避免政府过度干预定价

价格机制在房地产市场调控过程中起着非常重要的作用，从沈阳和其他地区出台的调控政策就可以看出，限价都是首选的调控手段。笔者认为，在健康稳定的房地产市场中，商品房交易价格的确定还是应由市场调节起决定性作用，政府干预价格制定其实是对市场自主调节作用的破坏，政府干预下的价格无法真实地反映市场的供求关系。因此，政府对价格的干预应受到法律严格限制。如前所述，《价格法》应将房产和土地纳入其调控范围，政府定价权应由《价格法》授予，这样就能实现政府对房地产价格的合法干预。

7.3.4　坚持长效与短期调控措施相结合

房地产市场健康平稳发展需要坚持以长效调控措施为主、长效与短期调控措施相结合的原则：以长效措施为主要调控手段，辅以临时性措施应对短期内房地产市场波动，“长短兼备”才能保证有效调控。调控措施长效和短期的差别应体现在措施内容上，即调控工具是相同的，因具体措施内容不同对房地产市场产生的长效和短期不同的效果。如信贷政策，长效措施内容是基于市场调节而确定，在发生房价暴涨时通过严控信贷审批、提高信贷门槛的方式抑制投机。这样的调控方式能够确保政府既对房地产市场合法干预，又能确保干预程度实现有效干预。

此外，笔者认为，通过制度创新，丰富长效调控措施的种类更有利于房地产市场的健康发展。

第一，大力发展住房租赁。在2017年沈阳市出台了专门的住房租赁政策，力求培育和发展住房租赁市场。在新一轮房地产市场调控政策中，住房租赁是亮点之一，比起更为严厉的限售措施，住房租赁更能体现出疏导房地产市场刚性需求、实现房地产调控“软着陆”目标的优越性。上海已经有很多企业着手住房租赁业务，其中不乏大型国企。实施住房租赁应重点解决两个问题：一是是否能真正实现购租同权；二是配套立法和政策能否落实。

关于购租同权。所谓同权，是指租赁住房和购买住房享有相同的权益和公共服务，各地关于住房租赁试点立法也纷纷表示要实现“充分保障租赁人的合法权益”。从以往沈阳市住房租赁实践来看，租赁存在着碎片化和附属性，住房租赁市场充斥着个性化的选择，零散存在，作为购房市场的附属，存在感较弱，人们对住房租赁的认识也存在着偏颇，普遍认为租不如买，租赁仅仅是在居住需求和购买房屋之间过渡性的存在。要改变住房租赁市场的现状，扭转人们对租赁的认识，首要就需要在发展住房租赁市场的同时，做到购租同权，并完善相关立法形成制度予以保障。

关于配套立法和政策的落实。住房租赁不是新兴事物，但却是要以新的面貌呈现在人们眼前。因此，在建立住房租赁市场之前，相关立法和政策必须已经制定并着手落实。涉及三个方面配套立法和政策：首先是土地供给，作为租赁使用的住房用地应考虑选取存量建设用地，沈阳市区内有大量存量建设用地尚未被盘活，其中具有区位优势的可以用作住房租赁用地，借助其区位优势更能吸引人们选择租赁；其次是租赁企业的培育，鼓励国有、民营多种资本形式进入住房租赁市场，培育规模化租赁企业，租赁企业的准入应有一定限制，比如提供居住相关服务的物业企业可优先准入；最后是对住房租赁行业的法律规范，如办理租赁登记等，便于对住房租赁市场的监管。

第二，开征房地产税。自2013年中央提出开征房地产税以来，房地产税就一直居于热门话题前列，目前，房地产税开征已经在上海和重庆进行试点。但是，房地产税开征还存在很多法律上的障碍，无论是开征的法理依据、与招拍挂的重复征税、还是关于农民自建房是否征收等，都还存在争议。房地产税作为“控房价神器”仍有其征收的重要意义，对于房地产调控而言，房地产税能够减轻地方政府对土地财政的过度依赖，扩大土地供给数量，降低土地价格，不失为一种长效机制。

构建房地产市场长效机制是一个长期的过程，既需要完善现有的调控措施，又需要创新制度设计。无论哪种调控方式都需要经过时间和实践的检验，小心论证、大胆实践是我们在构建长效机制中所必须坚持的。

结　语

土地供给作为宏观调控工具参与调控房地产市场是我国宏观调控制度的创新。土地供给参与宏观调控的法学理论研究虽然落后于实践，但是，从最初的理论空白到通过实践探索总结规律和经验再到为土地供给参与宏观调控的制度运行构建法律框架却表明了我国土地供给参与宏观调控的法学理论研究发展迅速，对土地供给作为宏观调控工具的认识也不断加深，理论研究取得了丰硕的成果，可以为土地供给参与宏观调控实践提供法学意义上的指导。笔者对本书的写作倾注了全部的热情，希望尽自己的绵薄之力，能为土地供给参与宏观经济调控的法学理论研究贡献一份力量，以期有所助益。

现阶段，中央政府对房地产市场宏观调控程度还在不断加深，现行的调控政策也在不断完善，法律规范的介入无疑是为土地供给参与宏观调控制度运行注入强大的活力。制度的运行需要法律规范为其提供保障，政府行为也需要法律规范的约束，土地供给参与宏观调控构建的正当性标准则是土地供给成为宏观调控工具的最有力的法律制度保障和调控决策制定的有力约束，保证土地供给参与宏观调控不偏离社会公共利益目标，保障政府调控权力在法律的规范下正当行使。

关于土地供给参与宏观调控的法学研究还可以进行扩展和加深，如集体建设用地流转对土地供给制度的影响、对房地产市场的影响；如何保障土地储备制度运行过程中公共利益目标的实现；土地一级开发制度、土地租税费体系等制度运行中存在的问题；此外，本书研究讨论的公益用地、土地利用规划、土地计划指标、土地价格机制、中央与地方政府调控权力配置、调控程序规范化等问题也可以就某一方面作深入探讨。笔者会在本书研究基础上，继续致力于考察土地供给参与宏观调控政策的运行情况和与之相关的法律规范完善情况，持续跟进并适时扩展本书的研究。

附录

2003 年至 2021 年我国房地产市场宏观调控政策

一、2003—2007 年房地产市场升温时期：以清查开发区、抑制房地产过热为目标

表 1　　2003 年调控政策

时间	制定机关	调控政策及概要
2 月	国土资源部	《关于清理各类园区用地加强土地供应调控的紧急通知》，清理违规设立的各类园区，严禁违法下人土地审批权，严禁任何单位和个人使用农民集体所有土地进行商品房开发，严格控制土地供应总量，优化土地供应和布局，加大土地监管力度
6 月	中国人民银行	《关于进一步加强房地产信贷业务管理的通知》（简称 121 号文件），调整商业银行个人住房贷款政策。规定对购买高档商品房、别墅或第二套以上（含第二套）商品房的借款人，适当提高首付款比例，不再执行优惠住房利率规定
7 月	国务院	《关于暂停审批各类开发区的紧急通知》，提出“一律暂停审批新设立和扩建各类开发区”，土地调控全面启动
7 月	国务院	《关于清理整顿各类开发区加强建设用地管理的通知》，全面清查和整顿规范各类开发区，并加强开发区建设用地的集中统一管理

续表

时间	制定机关	调控政策及概要
8月	国务院	《关于促进房地产市场持续健康发展的通知》(简称18号文件),首次明确指出"房地产业关联度高,带动力强,已经成为国民经济的支柱产业",并提出促进房地产市场持续健康发展是保持国民经济持续快速健康发展的有力措施,对符合条件的房地产开发企业和房地产项目要继续加大信贷支持力度
11月	国务院	《关于加大工作力度进一步治理整顿土地市场秩序的紧急通知》,加大治理整顿力度,纠正地方政府等待观望的态度。调控由开发区建设用地向整个土地市场延伸

表2　　2004年调控政策

时间	制定机关	调控政策及概要
3月	国土资源部和监察部	《关于继续开发经营性土地使用权招标拍卖挂牌出让情况执法监察工作的通知》,全面推行经营性用地招拍挂出让制度,严肃查处违法违规批地用地行为
4月	国务院办公厅	《关于深入开展土地市场治理整顿严格土地管理的紧急通知》,严格审查土地出让、审批过程中出现的问题,保护基本农田,保护耕地,执行土地利用总体规划和年度计划,并实行耕地占补平衡
8月	国土资源部	《关于贯彻落实国务院紧急通知精神进一步严格土地管理的通知》,又称"831大限",规定所有经营性用地必须统一实行公开竞价出让,开发商获得的土地两年内不开发予以收回
10月	国务院	《关于深化改革严格土地管理的决定》,该文件系统提出了严格执法,加强土地利用总体规划、城市总体规划、村庄和集镇规划实施管理;完善征地补偿和安置制度;健全土地节约利用和收益分配机制;建立完善耕地保护和土地管理的责任制度,明确土地管理的权力和责任等深化改革严格土地管理的各项措施。该文件被认为是土地参与新一轮宏观调控的标志性文件

表 3 2005 年调控政策

时间	制定机关	调控政策及概要
3 月	国务院	《关于切实稳定住房价格的通知》，提出抑制住房价格过快上涨的八项措施（简称“国八条”），建立政府负责制，将稳定住房价格提升到政治高度。政策内容：一、高度重视稳定住房价格；二、切实负起稳定住房价格的责任：房价提高到政治高度，建立政府负责制，省政府负总责，对住房价格上涨过快，控制不力，要追究有关责任人责任；三、大力调整住房供应结构，调整用地供应结构，增加普通商品房和经济住房土地供应，并督促建设；四、严格控制被动性住房需求，主要是控制拆迁数量；五、正确引导居民合理消费需求；六、全面监测房地产市场运行；七、积极贯彻调控住房供求的各项政策措施；八、认真组织对稳定住房价格工作的督促检查
4 月	国务院及相关部门	国务院常务会议提出，当前加强房地产市场引导和调控要采取八项措施（简称“新国八条”），对“国八条”进一步细化、延伸。随即，国务院转发由建设部等七部委联合制定的房地产调控操作层面的细化方案。“新国八条”：一、强化规划调控，改善商品房结构；二、加大土地供应调控力度，严格土地管理；三、加强对普通商品住房和经济适用住房价格的调控，保证中低价位、中小户型住房的有效供应；四、完善城镇廉租住房制度，保障最低收入家庭基本住房需求；五、运用税收等经济手段调控房地产市场，特别要加大对房地产交易行为的调节力度；六、加强金融监管；七、切实整顿和规范市场秩序；八、加强市场监测，完善市场信息披露制度

表 4 2006 年调控政策

时间	制定机关	调控政策及概要
5 月	国务院	国务院总理温家宝主持召开国务院常务会议。会上提出了住房供应结构、税收、信贷、土地、廉租房和经济适用房建设等六项措施，称为“国六条”，新一轮调控大幕开启
5 月	国务院九部委	《关于调整住房供应结构稳定住房价格的意见》出台了涉及税收、信贷、土地等政策、对“国六条”作了细化，即“九部委意见”。规定加大对闲置土地的处置力度，对超出合同约定动工开发日期满一未动工开发的，依法从高征收土地闲置费，并责令限期开工、竣工；满二年未动开发的，无偿收回土地使用权。对虽按照合同约定日期动工建设，但开发建设面积不足三分之一或已投资额不足四分之一，且未经批准中止开发建设连续满一年的，按闲置土地处置

续表

时间	制定机关	调控政策及概要
7月	国务院	《关于建立国家土地督察制度有关问题的通知》，在国土资源部设立国家土地总督察办公室，派出北京、沈阳、上海、南京、济南、广州、武汉、成都、西安9个国家土地督察局，国家土地督察制度正式建立，全国省（区、市）及计划单列市的土地审批利用全部纳入严格监管
8月	国务院	《关于加强土地调控有关问题的通知》，这是继2004年《国务院关于深化改革严格土地管理的决定》出台后，中央政府在土地管理和调控政策上的又一次重大调整，明确地方政府职责，关注以征代租问题，调整土地财政分配，加大对土地违法违规行为查处的力度
8月	国土资源部	《招标拍卖挂牌出让国有土地使用权规范（试行）》和《协议出让国有土地使用权规范（试行）》正式施行，规范招标拍卖挂牌或协议出让，作为“国六条”的实施细则之一，两则细则从8月1日实施，从源头进行调控。新《规范》要求，房屋销售价格限制、销售对象、套型结构比例等条件将直接作为土地出让合同的重要内容，只有符合房价销售限制等要求的开发商，才有资格获得土地使用权。国有土地使用权的范围作了细化，进一步明确六类情形必须纳入招标拍卖挂牌出让国有土地范围：供应商业、旅游、娱乐和商品住宅等各类经营性用地以及有竞争要求的工业用地，并建立国有土地出让的协调决策机构和价格争议裁决机制
11月	财政部、国土资源部和中国人民银行	《关于调整新增建设用地土地有偿使用费政策等问题的通知》，规定从2007年1月1日起，新批准新增建设用地的土地有偿使用费征收标准在原有基础上提高1倍，同时调整地方分成的新增建设用地土地有偿使用费管理方式。地方分成的70%部分，一律全额缴入省级国库
12月	国土资源部	《关于发布实施〈全国工业用地出让最低价标准〉的通知》，正式取消低地价、零地价出让工业用地。

表5　　2007年调控政策

时间	制定机关	调控政策及概要
3月	国务院	要求执行最严格的耕地保护政策，坚守18亿亩红线
3月—7月	中国人民银行	央行连续5次加息、10次提高存款准备金率，采取紧缩的货币政策，通过货币手段调控房地产市场

续表

时间	制定机关	调控政策及概要
6 月	建设部	提示居民不要购买集体建设用地上的房屋
9 月	中国人民银行	央行出台新政 购买第二套住房首付比例不得低于 50%
10 月	国土资源部	《关于进一步加强土地供应调控的通知》，通知明确提出，各地要合理控制单宗土地供应规模，缩短土地开发周期，每宗地的开发建设时间原则上不得超过 3 年，同时还明确要优先安排用于解决城市低收入家庭住房困难的住房用地，廉租住房、经济适用房和中低价位、中小套型普通商品住房建设用地，其年度供应总量不得低于住宅供应总量的 70%

二、2008—2010 年刺激房地产发展时期：以保障房地产稳定发展为目标

表 6　　2008 年调控政策

时间	制定机关	调控政策及概要
1 月	国务院	《关于促进节约集约用地的通知》，指出土地闲置满两年、依法应当无偿收回的，坚决无偿收回，重新安排使用；土地闲置满一年不满两年的，按出让或划拨土地价款的 20% 征收土地闲置费。对闲置土地特别是闲置房地产用地要征缴增值地价，国土资源部要会同有关部门抓紧研究制订具体办法
1 月	国务院	《关于严格执行有关农村集体建设用地法律和政策的通知》，规定村民出租出售住房后将不得获批宅基地，任何单位和个人不得非法租用、占用农民集体所有土地搞房地产开发，严禁通过“村改居”等方式，非法将农民集体所有土地转为国有土地，严格农民集体所有建设用地使用权流转，用于商品住宅开发
2 月	国务院	《土地调查条例》，为全面查清土地资源和利用状况，掌握真实准确的土地基础数据，有效保护土地资源，实施最严格的耕地保护制度，加强和改善宏观调控提供了政策和法律方面的依据
3 月	国土资源部	《土地违法案件查处办法》，为土地管理部门正确、及时查处土地违法提供了法律依据

续表

时间	制定机关	调控政策及概要
5月	国务院	《中华人民共和国政府信息公开条例》，行政机关对符合下列基本要求之一的政府信息应当主动公开：涉及公民、法人或者其他组织切身利益的；需要社会公众广泛知晓或者参与的；反映本行政机关机构设置、职能、办事程序等情况的；其他依照法律、法规和国家有关规定应当主动公开的
7月	国土资源部、国家工商总局	《国有建设用地使用权出让合同》示范文本实施，进一步规范国有建设用地使用权出让，根据示范文本要求，受让人应按合同约定付清全部出让价款后，方可申请出让国有建设用地使用权登记，商品住宅项目原则上开发时间最长不得超过三年

表7　　2009年调控政策

时间	制定机关	调控政策及概要
5月	国土资源部	《国土资源部关于切实落实保障性安居工程用地的通知》，要求各级国土资源管理部门从保增长、保民生、保稳定的高度出发，认识保障性安居工程的重要性，重点抓好城市廉租住房和林区、垦区、矿区棚户区改造，以及农村危房改造、游牧民定居建设用地的供应管理工作，确保保障性安居工程的顺利落地；加快编制和修编2010—2011年和今年保障性住房用地供应计划，统筹协调及时调整土地供应结构，扩大民生用地的比例，确保保障性住房用地的需求
5月	国土资源部	《国土资源部关于调整工业用地出让最低价标准实施政策的通知》（国土资发［2009］56号）。针对经济形势和土地市场运行变化情况，为进一步落实党中央、国务院关于扩大内需促进经济平稳较快发展的重大决策，更好地履行部门职责，充分发挥地价政策在宏观调控中的作用，对《全国工业用地出让最低价标准》实施政策进行适当调整
11月	国土资源部国家发改委	《限制用地项目目录（2006年本增补本）》和《禁止用地项目目录（2006年增补本）》，规定商品住宅用地的宗地出让面积小城市（镇）不超过7公顷，中等城市不超过14公顷，大城市不能超过20公顷，通过明确的限制，有效防范土地闲置，缩短开发商占地周期
12月	财政部、国土资源部、监察部、中国人民银行	《关于进一步加强土地出让收支管理的通知》，将开发商拿地的首付款比例提高到五成，且分期缴纳全部价款的期限上原则不超过一年，在一定程度上遏制开发商争当“地王”及地方政府过度依赖“土地财政”

表 8　　2010 年调控政策

时间	制定机关	调控政策及概要
1 月	国务院	《国务院办公厅关于促进房地产市场平稳健康发展的通知》（简称“国十一条”），严格二套房贷款管理，首付不得低于 40%，加大房地产贷款窗口指导
1 月	国土资源部	《国土资源部关于改进报国务院批准城市建设用地申报与实施工作的通知》提出，申报住宅用地的，经济适用住房、廉租住房和中低价位、中小套型普通商品住房用地占住宅用地的比例不得低于 70%
3 月	国土资源部	《关于加强房地产用地供应和监管有关问题的通知》，该通知明确规定开发商竞买保证金最少两成、1 月内付清地价 50%、囤地开发商将被“冻结”等 19 条内容
3 月	国土资源部	召开多次会议，对房地产用地突出问题进行专项检查，针对擅自改变土地用途、违规供应土地建设别墅和囤地炒地等问题；并提出，在今年住房和保障性住房用地供应计划没有编制公布前，各地不得出让住房用地；将在房价上涨过快的城市开展土地出让招拍挂制度完善试点；各地要明确并适当增加土地供应总量；房价上涨过快、过高的城市，要严控向大套型住房建设供地
4 月	国务院	《关于坚决遏制部分城市房价过快上涨的通知》，实行更为严格的差别化住房信贷政策，发挥税收政策对住房消费和房地产收益的调节作用；增加居住用地有效供应，调整住房结构，加强对地产开发企业购地和融资的监管，完善房地产市场信息披露制度
5 月	国家税务总局	《关于土地增值税清算有关问题的通知》，明确了土地增值税清算过程中若干计税问题。如房企逾期开发缴纳的土地闲置费不得在土地增值税中扣除、土地增值税清算时收入确认的问题等
9 月	国土资源部、住建部	《关于进一步加强房地产用地和建设管理调控的通知》。该《通知》明确，企业违约开发土地、因自身原因土地闲置一年的，都将禁止竞买资格

三、2011—2012 年抑制房地产价格时期：以抑制房地产价格过快上涨、调整供给结构为目标

表 9　　2011 年调控政策

时间	制定机关	调控政策及概要
1 月	国务院	《国务院办公厅关于进一步做好房市场调控工作有关问题的通知》，称“国八条”。落实地方政府责任，加大保障性安居 建设力度，落实住房保障和稳定房价工作的问责机制
3 月	国土资源部	要求各地及时编制公布城市住房用地供应计划并认真组织实施，对落实国家 1000 万套保障性安居工程建设用地实行责任制，重点加强对保障性安居工程住房用地开发利用的监督管理，确保任务落地，应保尽保
5 月	国土资源部	《关于严格落实异常交易地块上报制度有关问题的》的函，加强对土地市场的监控
5—6 月	国土资源部	接连出台多项政策措施，加大保障房用地的供应规模，加强保障性住房用地管理和督察，坚持并完善土地出让制度，贯彻落实新“国八条”和全国保障性安居工程工作会议精神，完善国家房地产宏观调控的各项要求

表 10　　2012 年调控政策

时间	制定机关	调控政策及概要
2 月	国土资源部	召开房地产调控新闻发布会，表示要坚决贯彻落实中央调控政策不动摇，坚决促进房地产市场健康平稳发展，保障性安居工程用地坚决应保尽保，违法违规用地坚决打击，一手抓以保障性安居工程为主的住房用地供应，同时也要抓好已供土地的开发利用建设，及早形成有效供应。叫停各地擅自对中央调控进行的更改，并一再重申必须坚持房地产掏空政策不动摇
2 月	国土资源部	启动“小产权房清理试点工作”，小产权房不予确权登记
2 月	国土资源部	《关于做好 2012 年房地产用地管理和调控重点工作的通知》，编制 2012 年住房用地计划，计划总量原则上不低于过去 5 年年均实际供应量，保障性住房、棚户区改造住房和中小套型普通商品住房用地不低于总量的 70%，确保保障安居工程住房用地

续表

时间	制定机关	调控政策及概要
3 月	住建部	《建设用地容积率管理办法》，地方出让国有建设用地必须有容 积率条件，否则合同无效。容积率不得擅自修改，也不得以政府会议纪要等形式修改，必须经过公开论证，公布参与论证专家名单，并接受社会监督，未确定容积率地块不得出让使用权
3 月	国土资源部	发布"禁墅令"，停止别墅类用地的土地供应
3 月	国务院	政府工作报告，不放松房地产市场调控
4 月	国土资源部	部署 2012 年房地产用地供应和监管工作，对保障性住房用地应保尽保，单独报批，鼓励使用存量土地；合理增加普通商品住房用地供给，及时编制住房供地计划并向社会公布；及时依法依规查处违约违规用地，加大闲置土地处理力度，促进已供土地尽快开发建设
6 月	国土资源部、国家发改委	《限制用地项目目录（2012 年本）》和《禁止用地项目目录（2012 年本）》，两目录自发布起实施，别墅类房增项目首次列入目录
7 月	国土资源部	修订《闲置土地处理办法》并于 7 月 1 日施行，强化对闲置土地的预防和监管，明确了闲置土地的认定标准，完善了闲置土地处置程序，将从制度上弥补非法"囤地"和不按时动工开发的漏洞
11 月	国土资源部、财政部、中国人民银行和中国银监会	《关于加强土地储备与融资管理的通知》，要求加强土地储备管理，强化土地储备融资风险管控

四、2013—2015 年稳定房地产市场时期：以保障房地产市场平稳发展为目标

表 11　　2013 年调控政策

时间	制定机关	调控政策及概要
3 月	国务院	国务院办公厅发布《关于继续做好房地产市场调控工作的通知》，称"国五条"，规定完善稳定房价工作责任制，坚决抑制投机投资性购房，增加普通商品住房及用地供应，加快保障性安居工程规划建设

表 12　　2014 年调控政策

时间	制定机关	调控政策及概要
3 月	国务院	政府工作报告，要完善住房保障机制，创新政策性住房投融资机制和工具。针对不同城市情况分类调控，增加中小套型商品房和共有产权住房供应，抑制投机投资性需求
7 月	住建部	陈政高对下半年房地产政策的完善提出了三点落实意见：千方百计地消化库存；进一步加强房地产结构调整；以及完善房地产项目周边配套设施

五、2015—2020 年 房地产市场供给侧结构性改革时期：化解房地产库存，建立房地产市场健康发展的长效机制

表 13　　2015 年调控政策

时间	制定机关	调控政策及概要
1 月	住建部	发布《关于加快培育和发展住房租赁市场的指导意见》，明确提出多管齐下发展住房租赁市场，多来源增加住房租赁市场资金供给
3 月		“两会”中提出，要“加快培育消费增长点，稳定住房消费。坚持分类指导，因地施策，落实地方政府主体责任，支持居民自住和改善性住房需求，促进房地产市场平稳健康发展
3 月	国务院	国务院出台《不动产登记暂行条例》，整合不动产登记职责、建立不动产统一登记制度。
3 月—12 月	中央多部委	土地控供应调结构，优化增量盘活存量提高利用效率。 3 月份国土部、住建部发文要控制土地供应规模，提出未开发房地产用地转型利用，同时允许房地产开发企业适当调整套型结构。 9 月国土资源部、住房城乡建设部等六部委下发《关于支持新产业新业态发展促进大众创业万众创新用地的意见》。 11 月国务院出台《关于积极发挥新消费引领作用加快培育形成新供给新动力的指导意见》和《关于加快发展生活性服务业促进消费结构升级的指导意见》。 12 月国土部、住建部、国家旅游局发布《关于支持旅游业发展用地政策的意见》

表 14　2016 年调控政策

时间	制定机关	调控政策及概要
2015 年 12 月	中央	中央经济工作会议，提出 2016 年经济工作的五大任务之一就是化解房地产库存，实行供给侧改革
5 月	国土资源部	《土地利用年度计划管理办法》颁布实施
全年	各地方政府	为了限制房价上涨，各地方出台不同政策进行调控，比如限购、限贷、限价等。如上海市出台《关于进一步完善本市住房市场体系和保障体系促进房地产市场平稳健康发展的若干意见》（沪九条）等

表 15　2017 年调控政策

时间	制定机关	调控政策及概要
1 月	住房城乡建设部、财政部、国土资源部	住房城乡建设部、财政部、国土资源部发布《关于进一步做好棚户区改造工作有关问题的通知》，要求加速推进棚改，依法依规控制棚改成本，科学规划棚改腾空的土地，注重配套和环境建设，优先安排出让棚改腾空的土地，同步推进产业发展
2 月	住建部	住建部召开新闻发布会，提出建立房地产的基础性制度和长效机制的条件，保持房地产市场平稳健康的发展
2 月	国务院	国务院印发《全国国土规划纲要（2016—2030 年）》，贯彻区域发展总体战略和主体功能区战略，推动“一带一路”建设、京津冀协同发展、长江经济带发展战略落实，对国土空间开发、资源环境保护、国土综合整治和保障体系建设等作出总体部署与统筹安排
5 月	国土资源部	①国土资源部印发《2017 年全国土地利用计划》，提出促进房地产市场平稳健康发展。房地产库存压力过大的城镇要减少乃至停止下达住房建设新增建设用地指标。房价上涨压力大的城市要统筹存量和增量建设用地，综合考虑区域人口、就业、公共服务设施建设等因素，优化土地供应结构，相应增加年度住宅用地供应。 ②发布《中华人民共和国土地管理法（修正案）》（征求意见稿）并开始公开征求意见。修正案针对我国当前土地征收制度不完善，农村集体经营性建设用地不能与国有建设用地同等入市、同权同价，宅基地用益物权尚未完整落实，土地增值收益分配机制不健全等实际问题，对《土地管理法》做出相应修改
全年	各地方政府	在“因城施策、因地制宜”的调控原则指导下，密集出台限购、限贷、限价、限售、打击“商改住”、鼓励租赁市场发展等多种政策，推动楼市平稳理性发展

表 16　　2018 年调控政策

时间	制定机关	调控政策及概要
12 月	自然资源部	《关于批而未供土地处置有关问题的通知》，加快推进批而未供土地处置工作。
全年	各地方政府	继续落实“房住不炒”的住房调控政策，集中在限价，限购、限售、限贷、限商、限商、限地等方面，抑制和打击房地产投机

表 17　　2019 年调控政策

时间	制定机关	调控政策及概要
7 月	中央	中央经济工作会议，明确坚持继续落实房子是用来住的、不是用来炒的定位，落实房地产长效管理机制
全年	各地方政府	继续落实“房住不炒”的住房调控政策，政策密集出台，仍集中在限价，限购、限售、限贷、限商、限商、限地等方面

表 18　　2020 年调控政策

时间	制定机关	调控政策及概要
5 月	国务院	政府工作报告，疫情形势下，要稳住经济基本盘，集中精力抓好“六稳”、“六保”，尤其要守住“六保”底线。坚持房子是用来住的、不是用来炒的定位，因城施策，促进房地产市场平稳健康发展
7 月	住建部	住建部召开房地产工作座谈会，北京、上海、广州、深圳、南京、杭州、宁波、成都、长沙和沈阳 10 城参会，坚持稳地价、稳房价、稳预期，因城施策、一城一策，从各地实际出发，采取差异化调控措施，及时科学精准调控，确保房地产市场平稳健康发展
8 月	住建部	住建部再次召开房地产工作会商会，沈阳、长春、成都、银川、唐山和常州等 6 城参会，其中沈阳、成都已是两次参会。会议强调，毫不动摇房子是用来住的、不是用来炒的定位，坚持不将房地产作为短期刺激经济的手段，保持调控政策连续性稳定性，确保房地产市场平稳健康发展
12 月	中央	中央经济工作会议，解决好大城市住房突出问题。要坚持房子是用来住的、不是用来炒的定位，因地制宜、多策并举，促进房地产市场平稳健康发展

参考文献

▲ 著作

[1] [美] E. 博登海默，邓正来译．法理学——法律哲学与法律方法 [M]. 北京：中国政法大学出版社，2004：90 - 100.

[2] [美] 阿瑟·奥沙利文，苏晓燕，常荆莎，朱雅丽主译．城市经济学 [M]. 北京：中信出版社，2003：78 - 90.

[3] [美] 迈克尔·D. 贝勒斯，张文显译．法律的原则：一个规范的分析 [M]. 北京：中国大百科全书出版社，1996：34.

[4] [美] 约瑟夫·斯蒂格利茨，卡尔·沃尔什，黄险峰，张帆译．经济学（下册）[M]. 北京：中国人民大学出版社，2005：56.

[5] 操小娟．土地利用中的利益衡平的法律问题研究 [M]. 北京：人民出版社，2006：85.

[6] 陈会广，张芳怡，付坚强等．土地法学 [M]. 厦门：东南大学出版社，2010：99.

[7] 陈利根．土地用途管制研究 [M]. 北京：中国大地出版社，2001：55.

[8] 陈耀东．新编房地产法学 [M]. 北京：北京大学出版社，2009：34 - 39.

[9] 崔云．土地资源与城市房地产研究 [M]. 北京：经济科学出版社，2009：78 - 80.

[10] 但承龙．土地可持续利用规划理论与方法 [M]. 北京：经济管理出版社，2004：66 - 69.

[11] 董玉明．市场经济条件的计划法研究 [M]. 北京：书海出版社，2001：64.

[12] 范恒山．土地政策与宏观调控 [M]. 北京：经济科学出版社，

2010，23－30.

［13］曹培霖．政府与市场［M］．杭州：浙江人民出版社，1998.

［14］曲波．中国城市化和市场化进程中土地计划管理研究［M］．北京：经济管理出版社，2011.

［15］吕忠梅，陈虹．经济法原理［M］．北京：法律出版社，2007：423.

［16］李涛．中国土地市场：运行机制、宏观调控和绩效评价［M］．北京：经济科学出版社，2012：84－89.

［17］佟丽华，白羽．和谐社会与公益法［M］．北京：法律出版社，2005：7－8.

［18］张幼文，陈林．市场经济体制国际比较概论［M］．上海：东方出版中心，1998．42.

［19］朱玉明，黄然．土地出让金管理与土地调控政策［M］．北京：经济科学出版社，2006：90－191.

［20］符启林．房地产法［M］．北京：法律出版社，2004：34－49.

［21］符启林．经济法学［M］．北京：中国政法大学出版社，2005：157－159.

［22］甘藏春．土地宏观调控创新理论与实践［M］．北京：中国财政经济出版社，2009：96.

［23］郜永昌．土地用途管制法律制度研究：以土地用途管制权为中心［M］．厦门：厦门大学出版社，2010：10－23.

［24］耿毓修，黄均德．城市规划行政与法制［M］．上海：上海科学技术文献出版社，2002：19.

［25］郭洁．土地关系宏观调控法研究［M］．沈阳：辽宁大学出版社，2004：99.

［26］郭洁．土地所有权一体保护立法研究［M］．北京：知识产权出版社，2011：55.

［27］郭洁．土地资源保护与民事立法研究［M］．北京：法律出版社，2002：89.

［28］国家计划发展委员会．中国21世纪发展议程——中国21世纪人口、环境与发展白皮书［M］．北京：中国环境科学出版社，1994：52.

［29］国土资源部土地估价师资格考试委员会．土地管理基础［M］.

北京：地质出版社，2000：99.

[30] 黄范章．外国市场经济的理论分析与实践［M］．北京：商务印书馆，1998：45.

[31] 季卫东．法律程序的意义［M］．北京：中国法制出版社，2004：2.

[32] 姜爱林．土地政策基本理论研究［M］．北京：中国大地出版社，2001：74－79.

[33] 姜明安．行政法与行政诉讼法［M］．北京：北京大学出版社、高等教育出版社，1999：64.

[34] 靳相木．地根经济：一个研究范式及其对土地宏观调控的初步应用［M］．杭州：浙江大学出版社，2007：6.

[35] 李力．宏观调控法法律制度研究［M］．南京：南京师范大学出版社，1998：78.

[36] 李善同．“十一五”期间及2020年中国经济增长前景分析［A］．21世纪数量经济学（第6卷）［C］．2005：9.

[37] 刘莘．行政立法研究［M］．北京：法律出版社，2003：102.

[38] 刘艳君，刘勇，韩桐魁．土地宏观调控在宏观调控中的传导［M］．上海：上海社会科学院出版社，2006：77.

[39] 楼建波，张双根，金锦萍等．土地储备及土地一级市场法律制度［M］．北京：中国法律出版社，2009：89－93.

[40] 卢炯星．宏观调控法［M］．厦门：厦门大学出版社，2005：97.

[41] 卢为民．土地政策与宏观调控［M］．北京：经济科学出版社，2008：89.

[42] 卢新海．中国城市土地储备制度研究［M］．北京：科学出版社，2008：93.

[43] 欧阳日辉．宏观调控中的中央与地方关系［M］．北京：中国财政经济出版社．2008.

[44] 潘文灿．中外专家论国土规划［M］．北京：中国大地出版社，2003：89－90.

[45] 濮励杰，黄贤金，周寅康．城市土地供应与房地产市场运行研究［M］．北京：科学出版社，2008：77.

[46] 蹼励杰，彭补拙．土地资源管理［M］．南京：南京大学出版社，2002.

[47] 漆多俊．宏观调控法研究［M］．北京：中国方正出版社，2007：33－35.

[48] 漆多俊．经济法基础理论（第三版）［M］．武汉大学出版社，2000：89－93.

[49] 乾威，马国泉．西方公共行政案例［M］．上海：复旦大学出版社，2002：93.

[50] 上海社会科学院房地产业研究中心、上海市房产经济学会．土地供给在宏观调控中的传导［M］．上海：上海社会科学院出版社，2007：68.

[51] 沈开举，杨俊峰．中国土地制度改革研究［M］．北京：法律出版社，2014：362.

[52] 沈守愚．土地法学通论［M］．北京：中国大地出版社，2002：40.

[53] 沈宗灵．法理学［M］．北京：北京大学出版社，1999：38－39.

[54] 孙国华，朱景文．法理学［M］．北京：中国人民大学出版社，1999：23－26.

[55] 汤明根，引擎：中国开发区时代使命［M］．北京：中国经济出版社，2010：7.

[56] 佟丽华，白羽．和谐社会与公益法［M］．北京：法律出版社，2005：7－9.

[57] 汪秀莲，王静．日本韩国土地管理法律制度与土地利用规划制度及其借鉴［M］．北京：中国大地出版社，2004：22－23.

[58] 王才亮．反思中国房地产制度与实践［M］．北京：法律出版社，2009：20－30.

[59] 王万茂．土地利用规划学［M］．北京：中国大地出版社，2008：9.

[60] 王卫国．中国土地权利研究［M］．北京：中国政法大学出版社．1997：156.

[61] 王文革．土地市场供应法律问题［M］．北京：法律出版社，2007：35－39.

[62] 邬丽萍. 城市土地价格机制研究 [M]. 北京：经济科学出版社，2007：34 -39.

[63] 吴次芳，叶艳妹. 土地科学导论 [M]. 北京：中国建材出版社，1995：77.

[64] 肖金明. 法治行政的逻辑 [M]. 北京：中国政法大学出版社，2002：14.

[65] 谢戈力. 土地参与宏观经济调控的理论与实践 [D]. 武汉理工大学博士学位论文，2011.

[66] 熊方军，马永开. 中国房地产市场非均衡性与分类宏观调控 [M]. 北京：科学出版社，2009：23 -25.

[67] 严金明. 中国土地利用规划 [M]. 北京：中国经济出版社，2001：34 -38.

[68] 杨三正. 宏观调控权论 [M]. 厦门：厦门大学出版社，2007：45 -47.

[69] 杨志荣. 土地供给政策参与宏观调控的理论与实证研究 [M]. 西安：电子科技大学出版社，2009：50 -56.

[70] 袁铖. 制度变迁过程中农民土地权利保护研究 [M]. 北京：中国社会科学出版社，2010：22 -27.

[71] 张红霞. 城市土地市场运行的政府调控评价研究 [D]. 华中科技大学博士学位论文，2010.

[72] 张军连. 土地法学 [M]. 北京：中国农业大学出版社，2001：23 -30.

[73] 张立彦. 中国政府土地收益制度研究 [M]. 北京：中国财政经济出版社，2010：23 -28.

[74] 张敏莉. 城市土地管理 [M]. 北京：化学工业出版社，2010：111.

[75] 张庆华. 中国土地法操作实务 [M]. 北京：法律出版社，2004：20.

[76] 中国土地矿产法律事务中心编. 张晓丽，杨重光主编. 土地政策参与宏观调控探索 [M]. 北京：地质出版社，2007：21 -23.

[77] 中国土地矿产法律事务中心. 张晓丽，杨重光主编. 土地政策参与宏观调控探索 [M]. 北京：地质出版社，2007：90 -91.

［78］周长才．宏观调控以来的中国经济分析［M］．北京：中国时代经济出版社，2004：77.

［79］朱道林．土地管理学［M］．北京：中国农业大学，2007：299.

［80］孟庆瑜，刘武朝．自然资源法基本问题研究［M］．北京：中国法制出版社，2006.

［81］王文革．土地供应法律问题［M］．北京：法律出版社，2005：214.

［82］杨惠．土地用途管制法制制度研究［M］．北京：法律出版社，2010.

［83］沈守愚，陈利根．论土地用途管制的法权基础［M］．北京：北京大学出版社，1997：105.

▲ **期刊论文**

［1］颜运秋，石新中．论法律中的公共利益［J］．中国人民公安大学学报，2004（4）：76.

［2］陈炎村．我国房地产业首先是民生产业［J］．中国经济问题，2010（4）：57－60.

［3］罗湖平，谢炳庚．中国土地隐形市场及其显形化路径［J］．经济地理，2017（3）：166－173.

［4］涂力磊．建立长效机制：构建住房多层次供给体系［J］．金融博览（财富），2017（1）：19.

［5］高进阳，孟换兆．土地宏观调控的传导机制［J］．开放导报，2006（2）：27.

［6］李援月．我国房地产价格的宏观调控法分析土地宏观调控的传导机制［J］．商业文化，2011（2）：151.

［7］孔凡文，洪涤，王钦．论我国土地宏观调控［J］．沈阳建筑大学学报（社会科学版），2007（4）：202－205.

［8］伏玉林，李洋．对土地政策参与宏观经济调控的思考［J］．建筑经济，2006（6）：64－68.

［9］甘藏春．构建中国特色的土地政策参与宏观调控体系［J］．中国土地，2008（1）：32－34.

［10］陈丽，曲福田，师学义．土地利用规划中的利益均衡问题［J］.

中国土地科学，2006（10）：42－47.

[11] 吴次芳，邵霞珍．土地利用规划的非理性、不确定性和弹性理论［J］．浙江大学学报（人文社会科学版），2005（7）：99－104.

[12] 吴胜利，蒲杰，张焱．论建设用地指标交易的法律构造［J］．民主与法制，2002（5）：140－143.

[13] 王利军，徐东瑞，崔立昌．中国土地价格形成分析［J］．河北师范大学学报（哲学社会科学版），2003（5）：55－58.

[14] 马奎．论西方政府干预经济理论的演变［J］．经济评论，2001（3）：44.

[15] 朱华政．论政府干预经济的效率机制［J］．企业经济，2005（11）：11.

[16] 李永成．政府干预经济的中国经济法思考［J］．经济法论坛，2008（2）：113－128.

[17] 张安录．紧缩地根下政府的职能和行为规范——兼论土地政策在国民经济宏观调控中的运作［J］．理论月刊，2007（4）：5－9.

[18] 刘晓英．供地政策对房地产价格的影响分析［J］．中国物价，2005（8）：61－63.

[19] 王晓东．土地供应政策对房地产市场的影响探析［J］．商，2013（6）：243－244.

[20] 孙小宏，郑思齐．住宅用地供给短缺背后的地方政府动机［J］．经济改革，2010（11）：54－57.

[21] 沈明．土地规划理论实践中发展观的演化与趋势［J］．广东土地科学，2005．4（3）：7－10.

[22] 严金明．土地规划立法的导向选择与法律框架构建［J］．中国土地科学，2008（11）：9－11.

[23] 孙强，蔡运龙．日本耕地保护与土地管理的历史经验及对中国的启示［J］．北京大学学报（自然科学版），2008（2）：249－256.

[24] 秦明周．美国的土地利用规划与保护特色［J］．中国农业资源与区划，2001（6）：36－38.

[25] 卢新海，黄善林．华中科技大学国土资源与不动产研究中心．我国耕地保护面临的困境及其对策［J］．华中科技大学学报（社会科学版），2010（3）：79－84.

[26] 刘瑞，周人杰. 中外宏观调控相关法律制度比较研究 [J]. 经济与社会体制比较，2008 (6)：155 - 161.

[27] 吴越，沈冬军. 德国经济稳定法中一致行动原则研究——以经济稳定法对宏观调控的作用为中心 [J]. 西南民族大学学报 (人文社科版)，2007 (10)：103 - 106.

[28] 王成艳，靳相林. 土地用途管制实施机制市场取向改革初探 [J]. 国土资源情报，2009 (2)：48 - 51.

[29] 汪传雷，陈瑞. 房地产市场信息失真问题及其对策研究 [J]. 安徽工业大学学报 (社会科学版)，2012 (3)：49 - 52.

[30] 唐志舟，杨子生，许明军. 土地利用规划与计划的关系及存在问题与对策 [J]. 现代农业科技，2014 (15)：340 - 345.

[31] 艾明江，位鸣玉. 中央政府与地方政府的利益相关性与政策冲突——基于房地产调控政策变迁的分析 [J]. 重庆工商大学学报 (社会科学版)，2013 (2)：80 - 86.

[32] 蔡磊. 宏观调控法若干基本概念辨析 [J]. 河北法学，2010 (4)：10 - 12.

[33] 蔡玉梅，邓红蒂，谭启宇. 德国国土规划 [J]. 国土资源，2005 (1)：9 - 10.

[34] 蔡运龙，杨容. 日本国土资源管理经验谈 [J]. 中国土地，1998 (2)：37 - 38.

[35] 曹春明. 房价居高不下的原因 [J]. 价格理论与实践，2004 (12)：45 - 46.

[36] 曹清华，杜海娥，柳正. 土地利用计划管理的问题剖析与对策思考，2006 (3)：11 - 12.

[37] 陈承堂. 宏观调控的合法性研究——以房地产市场宏观调控为视角 [J]. 法商研究，2006 (5)：12 - 15.

[38] 陈明鉴. 德国土地利用规划的成功点 [J]. 中国土地，1998 (11)：37.

[39] 陈银蓉，梅的. 新时期土地利用规划修编的理论与方法及实施制度创新的研究 [J]. 国土资源，2004 (6)：9.

[40] 陈莹等. 加拿大土地利用规划的启示 [J]. 中国土地科学，2003 (10)：11 - 13.

[41] 程烨．土地管理立法、执法思考 [J]. 中国土地科学，2004 (2)：11.

[42] 丛中笑．中国宏观调控与宏观调控法的梳理与重构——从实然分析和应然设计的角度 [J]. 南京大学法律评论，2009 (2)：8-10.

[43] 崔光华，王淑娟，陈静．土地规划修编要变革思维方式 [J]. 中国土地，2004 (8).

[44] 但承龙，王群．西方国家与中国土地利用规划比较 [J]. 中国土地科学，2002 (2).

[45] 邓红蒂，董柞继．建立土地利用规划实施管理保障体系 [J]. 中国土地科学，2002 (6)：22.

[46] 方黎明．新型城镇化不能搞成新的房地产化变主角为配角——刘维新谈新型城镇化中的房地产定位 [J]. 中国地产，2013 (2)：28-29.

[47] 冯辉．房地产调控中“央地关系”的失衡及其法律规制 [J]. 法商研究，2013 (5)：38-46.

[48] 冯文利．借鉴国外经验建立我国执业土地规划师制度 [J]. 中国土地科学，2000，14 (6)：51-55.

[49] 甘藏春．构建中国的土地宏观调控体系 [J]. 中国土地，2008 (1)：32-34.

[50] 王利明．物权法草案中征收征用制度的完善田 [J]. 中国法学，2005 (6)：2.

[51] 郭洁．土地关系宏观调控法范若干问题探讨 [J]. 政法论坛，2004 (2)：108-113.

[52] 郭洁．土地用途管制模式的立法转变 [J]. 法学研究，2013 (2)：3.

[53] 韩大元．宪法文本中的公共利益#的规范分析 [J]. 法学论坛，2005 (1)：1.

[54] 韩松．论土地法律制度体系 [J]. 中国政法大学学报，1999 (5)：18.

[55] 郝娟．英国土地规划法规体系中的民主监督制度 [J]. 城市规划汇刊，1996 (1)：29-30.

[56] 郝书辰，李军杰．土地调控应着力于土地利益分配的再调整 [J]. 宏观经济管理，2007 (3)：21-23.

[57] 何祖慰．土地利用规划中公众参与的必要性和现状研究 [J]．国土资源科技管理，2006 (1)：60－63.

[58] 侯作前．宏观调控法若干基本问题之反思 [J]．法学杂志，2005 (1)：20－23.

[59] 胡光志．宏观调控法研究与展望 [J]．重庆大学学报，2008 (5)：27.

[60] 胡元聪．信息不对称视野下外部性克服的经济法分析 [J]．现代经济探讨，2008 (4)：81－85.

[61] 黄煌．房地产调控困境的宏观调控法思考 [J]．法制与社会，2010 (1)：20.

[62] 黄凌翔，陈学会．土地政策作为宏观调控手段的理论和实践探讨 [J]．经济问题，2005 (2)：19－21.

[63] 黄挽澜．宏观调控法治化的反思与重构 [J]．南通大学学报（社会科学版），2010 (2)：50－56.

[64] 黄伟．现代美国土地利用规划的发展及其启示 [J]．中国土地科学，2002 (12).

[65] 姬亚平．行政决策程序中的公众参与研究 [J]．浙江学刊，2012 (3)：164－171.

[66] 李兵第．德国城市规划发展概况 [J]．国外城市规划，1996 (4)：14.

[67] 李昌麒，胡光志．论宏观调控行为的可诉性 [J]．现代法学，2008 (2)：6.

[68] 李昌麒，应飞虎．论需要干预的分配关系——基于公平最佳保障的关系 [J]．法商研究，2002 (3)：8.

[69] 李建建．对土地政策参与宏观调控的若干思考 [J]．东南学术，2004 (51)：149.

[70] 李铃．英国土地规划概论 [J]．中国土地，1998 (3)：10.

[71] 李龙浩，张春雨．加拿大土地规划制度研究 [J]．中国土地科学，2000 (11)：11.

[72] 李蓉，杨绍安．重新定位房地产市场中政府的角色 [J]．创新，2008 (1)：29－32.

[73] 廖和平，文森，湛海．土地利用总体规划实施难点及对策分

析［J］. 西南师范大学学报（自然科学版），2003（12）：7－9.

［74］刘岩. 土地利用规划于土地资源的可持续利用［J］. 辽宁师范大学学报（自然科学版），1999（2）：19－22.

［75］娄文龙. 国外土地利用规划制度比较及其借鉴［J］. 浙江国土资源，2004（11）：18.

［76］卢为民. 土地政策促进产业结构调整的路径分析［J］. 上海经济研究，2008（3）：43－46.

［77］马良全，王慧芳. 土地出让过程中的政府角色冲突和转变［J］. 广西政法管理干部学院学报，2010（1）：2.

［78］孟星. 城市土地的管制研究［J］. 复旦学报（社会科学版），2006（5）：106－112.

［79］欧名豪. 论土地利用规划控制的内容与特性［J］. 南京农业大学学报（社会科学版），2001（1）：7－9.

［80］潘科，陆冠尧. 国外与我国台湾地区土地用途管制制度问题启示［J］. 国土资源科技管理，2005（3）97－101.

［81］潘文灿. 21世纪我国土资源可持续利用的形势及战略措施［J］. 中国人口、资源与环境，2001（1）：21－22.

［82］彭莉，王斌. 我国国土规划法的若干法律问题思考［J］. 国土资源，2004（11）：27.

［83］钱海滨. 看国外如何公示地价——日本、韩国地价公示制度简介［J］. 中国国土资源，2002（4）.

［84］单胜道，吴次芒. 外部地价论［J］. 杭州：浙江大学学报，2000（3）：156－160.

［85］师武军. 关于中国土地利用规划体系建设的思考［J］. 中国土地科学，2005（2）：7.

［86］孙文盛. 统一思想 明确要求 切实做好土地利用总体规划修编前期工作——在全国土地利用总体规划修编前期工作座谈会上的讲话［J］. 国土资源通讯，2005（6）：22－25.

［87］汤江龙. 我国土地利用规划体系的优化与完善［J］. 山东农业大学学报（社会科学版），2009（9）：22.

［88］唐红波，唐红超. 中英土地利用规划比较研究闭［J］. 河南国土资源，2004（6）：4.

[89] 唐双娥，郑太福．论我国生态林地和生态草地保护的立法完善兼谈生态用地的法律保护 [J]．求索，2006 (11)：84 – 86.

[90] 唐孝东．论宏观调控法程序的科学性 [J]．理论界，2005 (4)：29.

[91] 薛磊．论宏观调控法的地位和基本原则 [M]．北京：法制与社会，2006：8.

[92] 唐在富．中央政府与地方政府在土地调控中的博弈分析——诠释宏观调控中政府关系协调的一种新尝试 [J]．当代经济，2007 (8)：24 – 29.

[93] 唐子来，姚凯译．德国城市规划中的设计控制 [J]．城市规划，2003 (5)：19.

[94] 陶娜．宏观调控法基本范畴 – 宏观调控权研究 [J]．法制与社会，2009 (2)：2 – 4.

[95] 屠世超．论宏观调控行为的法律性质 [J]．中州学刊，2009 (1)：105 – 107.

[96] 汪丽丽．宏观调控法的价值取向 [J]．山西农业大学学报，2005 (5)：27.

[97] 汪新胜，汪进元．公益性建设用地与经营性建设用地的界分及其法律化 [J]．江汉大学学报（社会科学版），2011 (1)：76 – 80.

[98] 王怀勇，黄坚平．论土地征用的公共利益界定及相关制度重构 [J]．西南政法大学学报，2004 (3)：40 – 44.

[99] 王静．日本、韩国土地规划制度比较与借鉴 [J]．中国土地科学，2001 (5)：9.

[100] 王万茂．规划的本质与土地利用规划多维思考 [J]．中国土地科学，2002 (2)：27.

[101] 王万茂．中国土地科学学科建设的历史回顾与展望 [J]．中国土地科学，2001 (9)：8.

[102] 王文革．土地市场失灵及其管制法律对策 [J]．国土资源，2008 (4)：27.

[103] 王新红．规制约束下的相机抉择——宏观调控法几个基本问题的再思考 [J]．法学论坛，2010 (5)：5.

[104] 韦燕飞，陈燕奎和陈德飞等．基于可转让配额的新增建设用

地调控研究［J］. 国土资源科技管理，2012（6）：5－11.

［105］魏莉华．美国上地用途管制及其借鉴［J］. 中国土地科学，1998（3）：42－46.

［106］吴次芳，叶艳妹．20世纪国际土地利用规划的发展及其新世纪展望［J］. 中国土地科学，2000，14（1）：15－20.

［107］吴德洪．宏观调控视野中的政府信息公开制度［J］. 今日湖北，2007（5）：23.

［108］吴殿迁，虞孝感，查良松．日本的国土规划与城乡建设［J］. 地理学报，2006（7）：25.

［109］吴净霖．从宏观调控法角度规范房地产市场中的政府行为［J］. 法制与社会，2011（2）：116－117.

［110］徐孟洲．对制定宏观经济调控法的构思［J］. 法学杂志，2001（3）：2.

［111］薛磊．论宏观调控法的地位和基本原则［J］. 法制与社会，2006（15）：6.

［112］严金明．反思与建议：土地利用总体规划修编的理性思维［J］. 中国土地，1998（3）：2.

［113］严金明．土地立法与土地管理法修订探讨［J］. 中国土地科学，2004（2）：3.

［114］颜运秋，贺运生．宏观调控程序法治化分析［J］. 贵州警官职业学院学报，2004（6）：1.

［115］颜运秋，王力．对宏观调控程序法治化的思考［J］. 贵州警官职业学院学报，2004（6）：45.

［116］杨航光，徐药．政府与市场之争——对我国房地产调控的法学思考［J］. 重庆科技大学学报（社会科学版），2009（6）：48－49.

［117］杨璐璐．中国土地供给制度演进轨迹：文献综述及其引申［J］. 宏观经济，2012（1）：1.

［118］杨三正．宏观调控权现状评析及构建理念［J］. 西部法学评论，2010（3）：12.

［119］杨涛．关于宏观调控法的两点思考［J］. 法制与社会，2007（2）：9.

［120］叶建成，迅锋．加强规划实施管理［J］. 中国土地，2000

(6): 5.

[121] 叶秋华. 论美国的市场经济模式与宏观调控法 [J]. 法制与社会发展, 2004 (6).

[122] 叶秋华, 宋凯利. 日本的市场经济模式与宏观调控法论析 [J]. 法学家, 2003 (2): 40 - 44.

[123] 殷卫平. 比较研究中英土地规划 [J]. 中国土地, 2009 (1): 12 - 14.

[124] 于少康, 赵小敏和王婷. 土地利用总体规划述评 [J]. 广东土地科学, 2006 (1).

[125] 曾群. 试论宏观调控法的基本原则 [J]. 法制与社会, 2006 (16): 16.

[126] 曾永昌. 论土地市场的政府垄断 [J]. 社会科学研究, 2002 (4): 32 - 38.

[127] 张德峰. 宏观调控法律责任竞合探析 [J]. 政治与法律, 2010 (8): 27.

[128] 张华发, 阮存保. 论土地利用规划立法的必要性 [J]. 安徽农业大学学报, 2003 (5): 9.

[129] 张辉. 宏观调控权法律控制必要性法理探析 [J]. 法商研究, 2011 (2): 3.

[130] 张辉. 宏观经济调控权的构成与配置 [J]. 政治与法律, 2008 (11): 7.

[131] 张辉. 我国转型期的宏观调控失范行为 [J]. 华东政法大学学报, 2009 (4): 21.

[132] 张建恩. 宏观调控程序法分析 [J]. 法制与社会, 2009 (11): 22.

[133] 张京祥, 苗富宏, 崔功豪. 国外区域规划的编制与实施管理 [J]. 国外城市规划, 2002 (2): 30 - 33.

[134] 张骏. 宏观调控权纵向配置研究——以宏观调控法为视角 [J]. 长沙: 湖南大学学报, 2008 (5): 2 - 4.

[135] 张文彪. 美国的土地管理及其借鉴 [J]. 广东行政学院学报, 2002 (8): 10 - 13.

[136] 张跃进. 市 (县) 级土地利用总体规划修编的问题与对策 [J].

中国土地，2004（7）：10.

[137] 张忠伟．解析美国的土地利用规划制度［J］．国土资源，2005（3）：8.

[138] 张忠野．房地产宏观调控制度的法学思考［J］．华东政法大学学报，2007（2）：15.

[139] 章辉．论宏观调控法的价值取向［J］．大庆师范学院学报，2009（2）：3.

[140] 赵大华．论宏观调控法的秩序与利益价值冲突［J］．贵州民族学院学报，2010（1）：11.

[141] 赵大勇，斯琴，王友军．对土地政策参与宏观调控的探索［J］．西部资源，2008（3）：23-26.

[142] 赵静波．浅论美国宏观调控法给我国的启示［J］．太原城市职业技术学院学报，2008（10）：17-18.

[143] 赵宁．土地利用规划地方分权化法律制度探析［J］．中南大学学报（社会科学版），2013（12）：15-44.

[144] 赵小敏，郭熙．土地利用总体规划实施评价［J］．中国土地科学，2003（10）：12-13.

[145] 郑凌燕，义旭东．学习国外经验搞好土地规划［J］．国土经济，2002（6）：7.

[146] 郑伟元．当前土地利用规划的形势与对策探讨［J］．中国土地科学，2003（2）：13.

[147] 郑伟元．世纪之交的土地利用规划：回顾与展望［J］．中国土地科学，2000（1）：22.

[148] 郑伟元．市场经济国家和地区开展土地利用规划的经验［J］．中国地产市场，2004（6）：23.

[149] 郑振源．土地利用总体规划的改革［J］．中国土地科学，2004（8）：1.

[150] 钟京涛．宏观调控中的土地政策分析［J］．中国土地，2004（9）：23.

[151] 周思颖．我国房地产宏观调控的法学思考［J］．法制与社会，2008（6）：10-12.

[152] 朱才斌，冀光恒．城市总体规划与土地利用总体规划的协调

机制 [J]. 城市规划汇刊，1999 (4)：9－11.

[153] 朱红波. 土地利用规划实施的制约因素分析 [J]. 广东土地科学，2006 (1)：3.

[154] 邹杰. 略论国家在宏观调控法中的定性 [J]. 南华大学学报，2005 (5)：9.

[155] 刘新平，严金明，王庆日. 中国城镇低效用地再开发的现实困境与理性选择 [J]. 中国土地科学，2015 (3).

[156] 郑斌，黄丽娜，卢新海. 论城市土地集约利用中的全面可持续观——国内外研究比较与评述 [J]. 中国土地科学，2010 (3).

[157] 党国英，吴文媛. 土地规划管理改革：权利调整与法治构建 [J]. 法学研究，2014 (5)：63－65.

[158] 王万茂. 土地用途管制的实施及其效益的理性分析 [J]. 中国土地科学，1999 (4)：10－11.

[159] 谭纵波.《物权法》语境下的城市规划 [J]. 国际城市规划，2007 (6)：127－133.

[160] 张先贵. 法教义学视角下我国土地用途管制概念：重释与厘定——基于《土地管理法》修改背景下的审思 [J]. 河北法学，2019 (2)：61－74.

[161] 张先贵. 容积率指标交易的法律性质及规制 [J]. 法商研究，2016 (1)：65－73.

[162] 方涧，沈开举. 土地发展权的法律属性与本土化权利构造 [J]. 学习与实践，2019 (1)：62.

[163] 石爱华，范钟铭. 从"增量扩张"转向"存量挖潜"的建设用地规模调控 [J]. 城市规划，2011 (35)：88－90.

[164] 李世平. 土地发展权浅说 [J]. 国土资源科技管理，2002 (2)：15－17.

[165] 林坚，许超诣. 土地发展权、空间管制与规划协同 [J]. 城市规划，2014 (1)：26－34.

[166] 高洁，廖长林. 英、美、法土地发展权制度对我国土地管理制度的启示 [J]. 经济社会体制比较，2011 (4)：206－213.

[167] 张友安，陈莹. 土地发展权的配置与流转 [J]. 中国土地科学，2005 (5)：10－14..

[168] 林坚，许超诣．土地发展权、空间管制与规划协同 [J]．城市规划，2014 (1)：26-34.

[169] 尚盼盼．哲学视域下的老工业基地新型城镇化思考 [J]．共享与品质——2018 中国城市规划年会论文集 (02 城市更新)，2018：1078-1714.

[170] 谭永忠，姜舒寒，吴次芳．闲置土地的处置难点与治理路径 [J]．中国土地，2016 (3)：5.

[171] 罗湖平，谢炳庚．中国土地隐形市场及其显形化路径 [J]．经济地理，2017 (1)：48-54. .

[172] 刘新平，严金明，王庆日．中国城镇低效用地再开发的现实困境与理性选择 [J]．中国土地科学，2015 (3).

[173] 王先林．试论宏观调控与法治 [J]．法学杂志，1995 (5)：7.

[174] 周永坤．宏观调控法治化论纲 [J]．法学论坛，1995 (10)：6-8.

[175] 王全兴，管斌．宏观调控法论纲 [J]．首都师范大学学报（社会科学版），2002 (3)：26-36.

[176] 吴越．宏观调控：宜政策化抑或制度化 [J]．中国法学，2008 (2)：84-93.

[177] 覃忠．试论我国宏观调控的法治化 [J]．广西政法管理干部学院学报，2011 (11)：17-23.

[178] 史际春，肖竹．论分权、法治的宏观调控 [J]．中国法学，2006 (4)：166.

[179] 郝铁川．宏观调控的不确性与法律、政策调整 [J]．南都学坛，2009 (2)：11.

[180] 张颖．城市化规划中的权利话语 [J]．行政法研究，2016 (2)：88-96.

[181] 史际春．地方法治与地方宏观调控 [J]．广东社会科学，2016 (5)：224.

[182] 冯广京，陈美景，曾爽．2009 年国内土地科学重点研究评述及 2010 年展望 [J]．中国土地科学，2010 (6)：71.

[183] 孟鹏，冯广京，吴大放，张冰松．“多规冲突”根源与“多规融合”原则——基于土地利用冲突与多规融合研讨会的思考 [J]．中国

土地科学，2015（8）：4－7.

[184] 樊裕．新经济条件下“多规合一”的法律规制问题研究［J］．中国市场，2019（3）：13－14.

[185] 李浩．我国空间规划发展演化的历史回顾［J］．北京规划建设，2015（5）：163－170.

[186] 袁军．主体功能区规划与城乡规划、土地利用总体规划相互关系研究［J］．发展与创新，2018（12）：231－232.

[187] 王万茂．土地用途管制的实施及其效益的理性分析［J］．中国土地科学，1999（4）：9.

▲ 学位论文

[1] 管斌．市场化政府经济行为及法律规制［D］．湖南大学博士学位论文，2007.

[2] 黄绿筠．中国城市土地供给管理研究［D］．武汉大学博士学位论文，2005.

[3] 李涛．城市土地市场运行与政策控管研究［D］．湖南大学博士学位论文，2004.

[4] 鲁成树．经济快速发展时期的土地利用规划研究［D］．浙江大学博士学位论文，2004.

[5] 孟星．城市土地的政府管制研究［D］．华东师范大学博士学位论文，2003.

[6] 欧海若．土地利用规划的基础理论问题研究［D］．浙江大学博士学位论文，2004.

[7] 欧名豪．土地利用规划控制研究［D］．南京农业大学博士学位论文，1998.

[8] 孙习稳．土地政策参与宏观调控理论研究［D］．中国地质大学博士学位论文，2007. 34

[9] 王成艳．转型期土地政策参与宏观调控问题研究［D］．北京大学博士学位论文，2007.

[10] 王艺．中国特色的房地产市场和政府管制研究［D］．武汉大学博士学位论文，2010.

[11] 宗仁．中国土地利用规划体系结构研究［D］．南京农业大学博

士学位论文，2005.

[12] 李俊丽. 城市土地出让中的地方政府经济行为研究 [D]. 西南财经大学博士学位论文，2011，37－47.

[13] 吴晓晖. 论我国宏观调控决策的法律调整 [D]. 华东政法大学博士学位论文，2010：114.

[14] 赵宁. 土地利用规划权力正当性研究 [D]. 辽宁大学博士学位论文，2013：112－114.

[15] 黄绿筠. 中国城市土地供给管理研究 [D]. 华中农业大学博士学位论文，2005.

[16] 杜泊舍. 划拨土地使用权分类改革研究 [D]. 浙江大学硕士学位论文，2015. 50－53

[17] 周科界. 城镇低效用地再开发中的地方政府角色研究——以温州为例 [D]. 华东政法大学硕士学位论文，2016：25－38.

[18] 张红霞. 城市土地运行的政府调控评价研究 [D]. 华中科技大学博士学位论文，2010：9－21.

[19] 郜永昌. 中国土地使用权管制法律制度研究 [D]. 重庆大学博士学位论文，2007.

[20] 陈丽. 我国转型时期土地利用规划制度构建分析 [D]. 南京农业大学博士学位论文，2007：70.

[21] 谢戈力. 土地参与宏观调控的理论与实践 [D]. 武汉理工大学博士学位论文，2011：23.

[22] 刘志坚. 土地利用规划的公众参与研究 [D]. 南京农业大学博士学位论文，2007：33.

[23] 邢翔. 城乡规划权的宪法规制研究 [D]. 武汉大学博士学位论文，2012：29.

▲ 外文资料

[1] Kuran T. Sparks and prairie fires：a theory of unanticipated political revolution. U. Witt. Evolutionary Economics [M]. Cheltenham：Edward Elgar Press，1993：98－99.

[2] Kydland F. E.，Prescott E. C.. Rules rather than discretion：The inconsistency of optimal plan [J]. *Journal of Political Economy*，1977 (5)：26.

[3] Lence, S. H. Farmland prices in the presence of transaction costs: a cautionary note [J]. *American Journal of Agricultural Economics*, 2001 (8): 10.

[4] Lerman, Z. Agriculture in transition economies: from commonheritage to divergence [J]. *Agricultural Economics*, 2001 (1): 34.

[5] Li P. Rural Land System in China: Status and Recommendations [M]. Penh: the Regional Workshop on Land Issues in Asia., 2002: 189.

[6] McCallum B. T., E. Nelson. An Optimizing IS - LM Specification for Monetary Policy and Business Cycle Analysis [M]. Journal of Money, Credit and Banking, 1999 (5): 19.

[7] Rogoff Kenneth. The optimal degree of commitment to an intermediate monetary target [J]. *Quarterly Journal of Economics*, 1985 (7): 27.

[8] Ronald A. Edwards. The structure of authority, federalism, commitment and economic growth [J]. *Economic Theory*, 2005 (5): 28.

[9] Saizen, Mizun, Kobayashi. Effects of land - use master plans inthe metropolitanfringe of Japan [J]. *Landscape and Urban Planning*, 2006 (5): 26.

[10] Shih H. ChineseRural Society in Transition: a Case Study ofthe Lake Tai Area [M]. Berkeley: University of CaliforniaPress, 1992: 45 -47.

[11] Skoufias E. Land tenancy and rural factor market imperfec - tions revisited [J]. *Journal of Economic Development*, 1991 (1): 15.

[12] Strotz R. Myopia and inconsistency in dynamic utility maximization [J]. *Review of Economics Studies*, 1955 (1): 11.

[13] Tse R. Y. C. Housing Price Land Supply and Revenue from Land SaIes [J]. *Urban Studies*, 1998 (5): 21.

[14] Walker. Ensuring Women's Land Access [J]. *Kampala: the World Bank Regional Land Workshop*. 2002 (2): 2.

[15] Yang D. T. Country Case Study: Russia. Budapest: the Regional Workshop on Land Issues in Eastern Europe and the CIS. 1997.

[16] Richard P. Fishman. Public land banking: Examination of A Management Technique [J]. The Urban Institute, 1975 (2): 13.

[17] Harold B. Dunkerley. Urban Land Policy [M]. Oxford University

Press, 1983: 45.

[18] Sylvan Kamm. The Realities of Large – scale Public Land Banking [J]. *The Urban Instiute*, 1975 (6): 16.

[19] Haar. Charles. Wanted: Two Federal Levers for Urban Land Used – land Banks andurban. [J]. *NT Rutgers University*, 1974 (4): 23.

[20] Jack Carr, Lawrence B. Smith. Pulic Land Banki ng and t he Price of Land [J]. *Land Economics*, 1975 (2): 31.

[21] E. C. Pasour Jr. Pulic Land Banking and the Price of Land Comment [J]. *Land Economics*, 1977 (3): 24.

[22] Ann L. Strong. Land Banking – European Reality. American prospect [M]. Johns Hopkins University press, 1978: 156.

[23] Dont T. Jhonson and Lary B. Cowart. Public Sector Land Banking: A Decision Model for LocalGovernments [M]. public Budgeting & Finance, 1997 (4): 10 – 12.

[24] Needham. A theory of landPriees when land supplied Publiely: the Case of the lands [M]. Urban Studies, 1992, 29 (5): 669.

[25] Roger Bernhardt & Real Property. Study of Urban Land Storage System [M]. West Publishing Co, 1981: 77 – 79.

[26] G. C. Van Karten. Land resources Economics and Sustainable Development [M]. UBS Press, 1993: 90.

[27] Raymond Y. C. Tse. Impact of comprehensive development zoning on real estate development in Hong Kong [J]. *Land Use Policy*, 2001 (18): 23.

[28] Darid Aclamsa, E. M. Hstings. Urban renewal in Hong Kong Transition from Development Corporation to Renewal Authority [J]. *Land Use Policy*, 2001 (9): 245 – 258.

[29] Jane Silberstein and Chris Maser. Land – use planning for sustainable development [M]. Lewis Publisher, 2000: 34 – 36.

▲相关网站

[1] 北大法律信息网, http: //www. chinalawinfo. com/.

[2] 经济法网, http: //www. cel. cn/.

[3] Westlaw, http://www. westlawchina. com/index_ cn. html.

[4] 百度．控制性详细规划．https://zhidao. baidu. com/question/147941857. html [EB/OL]. 2019-02-28 访问百度词条主体功能区规划．https://baike. baidu. com/item/全国主体功能区规划/4148638? fr = aladdin [EB/OL]. 2019-02-01 访问．

[5] 百度百科．省级空间规划试点方案 [EB/OL]. https://baike. baidu. com/item/省级空间规划试点方案/20137400, 2019-04-11 日访问．